現代中国外交

現代中国外交

毛里和子

岩波書店

はじめに —— 中国外交九つの瑕疵

　中国外交のトータルな分析をしようと考え始めてから 10 年以上がたつ．2005 年に「いよいよ」と取り組み始めたところで，4 月中国で強烈な反日デモが起こった．日中関係の全体像を描かなければと考え直し，結局全力を『日中関係　戦後から新時代へ』(岩波新書．毛里 2006)に傾けることになってしまった．その後 4-5 年たち再び「いよいよ」と考えたところで，中国の政治が大きく変わり，『現代中国政治』の第 3 版を作ることになってしまった．2012 年に『現代中国政治　第 3 版——グローバル・パワーの肖像』(毛里 2012)を仕上げたあと，「いよいよ」と考えたのはいいが，日本と中国の間が急にきな臭くなってしまった．2012 年，尖閣諸島を日本が国有化したのをきっかけに，日中関係は正常化以来最低のレベルに落ちこんだ．その危機意識のなかで，大変苦労して『日中漂流　グローバル・パワーはどこへ向かうか』(岩波新書．毛里 2017)を仕上げた．2017 年春のことだった．

　馬齢を重ねるにつれ，集中力と意欲が減退していく．2018 年元旦，「いよいよ」最後の仕事と考え，『現代中国外交』をものにしなければならない，と自分を叱咤した．以来，300 日以上をかけてなんとか形にしたのが本書である．怠けていたわけではなく，長い苦闘の結果とは言え，岩波書店には大変ご迷惑をかけてしまった．結果として 10 年以上待って下さった寛容な岩波書店に深く感謝したい．

　なぜ 10 年あまりも苦闘が続いたのか．自身の怠慢はおいておく．要するに対象である中国がますます大きくなり，ますます変化が激しく，体重 40 キログラムに満たない小さな筆者では初めから勝負にならないからである．にもかかわらず，無謀だとは知りながら，その巨大かつ変幻自在な対象になんとか挑戦したいと考えた．

　ある中国人研究者(どちらかと言えばリベラルなフリーランスのブロガー)鄧聿文(とういつぶん)のつぶやきを最初にご紹介しておきたい(鄧聿文 2017)．2017 年夏の SNS への投稿である．彼の中国外交に対する批判と期待はわりに率直で，筆者にもよく

理解できる．本書の通奏底音とでも言えようか．

　鄧聿文は中国共産党(中共)中央党校機関誌『学習時報』の編集長だった2013年4月に「北朝鮮を切り捨てよ」と主張，筆禍で停職となった．以後フリーランスになった．習近平時代，政治的空気は厳しくなってはいるが，鄧聿文は比較的自由な発言をしている．

　彼は，まず率直に次のように言う．ここ数年で中国外交は風格を増し，保守から進取へと成長している．だがその効果がまだ出てこない．逆に中国をめぐる全体状況はむしろ悪化しており，その原因の多くは中国自身が作り出したものだ，と切り出した上で，中国外交が以下九つの問題を抱えており，調整(現代中国語で調整という時は積極的変更を意味する)，つまり「外交思想と外交実践での系統的な刷新が必要だ」と言う．以下が九つの問題，私の言葉で言えば中国外交の瑕疵9項である．

　第一に，米国に対して，対抗的思考や態度を改め，中米関係を正す．心理的にある「凡美必反(米国のやることにはすべて反対)」を改め，有理有節，国際法と国際規範・準則には従う．「逞能外交(力をひけらかす外交)」は自分に害を与えるだけだ．

　第二に，「仇日厭韓外交(日本を仇敵視し韓国を嫌う外交)」を改め，和日友韓政策を実行する．中日「二強」の状態を双方はまだ経験したことがない．この十数年来，対日外交は「日本を憎む」「日本を恨む」状態，他方日本は歴史問題で不誠実だし，釣魚島の日本の処理について中国側は当然批判と反撃をすべきだ．だが，歴史問題で両国関係を縛り，両国関係の発展を邪魔してしまってはだめだ．また，国民教育で誤った「日本を憎む」教育を注入すべきでもない．領土問題と中日関係全体を一緒くたにしてしまってはだめだ．韓国については対日よりもっと良好であってしかるべきだ．米軍の高高度迎撃ミサイル(サード)問題は大事だが，中韓関係全体，東北アジア・朝鮮半島の利益からすると第二義的だ．

　第三に，北朝鮮に対する妥協政策を改め北朝鮮制裁を強めるべきだ．昨今中国は北朝鮮政策を実務的なものに転換したが，不徹底だ．イデオロギー，地縁政治の尻尾がまだ残っている．中国は数十年来北を助けてきたが，北朝鮮の好転をなんらもたらさず，中国の利益を損なってきた．この政権には改善の見込

みが根本的にない．強圧によってのみ，彼らに核兵器を放棄させ，人権抑圧を変えさせることができる．

　第四に，ロシアとの准同盟関係(中ロ抱団取暖(抱き合って暖め合うこと))を改め，ロシアには近づきすぎないこと．昨今，両国関係は近くなり一見准同盟のようだ．米国との対抗関係上，こうした戦術・策略をとるのは理解できるが，戦略的に米国に対抗する准同盟もしくは同盟となるのは避けるべきだ．ロシアとの間には，武器輸出，エネルギー協力，上海協力機構(SCO)での指導権争いなど問題が多い．いまの対ロ抱団取暖は中国のコストの方が高い．中ロの共通利益は中米間の共通利益には及ばない．

　第五に，内政不干渉原則を改め，責任あるグローバル大国になるべきだ．内政不干渉原則は，一般的に，国力が弱く，道徳的負債がある時，国際的義務を負いたくない時に鼓吹する．主権国家は国際社会で基本単位ではあるが，人権は主権より高いという考え方もある．中国が内政不干渉原則を死守していると，国際社会で責任を負っていないとみなされる．

　第六にイデオロギー外交を改め，外交から民族主義色を消去すべきだ．建国当初の一辺倒外交も，その後の三つの世界論も，当時の国際環境に応じたものだが，イデオロギーに引きずられた．中国の二国間政策にはイデオロギー色が濃厚だ．外交が民族利益に奉仕するというのは非難すべきことではないが，自己の民族利益を他国の民族利益よりも上位に置いたり，民族利益を口実に強権外交をするのはまちがいだ．実は民族利益といっても特定の利益集団に奉仕する口実の場合も多いし，民族主義外交は，イデオロギー外交の一つの変種だと言えよう．

　第七に，台湾政策を変えるべきだ．「一つの中国」原則を突出させ過ぎたり，台湾と外交戦を闘うなどはやめるべきだ．中国には外交上運用できる道具がたくさんある．「一つの中国」原則を強引に押しつけることなく，台湾にも国際空間を与えるべきだ．

　第八に，ダライ・ラマとは談判しないという政策を改め，チベットの独立要求過激化を防ぐべきだ．チベット問題はすなわちダライに対する中国の態度の問題だ．台湾と同様，チベット問題について中国は不必要なコストを外交的に支払っている．ダライについては，中国はその逝去が問題を解決すると考えて

いるが，ダライという平和主義者がいなくなればチベット亡命政府はよりラディカルになるし，チベット問題は多分悪化するだろう．早く手を着けた方がよい．

第九に，南シナ海を独り占めするという考えを改め，現状を承認し，紛争を棚上げし，共同開発，南シナ海の平和と航行の自由を守るべきだ．客観的に言って武力使用以外に中国が完全に南シナ海を取り戻すことはできない．関係諸国にとって合理的な解決方式は，現状を承認し，紛争を棚上げし，共同開発を進める以外にない．

最後に鄧聿文は，「この九つの問題で政策を大きく変えることができれば中国外交の面目は一新するだろう．世界は中国を尊重するだろう」と結ぶ．

本書は，最初の二つの章で現代中国外交70年の軌跡を追い(序章，第1章)，次の二つの章で中国外交の機能的分析を行い(第2章，第3章)，最後の三つの章で主要3カ国(日本・ロシア・米国)との二国間関係を分析した(第4章，第5章，第6章)．最後の「おわりに」では，いま中国の一部の国際関係研究者が取り組んでいる「国際関係論の中国化」について昨今の新動向を述べた．筆者にとっては，本書でもっとも大事にしたいのが(そしてもっとも楽しくもあり，苦しくもありだったのが)，中国外交を機能的に分析しようとした第2章と第3章である．

もちろん，能力と紙幅の都合で触れられなかった領域も多い．グローバル大国になりつつある中国の対周辺国外交，国際社会の規律や約束ごとに対する中国の立場(国連外交や人権外交など)，核やサイバー問題などの新外交課題に対する動向，多国間協議への取り組み，また中国がもっとも得意とする，一帯一路構想(戦略)に代表される経済外交などにふれることができなかったのは大変残念である．すべて次なる世代の方々に託したいと思う．

目　次

はじめに
　　——中国外交九つの瑕疵

序章　中国外交・「中国的」なるもの……………… 1
　　——六つの特徴

　第1節　中国外交　2
　　　　——米国が犯した誤認
　第2節　六つの問いと暫定的な答え　5

第1章　外交70年の転変……………… 13
　　——キーワードで追う

　第1節　現代中国外交70年の時期区分　14
　第2節　キーワードで見る中国外交1　19
　　　　——毛沢東時代
　第3節　キーワードで見る中国外交2　32
　　　　——鄧小平時代
　第4節　キーワードで見る中国外交3　42
　　　　——ポスト鄧小平時代（1990年代後半以降）

第2章　対外政策決定のメカニズム……………… 59

　第1節　政策決定についてのいくつかのモデル　60
　第2節　政策調整と執行の核心組織　68
　　　　——中央外事工作領導小組（委員会）・外交部
　第3節　対外開放政策はどのように決定され，執行されたか　80
　　　　——1978年の政策決定過程分析
　第4節　中国外交の新しいアクター　87
　　　　——企業と軍と地方

第3章　外交としての対外軍事行動　97

第1節　中国の対外軍事行動　98
第2節　朝鮮戦争　1950-53年　99
第3節　ベトナム「制裁」戦争　1979年2月17日―3月16日　102
第4節　第三次台湾海峡危機　1995-96年　112
第5節　外交としての対外軍事行動　115

第4章　対日関係　119
　　　　――ライバルかパートナーか

第1節　日中国交正常化から45年のプロセス　120
第2節　1972年体制　122
第3節　「二分論」再検討　129
第4節　2005年反日デモ　135
第5節　日中衝突？　141
　　　　――領土・領海をめぐるパワー・ゲーム
第6節　制度化の始まり　155

第4章付録　165

第5章　対ロシア関係　167
　　　　――同盟，対立，そして准同盟

第1節　冷戦期の対ソ連関係40年　168
第2節　中ソ友好同盟相互援助条約　172
　　　　――同盟の虚と実
第3節　中ソ対立　181
　　　　――その要因と意味
第4節　ポスト冷戦の対ロシア関係　187
　　　　――戦略友好パートナーシップ
第5節　21世紀　193
　　　　――全面的戦略協力パートナー
第6節　中央アジア地域への視線　198
第7節　制度化された中ロ関係　202

第5章付録　205

第6章　対米関係……………………………………………………… 207
　　　——戦略的パートナー　友か敵か

　第1節　1972年和解からの対米関係　　208
　第2節　朝鮮戦争　　214
　　　　　——両国関係の原図
　第3節　ニクソン訪中　　223
　第4節　中米関係のなかの台湾　　234
　第5節　関係の制度化　　247

　おわりに　　259
　　　——国際関係学の中国学派は生まれるか？

　参考文献　　267

　現代中国政治・外交略年表(1949-2018年)　　291

　あとがき　　301

　人名索引・事項索引　　303

序章　中国外交・「中国的」なるもの
――六つの特徴

第1節　中国外交── 米国が犯した誤認

米国における対中誤認

　現代中国の対外関係を分析している研究者にとって，中国はまことに扱いにくい研究対象である．毛沢東時代を含めて中国外交は世界を悩ませてきた．ある事象や変化に対する想定外の反応が多いし，なにより政策決定のプロセスやアクターの透明度が高くなっている21世紀になっても中国では誰がどのように決めているのか，ほとんど分かっていない．不透明性がきわめて高いのである．しかも，中国のある事態・事件に対する観察や反応は，国際政治学や政治学一般の議論からの予測や推定を裏切ることが多い．もっとも悩ましいのは，「中国は中国的」という想定ですべてが解釈できればそれはそれで簡単かも知れないのに，どこまでが中国的で，どこからが一般的，つまり「普通」か，その境界が描けないことだ．ある歴史家は，昔もいまも，近代世界で一般的な二元的考察(つまりあれか，これかのダイコトミー)では分析できない，第三の領域があると言い(フィリップ・ホワン)，たとえば，ある政治学者は，中国の分析には国家／半国家・半社会／社会のように三元的考察が不可欠だという(毛里和子 2012)．

　そのような事情もあって，冷戦期・ポスト冷戦期を問わず，「非公式の帝国」(藤原帰一)米国でさえ対中国政策について誤認や錯誤を犯してきた．米国の中国研究者D. ランプトン(ジョンズ・ホプキンス大学)は2000年代に入って次のように指摘する．

- 米国の政策形成者は1949年の中華人民共和国建国後，少なくとも2回，中国の力を過小評価する誤りを犯した．1回目は破滅的に，2回目は合衆国の信頼をいたく傷つけることになった．
- (朝鮮戦争)最初は1950年秋，米国の当局は，朝鮮半島統一についての合衆国のドライブに戦争に疲れた北京政府が介入する可能性を念頭に入れていなかった．あるスタッフは，自分は中国が急変(chopped up)を望んでいるとは思わなかったという．だがそれはまちがっていた．これとその他の誤った判断が朝鮮戦争への北京の介入を招き，中国，合衆国，そして朝鮮半

島の人々に巨大な代価を払わせてしまった．
- (人権と最恵国待遇のリンク)2 回目は 1994 年のことだ．クリントン大統領も中国の力を過小評価した．この年，最恵国待遇と人権問題をリンクさせたものの，中国は予測していた以上にタフだった．そこでクリントン政府はみっともない U ターンをした．その結果，北京政府に，ワシントンの人権に関する強硬姿勢はレトリックに過ぎず，ワシントンにとって人権は戦略的利益やビジネスの利益より下位にあるという確信を抱かせた．

中国研究者の「総懺悔」

ランプトンが言うように，中国をどう評価するかは大変な難題である．たとえば朝鮮半島六者協議がそうだ．昨今は，朝鮮半島における中国の影響力を過大評価するきらいがある，と彼は言う(以上は Lampton 2007)．

なお，ランプトンと同じように，堅実なアプローチで中国を論じている H. ハーディング(インディアナ大学)も，1970 年代末，米国は対中政策では中国を誤認したと評している．彼は，1970 年代末，ソ連に対抗するために米国は中国と「准戦略関係」を結んだが，中国の戦略パワーを過大評価した．中国外交の「アート」にしてやられたのだ，と指摘する(Harding 1984)．

もっとも深刻なのは 1989 年の天安門事件についての米国の観察である．当時，中国の民主化の未来について超楽観視し，多くの見誤りがあり，チャイナ・ウォッチャーは「総懺悔」したと告白するのは M. オクセンバーグ(ミシガン大学)である．彼は事件直後に，「多くの同業者も同様と思うが，私は先の教訓を嚙みしめている中国ウォッチャーだ」，リーダーシップ内の分岐の深さ，トップでの政治改革が実は表面だけだったこと，リーダーの世代間隔絶がこんなに深かったことなどを見逃してしまった，と苦渋の告白を強いられた．彼らは趙紫陽前総書記らの改革派リーダー，改革派知識人の構想が，それほど抵抗を受けることなく実現するだろうと楽観していたし，アメリカ型民主主義がまもなく中国でも根付くと思っていた(*Newsweek*, 16 June 1989)．

自らの価値観のメガネを通して相手を見るアメリカ人に共通する素朴さが事態の厳しさを見失わせたのである．天安門事件については，日本でも誤認があった．1989 年の 5-6 月にかけて，テレビ・新聞で論評した中国研究者のかな

りが，天安門広場での惨劇の後，「人民共和国は解体した」，「軍隊内の抗争で内戦が起こる」と共和国の悲劇的な結末を予想したものである．天安門広場での惨劇から 30 年近くになる．中国はいまや物量では米国に並ぶ「大国」であり，リーダーが「強国強軍」を熱っぽく語る．このような「大中国」を 30 年前に誰が予想できただろうか．

ピルズベリーの批判

次の事例としてあげたいのが，長い間，ランド研究所の研究員として米国の対中戦略の形成に深く関わってきたピルズベリーの場合である．彼は「誤認」というより，「錯誤」としてニクソン以来の対中国宥和政策をきびしく指弾する．

彼はハドソン研究所中国戦略センター所長，国防総省の顧問なども歴任，ニクソン政権からオバマ政権でシンクタンクのランド研究所分析官として対中国の防衛政策を担当してきた．2015 年に出した『China 2049』(ピルズベリー 2015)で，自分も含めて米国の対中国宥和政策が一貫してまちがっていた，と強い調子で批判する．彼はまず，大意次のように回顧する．

> 1971 年ニクソン以来，米国の対中政策は 8 人の大統領の政権にまたがる数十年間ほとんど変わっていない．ニクソンが中国との国交回復に向けて動き出して以来，アメリカの対中政策を決めるのは主に，中国と「建設的な関係」を築き，その発展を助けようとする人々だった．この政策は 8 人の大統領の期間変わらず維持されてきた．……自分も 1969 年に中国との連携を後押しする最初の情報をホワイトハウスに提供した 1 人だ．以来数十年にわたって，技術と軍事の両面で中国を援助することを両党の政権に促してきた．……以下の仮説を信じ込んできた．すなわち，中国は，私たちと同じような考え方の指導者が導いている．脆弱な中国を助けてやれば，中国はやがて民主的で平和的な大国となる．しかし中国は大国となっても，地域支配，ましてや世界支配をもくろんだりはしない．

だが，その後米国と並ぶ大国へと台頭してきた中国に直面して，彼は次のようにその「誤り」を告白するのである．

「こうした仮説は危険なまでに間違っていた．現在，その間違いが，中国が

行うこと，行わないことによって日に日に明らかになっている」．彼からすれば「強い中国」は米国にとっての脅威以外の何ものでもないのである（ピルズベリー 2015）．

2015年頃から米国では対中国戦略をめぐって激しい論戦がある．突然中国が大きくなったからだろう．中国の実力をどう評価するか，中国の国際戦略をどう見極めるか，2008年以来の強硬外交には権力内の闘争，国有企業や地方と結びついた利益集団の突き上げがあるのではないか，文民，とくに外交部の統制から離れた中国人民解放軍が独自の行動に走っているのではないか，などの疑問や憶測が渦巻いている．この問題については，第6章第5節で論じたい．

第2節　六つの問いと暫定的な答え

中国外交はどこまで中国的か？

中国の事象は相当に「中国的」である．しかも，情報や体制の関係でとても不透明だ．米国が，中国的であるがゆえに「誤認」したのか，あるいは政策決定過程が不透明，あるいは推察もできないがゆえに「誤認」したのか，あるいは，「錯誤」を犯したのか．さまざまな場合があるだろう．この序章では，中国（外交）がどこまで中国的であるのかに迫るために，いくつかの仮説的問題を設定し，末尾に暫定的な答えを提示しておきたい．「中国外交はどこまで中国的か」に答え，対中政策に誤りなきを期するための一つの試みである．

【第一問】現代中国には，たとえば朝貢秩序や華夷思想のような清朝以前の，伝統的対外認識・対外行動が残っており，それが外交戦略や政策を規定しているのか．そうではなく，現代日本と同じように，近代主権国家システム（ウェストファリアン・システム）を前提として世界を認識し，対外行動をとるのか．あるいはそのどちらでもない中間，たとえば冷戦期にとってきた国際主義思考や「三つの世界論」で世界を認識するのか．

毛沢東時代は伝統の影響と新しい国際主義の時代だったと概括できる．ところが，いま中国外交はこの点では脱毛沢東を実現した．現代中国外交の基本思考は，俗説とは異なり，あくまで近代主権国家システムをモデルおよび前提としており，近代国家としての中華人民共和国の主権が絶対的課題である，と筆

表序-1　中国の戦略思考の変化

時期	戦略思考
伝統中国(明・清)	モラリズム
中華民国	リアリズム／プラグマティズム
毛沢東時代	アイデアリズム／モラリズム
改革開放時期	リアリズム／プラグマティズム

者は考えている．キーワードを使えば主権こそ「核心的利益」である．その背後には，主権が侵されている，主権を完全には回復していないという観念(とくに台湾の「未回復」)があり，いまもなお，主権の完全回復を実現することが外交の最大の課題だからである．

【第二問】次が中国，とくにトップリーダーたちの戦略的思考である．国際関係論の学説にそって，①リアリズム／プラグマティズム，②理想主義イデオロギー，③道徳主義の三つの戦略思考を設定してみよう．改革開放以後の中国のリーダーたち，主な知識人の戦略思考はリアリズム／プラグマティズムである．

表序-1のように，中国の戦略思考は実は一様ではないし，一貫してもいない．戦争と革命を強く反映した毛沢東時代が，リーダーの個性もあり，アイデアリズムとモラリズムが支配していたのに対して，鄧小平時代からリアリズムが支配的である．目に見える利益を獲得し，守り，拡大していくことが外交の目的となっている．

国際政治をとらえる四つの視点

【第三問】国際政治の認識枠組みに「中国的」なるものが顕著だろうか．改革開放政策が始まった時の国際政治の教科書，馮特君・宋新寧『国際政治概論』(馮特君・宋新寧1992)では，国際政治を次の四つのレベルに分けて考えている．第一レベルが世界システム，第二レベルが時代性・時代状況，第三レベルが広義の国際政治システム(系統)，第四レベルが国家間の配置(格局)，である．

第一レベルは「国際範囲内で，各行為主体(主に国家)間の相互の政治経済関係の作用が作り出す，矛盾した，また統一した有機的総体」であり，ロシア革命までは資本主義システム，第二次大戦までは二つの政治経済システムの併存

と競争，第二次大戦後は資本主義・社会主義・第三世界の三つの世界システムが競合してきたとする．グローバリズムの時代は一つの世界システムの支配に入る，と考えるのだろう．

　第二レベルの時代性はいわば国際的な戦略情勢であり，1950年代までは戦争と革命の時代，それ以後は平和と発展の時代に区別される．中国の国際政治観ではこの時代性がきわめて重要な要素となっている．

　第三レベルが国際行為主体(主に主権国家)の間の相互作用の集合体であるのに対して(「系統」システムと呼ぶ)，第四レベルは国際政治の各パワー(大国)の間の相互作用，配置と構造である(「格局」と呼ぶ)．「格局」とは「国際舞台における主要な政治的パワーの間の，ある一定の時期における相互関係および相互作用が作り出す構造状態」であり，格局の主体は，「独立に役割を発揮できる，国際政治に巨大な影響力をもつ政治単位」である．言うなれば，格局とは，「一定の意味で，一種のパワー・バランス状態」で，「国際政治で主要パワー間の力関係が一定の均衡状態に達した時，一定の相互制約関係が生まれ，一定の格局状態が生まれる」のである(馮特君・宋新寧1992)．

　中国は平和共存五原則を国際関係のあるべき準則としてきた．とくに1990年代以降，内政不干渉を含む五原則は第三レベルの中国外交の理論的「砦」である．五原則の核心は，国際関係を平等な主権国家の関係の個々および総体だと認識する点にある．であるから，第三レベルにおける理念的立場と，第四レベルの格局概念，勢力均衡の現実主義的立場は決して整合的とは言えない．

　四つのレベルに分けて国際政治を観察する認識方法は，どう見ても中国的である．このような認識方法や枠組みは毛沢東時代から今日までそれほど変わっていない．

　現代中国の代表的な国際政治学者である王緝思(おうしゅうし)(北京大学)は，中国の外交思想の思考の枠組みは次のような特徴をもっている，とする．

- 国際情勢は絶えず変化する．したがって外交思想，外交政策をそれに合わせてたえず「調整」するという考え方に立つ．
- 思考における高度な抽象性．たとえば，「東風は西風を圧する」(毛沢東1957年)，「当面の世界の大問題は平和と発展である」(鄧小平1985年)など．
- アクターとしての国家間の関係が主要な関心である．敵と友，矛盾の利用

などに関心をもち，「中国の対外政策は，その他の大国と比べてもっともイデオロギー色の薄いものとなる」．
- 強烈なモラル色．高い理念的原則で国際関係が処理できると考える．「中国人は心から，平和共存五原則で国際新秩序を樹立することが国際紛争を解決する唯一の方法だと考えている」(王緝思 1993)．

この王緝思の分析をそのまま受け入れるわけではないが，改革開放時期の中国外交がリアリズムと国家利益だけで説明できないことだけは確かである．

【第四問　地域をどう認識するか】中国の空間認識に「中国性」があるだろうか．960 万平方キロメートルの国土をもつ大陸国家・中国の世界や地域という空間についての認識は，小さな島国・日本と大きな違いがある．中国がアジアをたんなる自己の「周辺」から一つの国際主体・地域としてみなして対応し始めるのはようやく 1990 年代後半からである．筆者はこれまで，「中国外交には周辺はあっても地域はない」と評してきたし，アジア地域外交は存在しないと言ってきた．前掲の王緝思も，中国ではアジア・東アジア概念が一般とは違い，いわゆる東アジアと南アジア，中央アジア・モンゴル・ロシアなどを加えた地域をまとめて「周辺国家」に概括している，と指摘している (Kokubun and Wang 2004)．

龎中英(南京大学)も，中国特有の地域概念について興味深い指摘をしている．「中国は長らく，地域レベルで自分とアジアの関係を処理してこなかった．中国と周辺，その周辺と中国との二国間関係の連鎖で結果としてのアジアを考えてきた」，とする．中国のアジア認識は，周辺と自己であり，アジアの中に融合されたものとしての自己認識はないと言う．21 世紀のグローバルな地域主義の中で，彼は，「中国は"周辺"を"地域"に昇格させ，中国を地域に徹底的に融合させ，かつてのような伝統的な中国中心思考で周辺との関係を認識するのではなく，"善隣友好"政策を"地域融合政策"」へと発展させるべきである」と主張する(龎中英 2004b)．

2013 年に習近平が提起した「一帯一路構想(戦略)」は，筆者の考えでは，依然として中国と中国以外の周辺という旧思考にもとづいているようである．西側のリアリズムでもなく，伝統的な朝貢システムでもない，新しい国家間の平和・協力・融合の理論たる地域主義こそ，将来における中国とアジアの関係の

図序-1　現代中国と外の世界(2000年代)
出典：筆者作成.

あるべきモデルである，という龐中英のような国際政治学者は中国では少数である．

1990年代半ばから中国は北方，西方，東南方に対する積極的地域外交を展開し始めた．東南アジア地域とは既存の地域組織，東南アジア諸国連合 (ASEAN) と対応し，中央アジアとは上海協力機構 (SCO) を2001年から立ち上げて中国中心の地域機構とすることに成功した．しかし，中国の空間認識はあくまで中国を中心にした「中国的」なものである．図序-1を参照されたい．世界・地域・隣接の三つの空間がいずれも中国を中心とした同心円上に位置する．なお日本は，日本を含めた地域と日本を含まない諸地域に地域外交を展開している．習近平の「一帯一路構想」は，広大な中国の周辺国家群を線と面で緩やかにまとめようという夢と現実的利益とが交錯する「大構想」である（第1章第4節参照）．

【第五問】次の問いは，中国の外交，対外政策は国内政治・経済とどうリンクしているのか，である．前者が後者を決めるのか，あるいはその反対なのか．一つの答えは，毛沢東時代と改革開放時期では異なる，というものである．毛沢東時代は国際関係に拘束された外交だったのに対して，改革開放時期になると，国内事情が対外関係を規定するようになった．かつて研究者たちは，毛沢東時代の外交は内政や毛自身の革命ドクトリンによって支配されていた，と内政要因を強調する傾向が強かったが，「戦争と革命」という国際環境が中国の内政・中国外交全体を支配したと考えた方が納得がいく．毛沢東のロマンティシズムは外からの圧力への内的反応だったと考える方が合理的である．

表序-2　二つの「30年」の比較

	目標	価値	モデル	対外関係	敵	外交決定要因
毛沢東時代	革命	平等	自己犠牲	国際主義	帝国主義	外圧
改革開放時期	経済成長	富	蓄財	リアリズム	テロリズム	内圧

出典：筆者作成.

【第六問】対外関係の面で毛沢東時代・鄧小平時代・ポスト鄧小平時代は連続しているのか，あるいは断ち切れているのか．とくに前30年と後30年では中国は180度変わったとする議論が多い．**表序-2**を参照してほしい．

以上のように二つの時期を対比すると，鮮明な二者対立ができる．だが，二つの時期に共通するもの，連続するものを見落としてはならない．先に紹介した王緝思の中国外交思想の特徴は現代中国全体を通して観察できるものである．

また，たとえば，政策決定のメカニズムはどうだろうか．1958年に生まれた中央領導小組システム（トップにいる5-7人のリーダーによる，政策決定・政策調整の機構もしくはネットワーク．中央財経領導小組，中央外事工作領導小組，中央政法工作小組（委員会）などがある）による決定と調整のメカニズムは変わっていない（第2章第2節参照）．党と国家と軍の三つの政治アクターが，党グループ・対口部（党の行政担当機構）・高級幹部を通じてみごとなトライアングルを作っていることも変わっていない（この点については毛里和子2012を参照）．しかし実は，政策決定のメカニズム，会議での議論，参加者，決議の仕方などが秘匿されたままで，その不透明さに研究者は泣かされるのである．

1964年に中国のトップリーダーと対日関係者が，将来の対日国交正常化に際して中国から賠償を請求することはしないと決定したというのが中国の「通説」である．だが，その会議に誰が参加し，どういう議論を経てどのような決定が採択されたのか，明らかにされることはない．

以上，6点にわたって述べてきたように，中国外交は相当に「中国的」であり，中国独得の性格や特徴をもっている．とくに世界を四つのレベルから考察し，その総合の上に対外政策を構築していくのは中国の大きさ，悠久の歴史と深い関係があるのだろう．

ところで，中国外交がもっとも「中国的」であるのは，外交行為と軍事行為の関係についてである．現代中国は朝鮮戦争（1950-53年），中印国境紛争（1962

年),中ソ国境紛争(1969年),中越戦争(1979年)など,何回か対外戦争もしくは国境を越えた軍事力の行使を行ってきた.だが,朝鮮戦争を除けばいずれも限定戦争であり,政治的目的を達成するとただちに兵を引き揚げた.要するに,軍事行為の目的は決して敵の軍事的掃討や領土の拡大ではなく,あくまで政治的なものに限られている.中国の「戦争」については第3章に詳述する.

(本章は拙著『日中漂流』(毛里和子 2017)の第七章を土台にしている)

第1章　外交70年の転変
　　　──キーワードで追う

第1節　現代中国外交70年の時期区分

グローバル大国中国とは？

　世界中が注目するのが，グローバル大国化した中国の世界認識，外交政策，対外活動である．思えば，1949年10月に冷戦下のアジアで中華人民共和国が誕生し，1976年周恩来，朱徳，毛沢東という建国のリーダーを相次いで失ったとき，40年後に世界経済の浮沈を握るグローバル大国に中国が変身するなどと一体誰が予測しただろうか．

　本章ではまず，21世紀，中国の「グローバル大国」化した状況を素描する．次に現代中国外交70年間を時期区分し，転変を抽出しよう．いわば中国外交を長期的パースペクティブで読み解くための軸の設定である．その際に中国の当局や研究者が常用する「キーワード」に着目する．キーワードから戦略，対外認識，自己の役割規定に関する中国のリーダー・論者の考え方，その変化をたどってみたい．

　言葉の文化をもつ中国は，外交展開に際して新しい言葉を必ず用意する．そのキーワードは大変正直に，その時期その時期の中国外交の特徴や重点を反映してくれる．本章は，いわば「キーワードでたどる70年」である．70年間のプロセスをできるだけ簡明に，特徴的に捉えるための試みである．

　中国の市場化は1992年から本格化するが，とくに21世紀に入ってからの中国の経済的プレゼンスの大きさには目を見張るものがある．

　中国の経済成長ぶりを見てみよう．とくに世界社会主義の瓦解を尻目に，1992年に鄧小平が「市場化を加速せよ」と号令（南巡談話）してから2012年まで続く二桁の経済成長で，あっと言う間に中国は世界の工場，世界の市場になった．国際通貨基金(IMF)リストによれば，2010年に国内総生産(GDP)総額（名目）で日本を抜いて世界第2位に躍進した．2016年になるとGDPのシェアは15%に拡大した（**表1-1**）．

　中国の国際経済活動もグローバル化している．貿易総額では，2016年は輸出2兆982億ドル，輸入1兆5874億ドル，総額3兆6856億ドルで米国に次ぐ世界第2位を占めている（『中国年鑑2017』）．外貨準備高3兆807億ドル(2017年

表 1-1　世界の経済大国五傑
　　　——名目 GDP による比較(2016 年)

順位　国名	単位：100万US$	シェア(％)
1　米国	18,624,450	25
2　中国	11,232,108	15
3　日本	4,936,543	6
4　ドイツ	3,479,232	5
5　イギリス	2,629,188	3

出典：世界銀行のデータより筆者作成.

7月)はダントツの世界一である(2位は日本,1兆2500億ドル).こうしたグローバル大国化は21世紀に入ってからの新現象である.

中国の主要国・地域別貿易相手は,2003年までずっと経済パートナーの第1位が日本だったのが,2004年から米国,欧州連合(EU),東アジアが主要貿易相手となり,中国は世界をほぼ三つに分けてグローバルな経済活動を展開するようになっている.

1990年代末に,著名な中国研究者 A. ネイサンと R. ロスは,中国を「グローバル・アジェンダをもつ,グローバルに存在する地域大国」だと評したが(Nathan and Ross 1997),20年たったいま,中国は押しも押されもしない「グローバル大国」である.政治的パワー,経済的パワーに加えて,軍事力もグローバルになりつつある.2018年3月,全国人民代表大会(国会.全人代)13期1回会議で採択された国家予算では,国防費が前年実績比8.1％増の1兆1069億元(約18兆4億円)となった.4年ぶりに伸び率が前年を上回り,強軍路線が鮮明になっている.中国側の公式数字だけ見ても総額で2007年に日本を抜き,2008年にはフランスを抜いて米ロに次ぐ世界第3位の軍事大国になっている.図1-1を見ても,約30年間に及ぶ軍備拡大の状況がよく分かる.

中国外交70年——時期区分の試み

まず1949年から2010年までの60年間の現代中国外交を俯瞰するとき,大方の中国の国際政治学者は,敵・味方との戦略関係を軸に60年間の変化を見て時期区分する.たとえば1990年代末,現実主義アプローチを好む張小明(北京大学)は,50年間をほぼ10年ごとに次のように切って見せた(張小明1997).

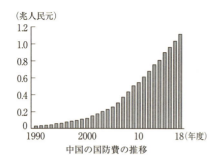

図 1-1　中国国防費の推移(1990-2018 年)と GDP 成長率(1997-2018 年)の推移
出典：『東京新聞』2018 年 3 月 5 日．
注：2007 年度までは中国『国防白書』，08 年度以降は財政部資料など．18 年度は予算案．

第 1 期(1949-59 年)　ソ連への一辺倒時期
第 2 期(1960 年代)　米国およびソ連を敵と設定した時期(二条線時期)
第 3 期(1970 年代―80 年代初頭)　ソ連を主要敵に設定した時期(一条線時期)
第 4 期(1982 年―)　敵も味方も設定しない，独立自主(不同盟)の時期

　この延長線上で言えば，第 5 期(1992 年市場化以降)は，グローバル大国としての自立の時期，ということになろうか．

　他方，龐中英(中国人民大学)は，60 年間中国外交を拘束してきたものは，第一に内政，第二に国際的な大状況(たとえば冷戦の二極構造など)だと考える．彼によれば，中国外交はこの二つの拘束条件につねに次の三原則で対応してきた．第一が内政と外交の不可分原則(外交は内政に服務する)，第二に，世界経済と国際政治システムへの反応，第三に政治・経済の不可分原則である．それらを交差させた結果，龐中英は国際環境への中国の対応を軸に次のように 60 年を区分している．

第 1 期　1949 年―70 年代末
第 2 期　1980 年代から冷戦終結まで
第 3 期　1990 年代後半からポスト冷戦期まで

　第 1 期は，別の言葉で言えば，国際的な冷戦期，毛沢東時代であり，外交は敵対的国際環境からの防御，米国などによる「中国封じ込め」への反応を主内容としていた．第 2 期には，独立自主政策のもとで経済利益に奉仕する外交で

あり，前期からの根本的転換があった．そして第3期には，経済も政治もグローバリゼイションが進むなかで中国外交はもっぱら自己の利益の確保をめざすようになる(龐中英 1998)．

もう一つは，国際社会への中国の態度の変化で時期区分する方法である．国際機構，つまり既存の国際システムに中国がどのようにアプローチしてきたかを研究したS.キム(コロンビア大学)は，中国が，1950年代には反システムアプローチ，1960年代にはシステム変更(ないし別システム構築)アプローチ，1970年代には選択的システム変更アプローチ，1980年代にはシステム維持・活用アプローチを採用したとしているが(Kim 1994)，この言い方を借りれば，1990年代後半以降の中国は，慎重ながら「システム作りアプローチ」に向かっている，と言うことができるかも知れない．この変化を，既存世界システムに対する中国の関心が，マルクス主義，従属論，新現実主義をへて，「利益に導かれた新機能主義」に移ってきている，と言い換えることもできる(Kim 1994)．

中国外交の流れについて最近の標準的な見解を紹介しよう．国際政治の研究者・門洪華(中共中央党校)は，70年間の外交史をほぼ10年毎に次のように区分して整理した．

I. 1949-66年　対抗と准同盟の大国関係
   三大政策(竈(かまど)を分ける，部屋を綺麗に掃除する，向ソ一辺倒)を採用．決定は中央政治局・書記処，および中央領導小組に集中

II. 1966-76年　大国関係は対抗と准同盟
   文化大革命で政策決定機構が深刻な破壊を受ける．政策決定では毛沢東の個人専断が顕著，対米接近戦略も含めてすべて毛沢東が決定権

III. 1976-89年　大国関係は米中ソの戦略大三角関係
   1982年から不同盟・全方位外交へ転換，1990年から韜光養晦(とうこうようかい)戦略を採用．鄧小平が外交政策決定の核心(対米国交樹立，対ソ関係修復など)．政策決定に科学化の傾向．国際問題研究者と外交人材の育成など

IV. 1989-2012年　大国関係は戦略パートナーシップ関係．1997年以後は「責任ある大国」外交

政策決定への関与者が顕著に多元化した．しかし外交体制は状況の変化や外交課題の多元化に追いついて行けない(門洪華 2013)．

表 1-2　現代中国外交 70 年の変化

年代	外交を拘束する要件	戦略論	国際システムへの態度	国際システムへの理論的接近
1950	国際政治環境	向ソ一辺倒	反システム	マルクス主義
1960	国際政治環境	反米・反ソ二条線	システム変更	従属論
1970	国際政治環境	反ソ一条線	選択的システム変更	新現実主義
1980	国内圧力(経済成長)	独立自主	システム維持・活用	新現実主義
1990	国内圧力(経済成長)	韜光養晦	システム作り・模索	新機能主義
2000	国内圧力(成長) 国際環境(安定)	パートナーシップ	システム作り・模索	新機能主義

出典：筆者作成．

表 1-2 は，70 年間の中国外交の変化を，外交を拘束する条件，戦略論，既存国際システムへのアプローチ，国際システムへの関心という四つを軸にして筆者が区分したものである．10 年ずつで変化してきたこと，とくに外交を拘束する要件が 1980 年代に国際環境から国内圧力へと大きく変わったこと，それに合わせて，国際システムへの態度や関心も変容してきたことが明らかである．

時期区分で指摘しておかなければならないのは，外交と内政のリンケージが，毛沢東時代 30 年と改革開放時期(鄧小平時代およびポスト鄧小平時代)では本質的に違う点である．別の言い方をすれば，前 30 年，後 40 年の違いである．筆者の観点は，前者では国際環境，もしくは国際環境についてのリーダー(毛沢東)の認識が与件として内政を支配した，ところが文化大革命の混乱をへた激しい権力闘争と経済破綻という正統性の磨滅により，後者では，国内の圧力(安定，開放，発展)が中国の対外関係を規定した，というものである．極論すれば，毛沢東時代には，反右派運動も，大躍進運動も，実は外からの「危機」へのリーダー(毛沢東)の対応であり，文化大革命は，ソ連修正主義という外敵・内敵に対するリーダー(毛沢東)の大反攻だった．

なお，この間，時期を画する重要事項は，①1950 年代末に始まる中ソ対立，②1960 年代末に始まる対米接近，③1970 年代末に始まる改革開放への転換，④1992 年に始まる経済の市場化加速，⑤2001 年から始まる，世界貿易機関(WTO)加盟に象徴される，中国自身のグローバリゼイションである．言い換えれば，中国外交 70 年の歴史はこの五つの重要事項を把握できれば理解しやすくなるということである．

第2節　キーワードで見る中国外交1──毛沢東時代

毛沢東時代──①向ソ一辺倒

　すでに述べたように，中国は外交政策，外交戦略をたえず「調整」する．外界の変化を受けて自らを変えるのである．変えるたびに特徴的な外交戦略が出てくる．それがいわばキーワードとして一時期の対外戦略を支配する．

　以下では，まず毛沢東時代30年間の外交キーワードを六つ（①向ソ一辺倒，②平和共存五原則，③対日二分論，④中間地帯論，⑤一条線戦略，⑥三つの世界論）取り上げて，毛沢東時代の外交を素描する．

　次に鄧小平時代の外交キーワードを七つ（⑦格局，⑧独立自主，⑨平和と発展の時代，⑩平和的転覆，⑪韜光養晦，⑫南巡談話，⑬国家利益）取り上げて，具体的には1980-90年代前半までの15年間を描こう．

　次がポスト鄧小平時代（江沢民・胡錦濤・習近平時代），つまり1990年代後半から2010年代半ばまでの25年間について，外交キーワードを八つ（⑭愛国主義教育運動，⑮パートナーシップ，⑯責任ある大国，⑰平和的崛起，⑱核問題と北朝鮮政策，⑲核心的利益，⑳在外利益と内政不干渉原則，㉑一帯一路構想）取り上げて，25年間の外交を描いてみる．

　第二次世界大戦が終わってホッとしたのも束の間，ヨーロッパで冷戦が構造化しつつあるまさにその時に，中国共産党（中共）は向ソ一辺倒，社会主義の陣営に入る，中間の道はない，と旗幟を鮮明にした．建国直前の1949年7月1日のことである．

　毛沢東ら中共のリーダーはソ連との強い絆を，ソ連援助下での国家建設を強く期待した．毛沢東の数回にわたる訪ソ要請を婉曲に退けたスターリンは，その代わりに1949年1-2月，ミコヤン書記をソ共中央政治局代表として中共の拠点（河北省西柏坡）に送り，新たに生まれる中国とソ連との関係を協議させた（1月30日─2月8日）．毛沢東はこのミコヤンと7回にわたって会談をしている．ソ連解体後大量に出た機密文書によって，ミコヤン訪中と劉少奇（中共党副主席）訪ソ（1949年6月21日─8月14日）こそが新中ソ関係の基本的枠組みを決めたことが明らかになった．なお，ミコヤン訪中，劉少奇訪ソの会談記録が2005

年にモスクワで出版された以下の資料集によってほとんど見られるようになった．レドフスキー・ミロヴィツカヤ・ミャスニコフ編『20世紀のロシア・中国関係　ドキュメントと資料』(第1冊1946-1948年，第2冊1949-1950年2月)モスクワ，回想と歴史思想出版社，2005年(ロシア語)．

冷戦研究者の沈志華(華東師範大学)によれば，スターリンはミコヤン訪中を大変重視し，彼の中国滞在中，ソ連共産党政治局の会議を随時開いて直接指示している．ミコヤンと中共リーダーの再三の会談で，3億米ドル援助，アジア共産党情報局の見送り，東北部(旅順)の返還，新疆問題，モンゴル問題，中国の新政権のあり方などほとんどで合意に達した．

半年後，劉少奇率いる中共代表団(高崗・王稼祥が同行)が訪ソした．モスクワで原資料に当たった沈志華によれば，劉少奇訪ソの概要は以下のとおりである．

6月27日会談でスターリンは，3億米ドルの借款，専門家の派遣，解放軍への軍事支援，モスクワ—北京定期便開航，中国人民大学開設など，中共の要請をほとんど受け入れた．この会談でとくに次の点が興味深い．一つは，スターリンが劉に，「われわれは中国の革命に対していくつかの申し訳ないことをし，諸君の工作に困難をもたらし，諸君を困らせた」と謝罪した点．もう一つは，スターリンが，「諸君は東方と植民地，半植民地国家の工作を多く行い，この面で諸君の役割と影響力を発揮する．われわれは，西方についてより多く義務を負い，より多くの仕事をする」とアジアとヨーロッパについて中ソの分業を提案していた点である(7月27日付劉少奇の中共中央書記処宛て電報——ロシア語)(沈志華2009)．

7月1日，『人民日報』は毛沢東の「人民民主独裁論」を掲載，新中国が人民民主独裁体制と向ソ一辺倒政策を取り，「中立は偽装であり，第三の道はない」と明言した．6日付『プラウダ』が全文を転載した．

こうして，「竈を分ける，部屋を綺麗に掃除する，向ソ一辺倒」を三大政策にして，新中国の外交が始まった．1950年2月にモスクワで調印された中ソ友好同盟相互援助条約は，その第1条で，「締約国のいずれか一方が日本または日本の同盟国から攻撃を受けて戦争状態に入った場合は，他方の締約国は全力をあげて軍事上およびその他の援助を与える」と強い同盟をうたった．30年期限の同盟関係に支えられた向ソ一辺倒は中国の経済，政治，安全保障，文

化のすべての領域に及び，1950年代の中国を規定した(この条約には，「新疆に関する補充協定」などが付随しており，新疆・東北部については不平等条約となった)．中ソ同盟体制は全面的な安全保障と協力の，世界に類を見ないシステムとしてスタートした．第一がイデオロギー，第二が安全，第三が利益，第四が社会主義のモデルである．文字通りトータルな同盟となった．

　だがスターリン死後，とくに1958年以降，平和共存外交を進めるフルシチョフと反米を基本戦略とする毛沢東との間が悪化，1960年代以降，中国は向ソ一辺倒を実質上放棄する．10年余りの向ソ一辺倒をどう評価するかは難しい課題だが，鄧小平など中共のリーダーが，1980年代以降ずっと，どんな大国，国家集団とも戦略関係を結ばない「独立自主」を基本としているのはソ連との同盟に懲りたからである．

②平和共存五原則

　平和共存五原則は，1953年12月，チベット問題協議のために訪中したネルー首相のインド代表団に，周恩来が，長い歴史をもつ中印間の軋轢を処理する原則として五原則を提示したことに始まる．1954年4月29日，「中国チベット地方とインドとの間の通商交通に関する中印協定」が締結され，序文に五原則が入った．周恩来はジュネーブ会議の休会を利用してインド・ビルマを訪問，「平和勢力の拡大」外交を展開した．6月末，周恩来とネルー首相，ウ・ヌー首相との間で，①領土・主権の相互尊重，②相互不可侵，③相互内政不干渉，④平等互恵，⑤平和共存，の平和共存五原則が両国関係を導く原則と確認された．「これらの原則が一般国際関係に適用されるならば，平和と安全の堅い基礎となり，現在存在している恐怖と疑いは信頼感によって取って代わられるであろう」とされているように，一般準則としても合意された(「中印両国総理共同声明」)．そしてこの五原則を含む平和共存十原則がアジア・アフリカ諸国の「準則」として確認される(1955年4月，バンドン会議)．

　中国は1956年ハンガリーの動乱に際して，ソ連の立場を基本的には支持しながら，「社会主義国家の相互関係はいっそう平和共存五原則の基礎の上に築かれなければならない」との態度を鮮明にした(1956年10月30日付中国政府の声明)．

平和共存五原則自体は19世紀ヨーロッパ国際社会のルールをまとめたものだが，中国のような発展途上国や社会主義国にとっては，国家主権や内政不干渉が国際社会における独立確保にもっとも大事な要件であり，そのため多くの国が五原則を支持し，半世紀以上たつ今日もなお，中国の対外政策で最重要準則であり続けている．

③対日二分論

他方，1950年代から日本に対する中国の基本原則は，第一に，歴史問題について，「ごく少数の軍国主義者」と「その犠牲になった一般国民」とを分けて対応する「二分論」，第二が日本の反米闘争を支持し，日米間を離間させる戦略である．

1972年9月29日，日本と中国が国交を樹立した．日中戦争が終わってから27年かかってようやく「不正常な状態」に終止符が打たれた．この日中国交正常化交渉をごく戦略的に考えると，日本は台湾との関係を断ち，中国は賠償請求を放棄するという取引で正常化がなったとも言える(毛里和子2017)．

米国の中国封じ込め政策，その米国に追随する日本政府との関係を変えるのは困難と見た周恩来は，1953年頃から「民間外交」を推進する．新華社記者だった呉学文は，そのころ「中央の指導的同志」が，①日本軍国主義者と日本人民を区別する，②日本政府内でも政策を決定する「元凶」と一般公務員を区別し，大きな罪悪と一般的誤りを区別する方針を指示した，という(呉学文2002)．1953年9月28日，訪中した大山郁夫に周恩来は，「日本の軍国主義者の対外侵略の罪悪行為は，中国人民および極東各国人民に大きな損失を受けさせばかりでなく，日本人民にもかつてなかったほどの災難を被らせました．……今日，日本人民は，民族の独立を勝ち取り，再度の軍国主義化に反対するために，勇敢な闘争を行っていますが，中国人民はこれに対し敬意を表しています」(霞山会編1998)．

1954年12月，対米自主外交，対ソ国交正常化を掲げる鳩山一郎内閣が成立したころから，中国は対日関係正常化の意思を初めて公にする(『人民日報』社説1954年12月30日)．1955年1月に村田省蔵(日本国際貿易促進協会会長)と会見した周恩来は，「日本軍国主義者と日本人民は区別する」と述べながら，平和

共存五原則,平等互恵などの対日政策三原則を提示した(羅平漢 2000).おそらくこのとき初めて「二分論」という考え方がきちんと日本側に伝わったのだろう.1955-56 年にかけて日本への柔らかい対応が続いた.

　1955 年 3 月 1 日,中共中央政治局は「対日政策活動についての方針と計画」を採択し,建国以来,初めて総合的な対日政策を策定した.張香山(中共中央対外連絡部)が伝える「対日工作方針」の基本原則は,①米軍の日本からの撤退,日本の再軍備と軍国主義復活反対,②平等互恵で中日関係を改善,段階的に正常化をはかる,③日本人民を味方に引き入れ,中日人民間の関係を構築する,④日米の関係を分断する,⑤日本人民の反米,独立,平和,民主の運動を支持する,というものだった(張香山 2002).

　この二分論にもとづき対日賠償方針も策定された.1950 年代半ばから廖承志(りょうしょうし)のもとにできた対日政策決定グループである「大日本組」が対日賠償を検討してきたが,周恩来が賠償請求放棄を主張,毛沢東も同意して 1964 年 1 月ごろ請求放棄を確定したという.①台湾も米国も対日賠償を請求していない,②東南アジアのケースでも賠償で経済が飛躍的に発展するわけではない,③日本軍国主義者と人民を区別する毛沢東の思想に反する,④高額の賠償請求をすれば正常化交渉が長引く,などが放棄の理由になったという(朱建栄 1992).背景には「二分論」という原則と,賠償を放棄すれば日本と台湾の関係を断ち切りやすいし早期決着ができる,との戦略的判断があっただろう.問題は中国の国民である.幹部に賠償請求放棄という中央の戦略的決定が知らされるのは田中角栄訪中直前の 1972 年 9 月中旬,普通の国民は同年 9 月 29 日のコミュニケで初めてこの重大ニュースを知った.

　毛沢東・周恩来「2 人だけの決断」には,戦後も半世紀も経つと不満が表面化してくる.1990 年 3 月童増(当時化学工業部管理学院の教師)が民間対日賠償請求を求める陳情書を全人代に提出,以後民間賠償請求運動が広がっていく.

　二分論などの道義論が後退していくのは 2002-03 年,馬立誠(当時『人民日報』評論員)や時殷弘(中国人民大学)の「対日新思考」論からである.馬は,「歴史問題について日本の謝罪問題はすでに解決し,文書化にこだわるべきではない.重要なのは前を見ることだ」と主張した(馬立誠 2003).時殷弘はもっと戦略的だ.両国間の不信や敵意がこれ以上増大すれば,中国は敵対的米国,敵対

的台湾，敵対的日本をもつことになる．だから「全局的観点から出発し，根本的意味のある戦略集中原則をもって，大々的に中日関係を改善すれば」，米国，台湾という重要課題に集中できる，というのである．彼はこれを「外交革命」と呼んだ(時殷弘 2003)．21 世紀に入るまで，日中関係は二分論を初めとする道義論やリーダーの人格的関係にほとんど依存しており，固有の脆さをもっていた．2005 年 4 月の反日デモでその脆さが露呈した．

中国は公式にはこの政策を維持し続けるだろう．だが，2005 年反日デモの頃には二分論の役割は終わったと言えよう．ウルトラ民族主義が中国言論界で活発になった 1990 年代半ば，80 年代に日本研究所所長を務めた何方が客観的な日本論を展開した．1997 年の何方「われわれは日本と友好的にやって行けるだろうか」は，対日公式イデオロギーを踏み越えた画期的な論考である(何方 1997)．

彼の日本論は，戦争の歴史しか見ない主流日本論とは本質的に違う．中国の近代化建設での日本の役割を高く評価し，「中国との経済協力で日本に取って代われる国はない」し，「平和的国際環境のためのかなめは中日関係であり，対日友好関係は対米関係の改善につながる」から，「中日友好は中国の国益に合致する」と言い切る．「日本の軍国主義復活」論に対して，軍国主義，軍事大国とは何かをまずはっきりさせるべきだと説き，次のように言う．

> 日本の現在の軍事力は中位の軍事国家である英仏レベルと同等だ．核兵器・航空母艦・長距離ミサイル・爆撃機などの攻撃性戦略兵器をもたない以上，10 年から 15 年以内にアジア太平洋地域に直接的な軍事脅威を与える日本が成立することはまずないだろう (何方 1997)．

彼の分析では，日本の主流派の目標は，「戦敗国というレッテルをとること，その他の大国と並立すること(国連安全保障理事会常任理事国入りなど)，国際実務で大きな役割を果たす政治大国になること」である．彼は日本に対して幻想をもたない．

> 日本の主流派の戦争観は，中国や朝鮮に侵略し植民地化した，日本軍の暴行行為があった，この点は認めている．だが，太平洋戦争が侵略戦争であることは認めない．このような基本認識は大多数国民のコンセンサスでもある．

日本の主流派は,「過去を終わらせ,戦後50年をへて,歴史問題に一段落つけようと思っており」,しかも世代が交代して「官界も,世論も,一般国民も,歴史問題に嫌気がさしている.外国からの批判に対して反感をもち,若干の友好人士でさえそうである」という何方の認識は,ほぼ等身大の日本像である.だが,この何方論文は当時の中国の学界,社会にショックを与え,彼は強い反発と非難にさらされた.

　2010年代に入って中国のGDPが日本を凌駕し,世界第2位を占めると,中国の日本観も大きく変わる.何方の2012年論文「時代認識での誤りは全局に害をもたらす」は新日中関係を色濃く反映している(何方2012).1997年論文とくらべて,普通の中国人の日本観に近くなっている.何方は,自分の時代認識と日本論でいくつかの誤った論考があるとした上で,とくに日本論の「誤り」について,次のように指摘する.

　　日本の対外侵略を民族全体の犯罪とみなさず,階級闘争の観点に立って,ごく少数の軍国主義分子にだけ罪を着せ,とくに日本人民をわれわれと同じ被害者とみなしたこと.これは是非を混淆(こんこう)するものだ.……中国に攻め入って強奪し,欺瞞(ぎまん)し,蹂躙(じゅうりん)した日本兵と中国の人民を一緒に論ずることなどできるわけがない.また,兵にならずに,日本に残って労働に従事していたその他の日本人も,絶対多数が天皇に忠孝心をもち,大東亜聖戦のために甘んじて貢献したではないか.真の反戦者はごくごく少数だった.

　その上で彼は,「国家の対外侵略は「全民族的犯罪」とみなすべきである.(対外侵略を行った民族は)全国上下,すべてが罪悪感をもつべきであり,侵略戦争を支持し参加した大多数人民を免罪したり,弁解したりすべきではない」というのである(何方2012).

　この何方の転換は日本人にとっては衝撃的だ.戦後日中関係の土台をはっきり「虚構」と断ち切ったのだから.中国が対日二分論という公式政策を変える可能性はないだろう.それ以外に由るべき原則が見つからないからである.だが日中関係で「道義」という仕掛けが機能しなくなると,関係は不安定にならざるを得ない.

④ 中間地帯論

　毛沢東特有の世界構造の認識方法である．1946年6月，国民党と共産党の内戦が勃発した．同年8月，延安を訪れた米国人ジャーナリストA. L. ストロングに，毛沢東は，米ソ関係についてユニークな見方を披瀝した．机に二つの茶碗をおき，それをソ連と米国に見立てて毛沢東が説明するには，第二次世界大戦後の主要紛争は米ソ対立そのものではなく，米ソ間にある中間地帯の国々と米国との衝突であるというのである（太田勝洪編訳1975）．翌年1月には陸定一（党中央宣伝部長）が，平和と民主主義，民族の独立をめざす戦線の主体は「中間地帯」の人民である，と毛沢東談話を補強した（陸定一1947）．

　この「中間地帯論」は，米国との対決も辞さず武力による権力奪取に踏み切った中共の政策の正当性を説明するために当時出されたが，その後1958年まで中国の公式文献に出ることはなかった．もちろん，冷戦という二極の基本構造への異議申し立てとなるのを避けたのである．

　朝鮮戦争後中国は，「平和勢力の拡大」，中立的民族主義国家との関係を模索する穏健路線にシフトする．中国にとって初めての国際舞台ジュネーブ会議（1954年）では，戦争で決着をつけたい北ベトナムを懸命に説得してインドシナ和平をまとめた．北ベトナムは，①ベトナム南北分離を固定化した，②ラオス，カンボジアとベトナムを切り離したこと，の2点で，1954年ジュネーブ協定に最後まで抵抗した．周恩来は，会議休会を利用して広西の柳州でホー・チミンらと協議，彼らを説得，ジュネーブでは最強硬派のファン・バンドンを説き伏せた．翌年のバンドン会議では大型代表団を率いて周恩来が大活躍した．だが1957年後半から内外政策ともに中国リーダーの左傾化が始まる．1957年11月，人工衛星スプートニク1号打ち上げに沸くモスクワで開かれた64カ国共産党・労働者党会議で毛沢東は，「東風（社会主義の力）が西風（帝国主義の力）を圧する」と，社会主義陣営の力を誇示した．

　国内では反右派闘争が始まった．翌58年夏米軍のレバノン派兵は毛沢東などの目には米国の「中東革命」への露骨な介入と映った．8月23日の台湾海峡への中国からの砲撃に際しては，米国第七艦隊が台湾海峡に派遣された（第6章第4節参照）．こうしたなかで，強硬な反米主義のコンテキストで「中間地帯論」が再登場する．8月の『紅旗』（中国共産党の理論誌）論文は，「米帝国主義が

反ソ反共をわめきたてるのは，実は，中間地帯の国々を侵略し，奴隷化するための煙幕にほかならない」，「米帝国主義は張り子の虎」だとしつつ，強い姿勢で米国への反抗を訴えた(于兆力1958)．9月の最高国務会議では，毛沢東が，「米国の独占資本集団がその侵略政策と戦争政策をあくまで押し進めるなら，全世界人民によって絞首刑に処せられるだろう」と激しく米国を非難した(中共中央文献研究室編1992b)．

　この時期，毛沢東が反米強硬路線を主張したのは，フルシチョフの対米平和共存，世界の米ソ二国による管理への強い警戒心があったからだろう．だが，すぐに大躍進政策の破綻，大災害，ソ連との対立という重大試練に遭遇する．反米闘争どころではなくなった．劉少奇・鄧小平などの実務派が国務と党務を主宰し，1962年から経済調整政策，穏和な外交が展開される．周恩来首相はアジア諸国を歴訪，ビルマ，パキスタン，モンゴルなどとの国境を画定，日本との間では，第二次高碕(達之助)ミッションによるLT貿易(1962年11月)，連絡事務所の設置(1964年4月)が決まり，政経分離による接触が進んだ．

　奇妙なことに，そのなかで中間地帯論が姿を変えて三たび登場する．「二つの中間地帯論」である．1964年11月21日付『人民日報』社説は，「きわめて広大な中間地帯は二つの部分を含む．一つはアジア，アフリカとラテンアメリカのすでに独立した国といま独立をめざしている国で，これは第一の中間地帯だ．もう一つは西ヨーロッパ全体，オセアニアとカナダなどの資本主義国で，第二の中間地帯である．第二中間地帯の国々は二重の性格をもっている」と分析してみせた(「アメリカ帝国主義に反対する全世界のすべての勢力は団結しよう」)．フランスとの国交樹立(1964年1月27日)を「西側陣営の亀裂」とみなし歓迎し，米国以外の西側諸国を「第二中間地帯」と位置づけて反米統一戦線に引き込もうとした．

　この第二中間地帯論は文化大革命や造反外交で消えていくが，1974年から出てくる「三つの世界論(南の世界との連携を強調)」はこの変種である(図1-2，図1-3，図1-4参照)．

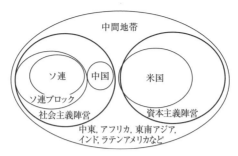

図 1-2 冷戦期東西対立と「中間地帯」(1960 年)
出典：Kuo 2001.

 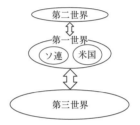

図 1-3 第二中間地帯論(1960 年代)
出典：筆者作成.

図 1-4 三つの世界論(1970 年代)
出典：筆者作成.

⑤一条線戦略

1970年代初め，中国では，国内情勢もリーダーシップもごく不安定だった．そのなかで毛沢東・周恩来は，米ソ二正面作戦から脱する新戦略を模索した．対米接触で関係を良好化し，ソ連との本格対決に備える(一条線)という道である．

1963年7月ソ連共産党(スースロフ)と中国共産党(鄧小平)のモスクワ会談が激しい非難の応酬に終始し，両党関係は断絶した．フルシチョフが失脚して，1964年末，ブレジネフ新政権が中ソ国境に大兵力を配置して以来，両国関係は修復しがたい状況になった．

重大な転機が，チェコスロバキアの自由化運動「プラハの春」をソ連軍とワルシャワ条約機構軍20万人が制圧した1968年8月に来た．8月23日『人民日報』は，ソ連の言い分は「徹頭徹尾強盗の論理」だと非難し，周恩来も「ソ連の裏切り者集団は社会帝国主義，社会ファシズムに成り果てた」と決めつけ

た．ブレジネフの制限主権論を中国は，「お前の主権は有限だがおれの主権は無限だと言うもの」とみなした(1969年4月9回党大会での林彪(りんぴょう)報告)．このブレジネフ・ドクトリンは，1968年11月12日にチェコ侵攻を正当づけるためブレジネフが語った言葉で，「ある国の社会主義の事業，社会主義共同体の安全に対する脅威が生まれたとき，それはもはやその国人民の問題だけではなく，一般的問題，全社会主義国の心配のタネになる」とした．

国境紛争が中ソ決裂を決定づけた．1969年3月，凍りついたウスリー江上のダマンスキー島(珍宝島)で両国の国境警備隊が衝突した．8月には新疆地区でも衝突や国境侵犯事件が多発した．

中国は対米改善で主要敵，ソ連に対抗する戦略に切り換え，他方ニクソン新政権はグアム・ドクトリンでアジアからの撤退，ひいてはベトナム戦争からの「名誉ある撤退」，対中接近による対ベトナム宥和戦略を考えた．1969年7月25日ニクソン大統領は以下の「グアム・ドクトリン」を発表した．①米国はアジア太平洋国家としてアジアで重要な役割を果たし，条約上の義務を果たす，②米国地上軍をアジアから漸次撤退させ，今後地上軍による直接介入は避ける，③核兵器による脅威以外，アジア諸国が自助の精神で自主的に問題を処理すべきである．

中米接近の息詰まるプロセスは『ニクソン訪中機密会談録 増補決定版』(毛里和子・毛里興三郎訳2016)や『周恩来・キッシンジャー機密会談録』(毛里和子・増田弘監訳2004)の本文と解説を参照してほしい．中米の意図のみ触れておこう．中国側は，1971年5月26日，党中央政治局会議での周恩来提案(対米八原則)を見ると，「中米関係，それに関わる台湾，インドシナ問題で中国は以下の原則を守るべきである」として，①台湾，台湾海域からの米国のすべての武装力と軍事施設の一定期間内の撤去が関係回復のキーである，②「二つの中国」「一中一台」に反対する，③中国は，インドシナ三国，朝鮮，日本，東南アジアからの米国武装力の撤退を主張すること，などが対米基本戦略となっていた(沈志華編輯2000)．

他方米国の戦略は，キッシンジャー秘密訪中直前の7月1日に行われたニクソン・キッシンジャー・ヘイグ会談(第6章第3節参照)ではっきりする．対中交渉では，①米国の軍事力のアジアからの撤退が日本の好戦性を活性化させるな

ど，日本の将来の脅威について中国側の関心を強く喚起する，②中ソ国境でのソ連の脅威の重大性を言うなど，中国に恐怖心を植えつける，③大統領訪中前に，米軍捕虜の釈放，中国への穀物輸出，ベトナム戦争に関する一定の進展をはかる，などが確認されていた（毛里和子・増田弘監訳 2004）．

　7月と10月のキッシンジャー補佐官の2回の訪中によって，ニクソン訪中時の中米交渉の大枠が決まった．10月の公式会談では，台湾について，最後の最後に，「合衆国側は，台湾海峡の両側のすべての中国人が，中国はただ一つであり，台湾は中国の一省であると主張していることを認識する．合衆国政府はその立場に異議を申し立てない」というキッシンジャーの提案に，周恩来が「絶妙な発明だ」と感心して合意にたどり着いた．インドシナ問題については，周恩来は1971-72年の一連の対米交渉で当事者の問題であるとして米国に言質を一切与えなかった．1972年2月の上海コミュニケでは，正常化は双方の利益である，双方はアジア太平洋で覇権を求めない，経済関係を拡大し連絡事務所を設置することなどが約束された．だがニクソン政権2期目前半を予定していた国交樹立は，両国の国内事情のために，1978年12月16日にようやく合意ができた．

　ニクソン政権は国務省，議会の意思に逆らって隠密外交で対中和解をなし遂げ，ソ連を主要敵に設定した．アジアを二極に分けた中米冷戦は終わり，結果として日中国交正常化も実現した．この一条線戦略について中国のリーダーが明言するのは，1973年である．1973年2月17日，訪中したキッシンジャー補佐官に毛沢東は，「われわれはあなた方と欧州，日本が協力してほしい．あることではやり合ってもかまわないが，根本的には協力が必要だ．……（ソ連の脅威が日に日に強まっている．国際的にソ連を孤立させなければならない）一本の横線，つまり米国，日本，中国，パキスタン，イラン，トルコ，欧州と緯度線上（の協力ライン）を作ろうではないか」と（宮力 2002）．

　ついで1974年1月5日，訪中した大平正芳外相に向かって毛は，一条線をラインから空間に広げる「一大片（一つの大きなかたまり）構想」をぶち上げた．このライン周辺の国家をまとめ，米日を含むあらゆる勢力を利用してソ連の拡張主義に対抗する，というのである．中国は1970年代を通じて一条線戦略で多くの二国間関係を処理した．ソ連との親疎度が関係のよしあしを決める最重要

な基準になった．この戦略は中米接近という結果も生んだが，反面，ソ連と同盟して中国に敵対したベトナムとの戦争(1979年2-3月)という大出費も強いた．

⑥三つの世界論

「一条線」は露骨な戦略論だが，毛沢東はそれを「三つの世界」という世界システム論に敷衍しようとした．1974年2月22日，カウンダ・ザンビア大統領と会見した彼は，「私の見るところ，米国とソ連は第一世界である．中間派の日本，ヨーロッパ，カナダは第二世界である．われわれアジアは日本を除いてみな第三世界である」(『建国以来毛沢東文稿』第13冊)と語った．

同年4月，再復活した鄧小平が初めて訪米し，国連資源特別総会で三つの世界論を披瀝した．彼は，「戦後の一時期存在していた社会主義陣営は社会帝国主義(ソ連)の出現ですでになくなった」とした上で，第一世界の米ソ超大国が現代における最大の搾取者で，他国を支配，転覆，干渉，侵略している．だが両者は世界の覇権を争奪し，争奪こそ全面的，長期的，絶対的だ，と論じた．また，第二世界は先進国からなるが，超大国の支配，威嚇，侮りを受けてその支配から脱したいという要求をもつ反面，第三世界に対しては植民地主義の関係を保つなど二面性が顕著であるとし，さらに途上国からなる第三世界は，植民地主義，帝国主義，超大国に反対する主力，国際システムを変える革命的原動力である，とした．

三つの世界論は中間地帯論を受け継いでいるが，後者がイデオロギーで世界を二分したのに対して，前者は，発展レベルで覇権国と被抑圧国に分ける南北軸の指向が強い．1960年代から国際的に流行した「従属論」への傾斜も感じられる．いずれにせよ，当時中国は，発展途上国として第三世界に帰属する，第三世界のリーダーであるという自己認識をはっきりもっていた．

だが1980年代後半から，中国は三つの世界論から離れていく．改革開放・四つの近代化路線が固まるなかで，1983年秋に開かれた世界経済新秩序シンポジウムでは第三世界の「従属論」について激しい議論があったが，経済学者・銭俊瑞が，エジプトの経済学者サミール・アミンを例に引いて従属論をこう批判した．「いま先進国と第三世界の関係は単純な支配と被支配の関係ではない．主に相互依存と相互闘争の関係にある．……従属論者は，第三世界が永

久的従属を脱するには，国際経済と世界市場から決裂すべきだと言うが，こんなことは実際にありえないし，有害な幻想である」(銭俊瑞 1983).

とくに 2000 年代に入って，グローバリゼイションが進み中国が経済大国化を実現すると，第三世界への中国のアイデンティティはより希薄になっていく．第三世界自体も一部が中進国に離陸し，貧困な「第四世界」が取り残されて，分化が生じた．グローバリゼイションが中国の三つの世界論を破砕した，と言えそうである．

第 3 節　キーワードで見る中国外交 2 —— 鄧小平時代

⑦ 格局

序章で述べたように，中国のリーダーや専門家は国際社会を四つのレベルに分けて構造的に把握するのを好む．第一レベルが世界システム，第二レベルが時代状況，第三レベルが広義の国際政治システム（系統），そして第四レベルが狭義の国際政治システム，つまり「格局」である．1970 年代初め中国は，ソ連と対抗するため対米接近をはかり，「米中ソ大三角関係」を構想したが，その時以来多用されるのがこの「格局」である．1992 年に出た中国の国際政治学テキストによれば，格局とは，「国際舞台における主要な政治的パワーの間の，ある一定の時期における相互関係および相互作用が作り出す構造状態」であり，格局の主体は，「独立的に役割を発揮できる，国際政治に巨大な影響力をもつ政治単位」である．言うなれば格局とは，「一定の意味で，一種のパワー・バランス状態」であり，「国際政治で主要パワー間の力関係が一定の均衡状態に達した時，一定の相互制約関係が生まれ，一定の格局状態が生まれる」のである（馮特君・宋新寧 1992）．つまり格局とは大国間のパワー構造，パワー・バランスなのである．

1980 年代以来，中国では格局が国際政治の帰趨を決めると見なす傾向が強い．鄧小平の外交ブレイン宦郷（かんきょう）(国務院国際問題研究センター総幹事) が 1984 年に強調した米中ソ「大三角関係」がその典型だ．「今日の世界で国際情勢の展開を決定しているのは，中，米，ソ 3 カ国からなる"大三角関係"である．……かなり長期にわたって国際情勢の前途を決めるのはやはり米中ソの"大三角関

係"だけだ」(宦郷 1984). ここにはリアリズム, パワー信仰がはっきり読み取れる. 彼はこうも言う.「西側の勢力均衡論はパワーの均衡で平和を守ろうとするものだが, われわれはブルジョアの理論だとして排斥してきた. だがいまや勢力均衡論を否定することはできない. というのは世界平和の擁護は実は勢力の均衡, 政治の均衡, 経済の均衡, 軍事の均衡に依拠しているからだ」と(宦郷 1988).

⑧独立自主

1982年9月の12回党大会は, ①鄧小平・胡耀邦・趙紫陽のリーダーシップの確定, ②20世紀末までのGDP四倍増計画, ③「独立自主」対外政策の採用の3点で画期的である. ③については,「対外政策の重大な調整」と言われるが, ソ連を主要敵とし米国と准戦略関係を結ぶ外交政策を, いかなる大国とも戦略関係をもたない独立自主, 全方位の外交に改めたことを意味する.

ソ連のアフガニスタン侵攻(1979年12月)で頓挫していたソ連との関係調整の交渉も始まった. 1982年3月24日, ブレジネフ書記長がタシケントで対中関係正常化の意欲を示した. 彼は, 中国が社会主義であることを確認しつつ, 前提条件抜きで対中関係改善の措置を取り決める用意があると述べた. 中国側もそれを認め, 同年8月に政治協議の開始に合意した.

他方, 米国との関係も「調整」された. カーター政権期の「准同盟」はあっと言う間に終わり, レーガン共和党政権が登場すると中米関係は冷え込んだ. レーガン政権第1期の中米関係は摩擦が絶えなかった. その保守性と政権内に台湾派が多かったことに起因している. イシューは台湾へのFX戦闘機をはじめとする武器売却問題, いわゆる湖広鉄道債券(1911年)についての米国からの賠償請求案などである. 中国側はこの時期を後に「レーガン政権の親台政治逆流」と呼んでいる(曲星 2000).

とくに台湾への武器輸出が主要イシューとなり, その問題で1982年8月17日に両国でようやく合意を見た. コミュニケは, 米国は中華人民共和国が中国で唯一の合法政権であることを「認め」, 台湾が中国の一部であることを「認め」る国交樹立コミュニケを再確認した上で, 米国は台湾への武器売却を段階的に減らし, 最終的に解決することを約束した(第6項). なおこの8.17コミュ

ニケは，1972年の上海コミュニケ，1978年の国交樹立コミュニケとともに，中米関係を支える三大文書である．

以上の「調整」をへて，胡耀邦総書記は12回党大会で次のように「独立自主」を中国外交の一貫した原則として主張した．「建国以来33年，中国はいかなる大国あるいはいかなる国家ブロックにも決して依存せず，またいかなる大国の圧力にも決して屈伏しないということを実際の行動で全世界に示してきた」(『人民日報』1982年9月8日)．

「独立自主」への調整は，国際格局が米ソ対峙に変わったという判断，レーガン政権の台湾接近，ソ連は社会主義国だという再認識などからきているが，加えて中国の実力が米ソ超大国にはとても及ばないと戦略的に判断したからだろう．鄧小平は1984年5月ブラジルのフィゲイレド大統領に，「中国の対外政策は独立自主で，これこそ真の不同盟である．中国は米国カードを打たないし，ソ連カードも打たない．また他人が中国カードを弄ぶのも許さない」(『鄧小平文選』第3巻)と語っているし，1986年3月には趙紫陽首相が，「中国はいかなる超大国にも依存しないし，そのどちらとも同盟や戦略関係を結ばない」と述べている(「7次五カ年計画についての報告」)．

ようするに，中国はグループ・オブ・ワンで行く，という態度表明なのである．一つはソ連との同盟の失敗，もう一つは1970年代末米国への過度の戦略的依存が自国の行動の自由を奪ったという二つの苦い経験を受けている．以後今日まで，平和共存五原則と独立自主が中国外交の二大基本原則であり続けている．

⑨平和と発展の時代

毛沢東時代と鄧小平時代を分ける最大の違いは時代認識である．毛は生涯を通じて「戦争と革命の時代」と捉え，国内では不断革命を，対外的には准戦時を想定した戦略をとった．鄧小平時代に入って，時代認識が決定的に変わるのは1980年代半ばである．1985年3月，鄧小平(中央軍事委員会主席)は，「平和と発展」が当面の世界の二大課題であると提起し，次いで5-6月の中央軍事委員会では戦争についての「指導思想の戦略的転換」を次のように明らかにした．

かつてわれわれはずっと戦争は不可避で焦眉の急に迫っていると考えてき

た．……だがここ数年情勢を子細に検討した結果，世界戦争を起こす資格があるのは二つの超大国だけだが，どちらも敢えて起こせないと考えるに至った．……かなり長い期間，大規模な世界戦争は勃発しないだろうし，世界平和の維持には希望がもてる(『鄧小平文選』第 3 巻).

　こうして中央軍事委員会では，建国後はじめて「戦時の軍隊」から「平時の軍隊」となり，100 万人の兵員削減と大軍区の改編を決めた．以後 10 年ほど，軍隊建設は経済の近代化に従属することになる．

　現実にはすでに 1970 年代末から外資導入，借款導入，経済特区などの開放措置が進んでいた．理論がその後を追った．1984 年には宦郷の「一つの市場論」が登場し，スターリンの「二つの市場論」がはっきり否定された．「これまで一つの社会主義市場と一つの資本主義市場，つまり二つの市場の併存という理論が鎖国政策の根源だった．……世界的に見れば世界は一つの統一した市場であり中国もその一部である」(宦郷 1984)．この「突破」で開放がいっそう進み，レーニンは公然と批判され，資本主義論も大きく変わった．何方は，現代資本主義が国際化と相互依存によって変質したこと，「実は 50 年代から革命と戦争の時代は終わっており，平和と発展の時代に入っていたのだ」と論じた(何方 1988).

　「一つの市場」「戦争は避けられる」テーゼはパラダイムの大転換だった．もはや主要敵を設定する必要も，准戦時態勢をとる必要もなくなった．1982 年の「独立自主」への調整で中国外交の質的転換が始まっていたが，1980 年代半ば戦争思考から脱したことでそのプロセスが完了したことになる．1986 年から中国は，アジア開発銀行(ADB)への参加，関税及び貿易に関する一般協定(GATT)復帰の正式申請，太平洋経済協力会議(PECC)への参加など，国際経済と多国間協力への参入のテンポを加速していくが，2001 年，ついに WTO 加盟を実現した．

⑩平和的転覆(和平演変)

　1989 年 5 月ゴルバチョフ・ソ連共産党書記長が訪中，30 年来の対立に終止符が打たれ，中国外交は順調に展開するものと思われた．ところが，天安門広場の民主化運動に対する解放軍の武力鎮圧で「人権弾圧」と反発した西側から

の経済制裁その他で，中国は厳しい国際的孤立に追い込まれたのである．この孤立は，東欧に続いてソ連が最終的に崩壊した嵐が襲う1992年まで続いた．この危機のなかで中国がしきりに主張したのが「平和的転覆論(和平演変)」，平和的手段で中国に対する転覆陰謀を行っているという対西側批判である．

　1989年9月29日，江沢民総書記は建国40周年記念式典で，「国際反動勢力は武力干渉に失敗したあと，1950年代後期から，政策の重点を"平和的転覆"に移し，政治的，経済的，文化的手段で，社会主義諸国の一時的困難と改革実施の機につけこんで浸透を行い，影響を及ぼし，……西側への盲目的崇拝を煽り，……浸透と反浸透，転覆と反転覆，「平和的転覆」と反「平和的転覆」の闘争は長期にわたるだろう」と訴えた(『北京週報』1989年第41号)．

　鄧小平の危機感はとくに強かった．11月23日，ニエレレ・タンザニア前大統領との会談で次のように言う．「いま二つの冷戦が始まっているようだ．一つは南の世界，第三世界に対するもので，もう一つは社会主義に対するものである．西側国家は煙が立たない第三次世界大戦を起こしている．煙が立たないというのは，社会主義国に対して「平和的転覆」を求めているからだ」(『鄧小平文選』第3巻)．この時期中共党内では，鄧力群(とうりきぐん)(1982年4月―85年7月党中央宣伝部部長，82年9月―87年10月に中央書記処書記)などの保守派が改革開放政策を厳しく批判していた．

　天安門事件後の国際的孤立で中国は「国家利益」と「一国志向」を強めていくが，「平和的転覆論」は，1992年初春に出た鄧小平の市場化加速指示(南巡談話)で中国経済が猛烈な市場化プロセスに入り，米国などの対中制裁が腰砕けになったことも手伝い，姿を消していく．

⑪ 韜光養晦

　国際社会から孤立したこの時期のもう一つのキーワードが「韜光養晦」，つまり「力を隠して時節を待つ」である．『三国志』に源を発するとされる「韜光養晦」とは，『辞海』などでは，「自分の才能を隠してずっと時節を待つこと」と訳される．中国での公式英訳は"hide our capacity, bide our time"である．

　天安門事件から3カ月，1989年9月4日に鄧小平は中央のリーダーを前に

次のように語った．「国際情勢については次の三句に概括できる．まず冷静な観察，次にしっかり足元を固めること(穏住陣脚)，第三が沈着な対応，である」．この言葉と，翌年12月24日の談話「いまの国際情勢は予測できない要素が多く，矛盾がますます突出している．……第三世界のある国は中国に先頭に立ってほしいと言うが，われわれは絶対に先頭に立たない．これは根本的国策である．われわれは先頭には立たない．力が足りないし，（先頭に立っても）決していいことがなく，多くの主導性を失ってしまう」（『鄧小平文選』第3巻）が後に銭其琛(せんきしん)外相の手で，「冷静観察，穏住陣脚，沈着応付，韜光養晦，善于守拙，決不当頭，有所作為」の28字方針にまとめられ(銭其琛1996)，その後「韜光養晦，有所作為」に簡略化された．

　ある説では，「韜光養晦」には「四つの不」と「二つの超」が含まれているという．旗を立てない，先頭に立たない，対抗しない，敵を作らない(四つの不)，イデオロギーを超える，関わりのないところでは超越する(二つの超)である(曲星2000)．

　こうして1990年代に多用された「韜光養晦」だが，21世紀に入るともう時代遅れではないのかという議論が国内で出てくる．たとえば，北京大学の国際政治学者・葉自成は，第一に，鄧小平が韜光養晦を提起したのはソ連崩壊で国際，国内ともに大混乱していた時で，いまや状況は大きく変わった，「大国」の心づもりをもつべきだ，第二に韜光養晦という表現は一時的戦術だとの誤解を与えやすいから改めるべきだ，第三に韜光養晦を超越して大国外交を積極果敢に進めるべきだ，と論じた(葉自成2004)．その後，中道の研究者も，もう韜光養晦は古い，歴史の被害者意識を脱して大国意識を育てるべきだと論じ始める(姚洋2010)．ある論者はこうはっきり述べる．「鄧小平時代，経済建設とよい対外環境を求めて"韜光養晦"策略を採用した．領土問題も棚上げ，共同開発にした．この立場が2009年まで続いた(その後は民族主義に変わった)」(丁咚2016a)．とくにタカ派のリアリスト閻学通(えんがくつう)(清華大学)は次のように言う．「韜光養晦はもう古い．……中国の学者では韜光養晦の堅持が主流だが，私は反主流だ．中国は韜光養晦を採用すべきではない．……中国はもう世界第二の超大国になり，（韜光養晦の)弊害は大きくなっている」(『日本経済新聞』2011年1月13日インタビュー)．

「韜光養晦」に代わって登場するのが,「責任ある大国」「平和的崛起」である.

⑫南巡談話

1992年春の鄧小平の南巡談話(中共中央2号文書)は国内で保守派に攻撃され,国際社会では制裁と孤立に追い込まれた中国を市場化へと突進させる合図となった.鄧は1月18日から2月21日にかけて,開放の最先端である広東省の深圳・珠海,上海などをまわり,市場化と開放を加速するよう全党に檄を飛ばした.

当時中国は重大な危機を迎えていた.天安門事件で国際的に孤立した上,東欧に続いてソ連があっと言う間に崩壊,国際社会は「社会主義は敗北した」と診断を下した.国内では,改革開放はソ連のような崩壊につながるから旧路線に戻るべきだとする保守派が勢力を盛り返した(1991年8月ソ連で反ゴルバチョフのクーデターが起こったが,中国の新聞は,一旦はクーデター支持に走った.当時の『人民日報』紙面は異常である.中央がクーデター支持と反対に割れたのだろう).なお,この市場化への「檄」は鄧小平の「遺言」となった.

「経済建設のために改革開放と四つの基本原則という"一つの中心,二つの基本点"(「一つの中心」は経済建設,「二つの基本点」は改革開放と「四つの基本原則」)は百年やり続けるべきだ.決して動揺してはならん.……改革開放の成果がなければわれわれは6.4(天安門事件)を乗り切れなかっただろう,乗り切れなければ内戦だった」,「改革開放は思い切ってやらなければだめだ.纏足をした女みたいではだめだ.正しいと思ったことはすぐに思い切って試し,大胆にやってみることだ.深圳の貴重な経験はこの思い切りだ」,「社会主義の本質は最終的にみんなが豊かになることじゃないのか」.以上の発言には万難を排して経済を発展させ,中国の権力を守りきるという鄧小平の強い意思が滲み出ている(『月刊Asahi』1992年5月).

この南巡談話がその後の市場化に決定的意味をもったことは,外資がこれを境に中国にどっと流れ込んできたことでも分かる(図1-5参照).鄧のなかで一つだけ悔いが残った.「いま振り返ると,私の大きな過ちは四つの経済特区を設けた時に上海を加えなかったことだ」.結局,上海浦東地区の開発は深圳などに10年遅れた.

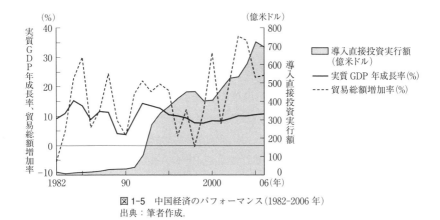

図 1-5 中国経済のパフォーマンス(1982-2006 年)
出典：筆者作成.

　鄧小平の南巡談話は中国を再資本主義化させた号令として歴史に残るだろう．中央財政を立て直すため 1994 年から分税制改革が行われるが，その責任者である劉仲藜(当時財政部長)は，南巡談話を，「まさに春雷，人々の思想を解き放った」と評している(劉仲藜 2009)．

⑬国家利益

　鄧小平の市場化加速の指示，経済の急成長，米国やアジアからの「中国脅威論」の出現を契機に，これまで否定してきた「国家利益」を真っ正面から認める議論が出てきた．1993 年，リアリストで知られる閻学通(当時現代国際関係研究所)らが，「国家利益についてのわれわれの観念や言い方は間違っていた．ブルジョア国際政治学の基本概念，ブルジョア国家の対外政策に奉仕するものと見なして排撃した」，だが「国家利益は対外関係と国際事務で客観的に存在しており，不可避のもので，強力に擁護すべきものである」と提起したのである(閻学通・兪暁秋・陶堅 1993)．1994 年には鄧小平のニクソン元大統領への談話(1989 年 10 月)——「国と国との関係を考えるときには主として国家自身の戦略的利益から出発すべきである．……あなたも私も自国の国家利益を最高の準則にして問題を処理するという点では胸襟を開いて話し合える」——が初めて公表された．

　1996 年に出版された閻学通『中国国家利益分析』(閻学通 1996)はその現実主

義ぶりで読者を仰天させ，中国の学界でも侃々諤々(かんかんがくがく)の論争を呼んだ．閻の主な論点を示しておこう．

- 国民国家(nation-state)の nation には階級性はない．国家利益は一つの民族が共有する利益であるから，それ自体は階級性を帯びない．
- 国家利益は具体的個人利益から構成される以上，国家利益と個人の利益は対立せず，一致する．したがって国家利益の擁護と個人利益の擁護は矛盾せず，相互依存関係にある．
- 国際利益は国家利益の変形したもので，その基礎は国家利益である．国際利益は集団利益の形式で国家利益を体現する．
- 国家利益は内容においてもその範囲においても発展し，変化する．①安全上の利益，②経済面の利益，③人権や主権など政治面の利益，④文化的利益の四要素のうちでも，時期によって重点は変わる．1950年代は安全利益が1位だったが，1990年代は経済利益が主要な利益になった．
- 国家利益には緊要度に応じたレベルがある(緊急性利益，重要性利益，一般性利益など)．

こうして閻は，国家利益を「国民国家の全ての成員の物質的・精神的必要を満たすもの」と定義する(閻学通 1996)．

以上のように，閻の国家利益論は現実主義でもきわめつきの古典的なそれである．国家利益概念に最初に学術的に挑戦した国際政治学者モーゲンソーが，国家利益は論ずる者によっていかようにも定義できる多義性をもつとし，国際政治の道義性を論じつつ，多くの留保をつけながら国家利益を論じたのとは違って，閻学通は一面的で断定的である．彼によれば，国家は至上であり，「国家」や「権力」それ自体に対する疑義，誰にとっての国家利益かという問いや，国家利益のもつ主観性についての「留保」などが見られない．彼は，二国間の協力や協議より多国間，集団的な安全保障メカニズムを評価するが，それは，「安全保障は生命保険と似ている．1人の保険より団体保険の方が安くつく」からに他ならない．

中国の学界では閻学通の議論に疑問や批判がないわけではない．閻の本の出版直後，中国ではめずらしいことだが，著名な国際政治学者たちが書評会を開き，本人も加わって議論した．リベラル派の王緝思(北京大学)は，閻の書物は

理論ではなく「策論」であるとした上で，国家利益概念をこんなに広く設定していいものか，と根本的な疑問を呈した．モーゲンソーは国家利益概念を抽象的なモラルやイデオロギーと弁別する意味で限定的に用いたのに，閻の主張では文化やイデオロギーも国家利益に入ってしまうからである(閻学通ほか1997)．

2000年9月には王逸舟(社会科学院世界経済と政治研究所)，朱成虎(国防大学)，曲星(外交学院)，章百家(中共党史研究室)，金徳湘(清華大学)，閻学通が「国家利益は変わったのか？」という興味深い座談会を開いている(「国家利益改変了麼？」『環球時報』2000年9月22日)．

リベラル派の王逸舟はグローバリゼイションのなかで国家利益は多義的，可変的で複雑化しており，広いレベルでたえず定義し直すことが必要だと強調，それに対して軍の評論家である朱成虎が，グローバリゼイションで国家利益の性質が大きく変わったわけではないと反論，国家利益について以下の八要素を挙げた．①領土保全，②主権不可侵，③外来の脅威を受けない持続的経済発展，④平和・安定的セキュリティ，⑤戦略資源の安定的獲得，⑥国際市場に入る権利，⑦国際航道の安全，⑧外来からの脅威を受けない基本的価値観(『環球時報』2000年9月22日)．なおこの観点は2010年頃に定位される「核心的利益」論にきわめて近い．

閻批判は学界の一部に限られる．21世紀に入ると，政策レベル，主要シンクタンクでは閻学通的国家利益論が横行しており，政策策定に近いほどリアリストであり，グローバル化が進めば進むほど，国家利益はより広くなり，より守られるべきものとして強調される．ある研究者は，2006-07年，中国では国家利益について新観念が付与されるようになったと論じている．2006年8月の中央外事工作会議で胡錦濤国家主席は，「中国の外交は国家主権，安全，発展利益の擁護のために役割を果たすべきだ」と発言，2007年の17回党大会では「国家主権，安全，発展利益の擁護」が新しいスローガンとして入った．青山瑠妙はこのころ中央レベルで「国家利益」の再定義が行われた，としている(青山瑠妙2013)．さらに習近平時代に入ると「核心的利益」という概念にまで進んだ(後述)．

第4節　キーワードで見る中国外交3
—— ポスト鄧小平時代（1990年代後半以降）

⑭愛国主義教育運動

1992年の南巡談話を遺言に鄧小平は政治の舞台から退いた．1990年代の中国外交にかかわるキーワードは第一が国家利益，第二が愛国主義教育運動である．その背景にはグローバル・レベルでの社会主義の崩壊で中国をアイデンティティの危機，体制の危機が覆うという基本状況がある．

愛国主義教育が教育改革プログラムとして提起されるのが1993年1月．党中央宣伝部・国家教育委員会も「初等中等教育において愛国主義教育を実践することについての通達」を連名で出し，以後10年以上続く政治キャンペーンとなった．

1994年8月23日，党中央宣伝部が「愛国主義教育実施綱要」を公布，全国の小中学校で愛国主義がカリキュラム化された．翌年3月には民政部が第一次愛国主義教育基地100カ所余を選定し，全国が愛国主義に染まった．1997年からは，第二次基地，第三次基地と基地が増え，全国353カ所となった．どういう地点が愛国主義教育の基地となるのか．抗日戦争記念館，「南京大虐殺」記念館など日中戦争関連がもっとも多いのではないかと推測されたが，実はそうではなく，第一次基地の内訳は，歴史文化基地19，帝国主義・侵略主義に反対する基地が9，人民革命と社会主義建設の基地が75カ所となっている．抗日戦争だけではなく，名所旧跡で中華を誇り，革命・建設の事跡を見て中国共産党の支配の正統性を誇示するための全国民教育が目指されている．

1994年の実施綱要はつぎのように言う．「当代中国において，愛国主義と社会主義は本質的に一致している．中国の特色をもつ社会主義を建設することこそ新時期の愛国主義である．……愛国主義・集団主義と社会主義思想教育が三位一体となって中国の特色をもつ社会主義の偉大な実践のなかに有機的に統合される」と．

2005年の反日デモの際，中国人学生多数が「愛国無罪」と叫んで示威をしたことは記憶に新しい．在米の中国人研究者，ジャオ・ソエション（趙穂生・デ

ンバー大学)が性格づけるように，1990年代の愛国主義教育は排外主義，過激なナショナリズムと親和性がとても強い．ジャオは次のように評している．「愛国主義は革命とか民族主義が正統性の基礎として衰退したなかで出てきた"国家が引っ張るナショナリズム"の象徴である」と(Zhao 1998)．

中国知識人の一部に，この愛国主義キャンペーンにはっきり批判的な人々もいる．叢日雲(そうじつうん)(中国政法大学)は，次のように中国の愛国主義教育，歴史教育一般が，排外的民族主義の元凶だとはっきり指弾する．

> 愛国主義教育自体は悪いことではないが，わが国のそれには大きな欠陥がある．中国と西側の歴史と現実を，トータルに，客観的に，正確に叙述していないためわが国の若い人々を誤導している．イスラム極端分子がモスクから生まれるとすれば，中国の極端民族主義は中学校・小学校の教室から生まれる．……植民地主義はある時代特有の現象だ．世界中のほとんどが植民地主義か，そうでなければ植民地だった．……だが，前植民地国と前宗主国はすでに友好関係を作り，それぞれ和解をしている．中国も1980年代に前の敵対国家(米国や日本)と和解し(化解言和)，あるいは蜜月時代を過ごしたではないか．……
>
> 　過激な民族主義は極権主義(全体主義に近い権威主義)イデオロギーの思考方式，言語習慣，行為モデルが，改革開放期の特殊な環境下で成長してきた一つの変種である．極権主義が欠陥のある愛国主義と結合して過激な民族主義の思想的根源を構成した．つまるところ，過激な新・民族主義は，通常一般の民族主義でも，また中国史上いろいろ出現してきた民族主義でもない，当代中国社会特有の産物であり，(愛国主義教育などによって)人為的に作られた異常児(奇胎)なのである(叢日雲 2012)．

また，在日の中国人研究者・姜克実(岡山大学)も，日中ともに，歴史教育に問題があると，次のように鋭く問題を指摘している(姜克実 2017)．

- 日本の歴史教科書は歴史の構造，因果関係を教えず，断片的事実しか教えない．
- 日本における平和教育は，犠牲者・被害者の観点のみで，武力をすべて否定し正義の戦争ですら認めない．

他方，中国の愛国主義教育には次のような問題があると言う．

- 中国では被侵略者としての怨恨を教え込まれ，怨恨が戦後第三世代，第四世代にも植えつけられている．若い世代が銘記すべきは正確な歴史事実であって，歴史的怨恨ではない筈だ．
- 歴史の主体がすべて国家として認識される．国家意思としての歴史しかない．
- 中国の歴史研究には国際的連係の欠如がめだつ．
- 中国現代史上の問題，大躍進運動や文化大革命に触れられない．
- 正しい歴史認識にとって史資料の公開が不可欠である．その点，中国も台湾も，日本の史資料公開性の高さに学ぶべきである．

過激なナショナリズムは諸刃の剣だ，民族主義の武器を過度に使用すると，かえって自己を傷つけることになる，という姜克実の指摘は東アジアに住む人々にとって大事なポイントである．

⑮パートナーシップ

主要大国との関係で1990年代後半から頻出するのが「パートナーシップ」である．パートナーシップを中国の研究者は次のように定義する．「相互に相手を敵とせず，平等に尊重しあい，内政に干渉せず，共通の政治経済的利益を求め，双方の関係を良好に発展させようとする関係」(蘇格2000)．パートナーの原語「伙伴(フオバン)」はもともと軍事用語で，「一つの軍営の人」を指し，ともにリスクを負いともに利益を共有することを意味する言葉だという．中国のネット辞書である百度百科では，国際関係のパートナーシップを次のように説明する．

- 前提：相互に敵対しない
- 基礎：共通の利益をもつ
- 推進力：共通の利益を求め協力をすすめる意図をもつ
- 表現：適切な措置をとり相互関係を発展させることができる

中国はまずロシアと「戦略協力パートナーシップ」を築いた．1996年4月訪中したエリツィン大統領と江沢民国家主席の共同声明は，「平等と信頼を旨とした，21世紀に向けての戦略協力パートナーシップを発展させる決意」を謳った．翌年4月に訪ロした江沢民はロシア連邦議会で，「戦略協力パートナーシップ」とは，①二国間の長期の協力，②国際事務での協議と協調，③国際

表 1-3　1990 年代後半，中国が結んだパートナーシップ関係

締結年月	名称
1996 年　4 月	中ロ戦略協力パートナーシップ
1997 年　5 月	中仏包括的パートナーシップ
10 月	中米建設的戦略パートナーシップ
12 月	中国カナダ包括的パートナーシップ
12 月	中国メキシコ包括的パートナーシップ
12 月	中国 ASEAN 善隣パートナーシップ
12 月	中印建設性協力パートナーシップ
1998 年　2 月	中国パキスタン包括協力パートナーシップ
4 月	中国 EU 建設性パートナーシップ
10 月	中英包括的パートナーシップ
11 月	中日友好協力パートナーシップ
1999 年　2 月	中国南アフリカ建設性パートナーシップ
4 月	中国エジプト 21 世紀に向かう戦略パートナーシップ
10 月	中国サウジ戦略協力パートナーシップ

出典：筆者作成．

関係の緩和と安定などでの協力，という内容をもつと説明した(『人民日報』1997 年 4 月 24 日)．

　米国とも 1997 年 10 月の首脳の共同声明に，「中米の建設的戦略パートナーシップの確立にともに力を注ぐ」という 1 項が入った．日中間では，1998 年 11 月江沢民が訪日して「友好協力パートナーシップ」が謳われ，2006 年の安倍訪中で「戦略的互恵関係」を築いて行くことが合意された．

　中国は 1990 年代合計 14 の相手国とパートナーシップを結んでいる．2000 年代に入るとアフリカを除いて世界全域に広がった．表 1-3 は 1990 年代後半に結ばれたパートナーシップ関係である．

　次の点に注意したい．第一は，「パートナーシップ」には准同盟から摩擦と不信の関係まで，きわめて広い関係が含まれる．消極的には，「三つのノー(同盟しない，対抗しない，第三者に向けられない)」の関係と言うこともできる(Cheng and Zhang 2002)．

　第二は，「パートナーシップ」には戦略協力，善隣友好，建設性，全面協力などさまざまな修飾語がつく．これは遠近の違いというより，協力の領域，程度，方式の違いからくる(王巧栄 2002)．ただ，「建設性」の意味するところは，戦略目標など重要な問題で分岐があってまだ真のパートナー関係とは言えない

段階を指しているという(米国,日本,インドなど).

全般的には「戦略協力パートナーシップ」が一番高いレベルである.中ロの「戦略協力パートナーシップ」について蘇格(外交学院)は,一致した戦略目標,広い共通の利益,重大問題での共通もしくは類似した見方,根本的利害衝突なし,敏感な軍事部門を含めた広汎な協力分野をもつきわめて深い意味があり,パートナーシップ外交の核心だ,という(蘇格2000).なお,葉自成は,中国は独立自主原則のもとで「柔軟な准同盟戦略」を取った方がよいと主張するが,彼が期待しているのがロシアとの関係の准同盟化である(葉自成2000).

第三が,1990年代からの中国外交の基本——グループ・オブ・ワンを典型的に示す,きわめて実利的な用語だという点だ.ある論者は,パートナーシップ外交は,①大国関係を調整するとき主導的地位に立てる,②周辺国との関係を安定的にする,③途上国との伝統的友好関係を強化できるというメリットがあり,その目的は「中国の国家利益を最大限に実現することだ」と明言する(王巧栄2002).

ただし,一般に中国が言う「戦略関係」は利益の一致を必ずしも前提にしていない.関係が長期的で,グローバルなアジェンダを議論し,全面的関係であるという3条件があり,相手を「パワー」と認識すれば,中国は戦略パートナーシップを結ぼうとする.2000年代に入って中国は,フランスとは「全面的戦略パートナー」(2004年1月),ドイツとは「グローバルな責任を負うパートナー」(2004年5月),英国とは「全面的戦略パートナー」(2004年5月)の関係を作り,2003年に関係を全面修復したばかりのインドとも「平和と繁栄の戦略協力パートナーシップ」を確認し合った(2005年4月).ちなみに中国が日本に「戦略対話」を呼びかけたのはようやく2005年春で,翌年10月の安倍首相訪中時にはじめて「戦略的互恵関係」が合意された.二国間関係に「戦略」を使うかどうかは,中国が相手をパワーとして認識しているかどうかを判断する鍵と言える(パートナーシップについて蘇格の論文(蘇格2000)が要領のよい説明をしている).

⑯ 責任ある大国

中国経済の躍進による大国化で,とくに1997年のアジア通貨危機を契機に

出てきた新キーワードが「責任ある大国」論である．2001年にWTO加盟を実現すると，「韜光養晦は時代遅れではないのか」，「国際社会で役割を果たすべきではないのか」という意見が強くなり，参与し，挑戦し，先頭に立つ「大国外交戦略」を展開すべきだという議論が出てくる．その代表が葉自成である．彼は，①中国はすでに一定の総合力のある，世界大国の条件を備えた国であり，大国外交戦略をもたなければならない，②それにはまず「屈辱の100年」意識，被害者意識を払拭して大国としてのノーマルな精神をもつべきだ，③国際システムに参加し挑戦し，東アジアでイニシアティブを取るべきだ，と論ずる（葉自成2000）．

中国に「責任ある大国」論を取らせた重要なきっかけはWTO加盟だろう．2001年9月ニューヨークの全米商工会議所で銭其琛（国務委員）は，加盟手続きの進展に期待を寄せ，「中国は責任ある大国として調印した国際的協議は真剣に言行一致で厳守してきた」と強調した（『新華毎日電訊』2001年9月21日）．

ある研究者は，「責任ある大国」外交とは，具体的には，①主要大国・国家集団と形式・内容とも多様なパートナー関係を作る，②途上国との関係処理で固有の国際責任を果たす，③多国間メカニズムに全面的に参与する，④アジア太平洋の周辺国との関係を構築すること，だと指摘する（李宝俊・徐正源2006）．

このような「大国としての自画像」が出てくると，「韜光養晦」戦略は，当時の特殊な背景のもとで出てきた「権謀術策的意味」が強いと敬遠され，言及されなくなる（朱国芬2005）．リアリストの閻学通も，韜光養晦で中国は孤立から抜け出せたが，1994年からは「中国脅威論」は強まるばかりでなんの効果もなくなった，「平和的崛起」の方がずっとよい，と述べている（閻学通ほか2004）．

中国の「責任ある大国」認識を刺激したのが，2005年5月10日米国下院国際関係委員会におけるR. ゼーリック（国務副長官，後に世界銀行総裁）の「責任あるステークホルダー」論である．「責任あるステークホルダーとは，中国を国際システムにおいて強い影響力をもつアクターとみなし，中国にEUや日本と同様に，世界経済や国際安全保障に対する責任をもつことを促す政策体系」だとゼーリックは言う．つまり，これまで西側は中国を国際社会に関与させることに留意してきたが，はじめて中国に内部者としての役割，自覚を求めたのが

このゼーリック発言，つまり米国政府の意図なのである(Zoellick 2006)．そうしたなかで「"韜光養晦"を補充し調整する」ために(それに代わるものとして)出てきたのが「平和的崛起」論である．

⑰平和的崛起

大国となった中国が世界に向けて強調するのが，歴史的に新興国家の台頭はつねに国際秩序の大変動(ときには世界戦争)をもたらしたが，中国の台頭は決してそうではなく，平和的であり現状維持的であるという点である．平和的崛起(2004年から「平和的発展」と言い換え)も「和諧世界」もそのためのキーワードである．

平和的崛起(和平崛起)を最初に提起したのは，胡錦濤のブレインの1人，鄭必堅(中国改革開放論壇)のボアオ・アジアフォーラム(2003年11月)での演説「中国の平和的発展の道」である．彼は，ある大国の崛起が国際格局の激変を生み，ひいては大戦をもたらした近代史の前轍を中国は決して踏まない，経済と政治体制の改革で平和的台頭を保証する，人類の文明成果や中華文明を吸収して平和的台頭の精神的支柱とする，などと宣明した．彼は2004年から05年にかけて同趣旨の論文を『フィガロ』紙，『フォーリン・アフェアーズ』でも発表，世界に向けて発信した(鄭必堅 2004)．だが，このテーマを特集した『教学与研究』(中国人民大学)での論争が示すように，「平和的崛起」については中国の学界でも議論が多い．リベラル派の王緝思は，「平和的崛起」は学術議論ではなく，政治的命題であり，また「強烈な願望であり，目標である」と論じ，他方リアリストの閻学通は，台頭する大国と覇権国のパワーの差が縮まったとき両者間で争いが生ずるのはつねであり，台湾という難題を抱えた中国が「武器を使わない前提で台湾独立を阻止できるのか」，「台湾を失った中国にとって「崛起」などあり得るのか」，と「平和的」に疑問を呈している(閻学通 2004)．

胡錦濤総書記が国際社会で初めて「和諧世界」を語ったのは，2005年9月国連創立60周年記念総会での演説である．17回党大会(2007年)では，「われわれは，各国人民と手を携えて恒久平和，共同繁栄の和諧世界の建設に努力すると主張する」と述べた．だが「和諧世界」の内実は必ずしも明らかではなく，そのために中国が何をするのかについての外交政策や戦略も示されてはいない．

王緝思が言うように，中国の主観的願望なのである．

和諧世界論との関係で注目されるのは 2006 年から始まる対アフリカ（資源）外交である．アフリカへの資源外交の期待はすでに 1990 年代後半から始まり，2006 年に本格的に開花する．同年 1 月はじめてアフリカ大陸との関係に関する政策文書を発表，2006-07 年にかけて胡錦濤総書記は 2 回に分けてアフリカ 17 カ国を歴訪し，2006 年 6 月に温家宝首相がアフリカ 7 カ国を歴訪した．同年 11 月には「中国・アフリカ協力フォーラム」第 3 回会議を北京で開催，アフリカ大陸から 30 カ国以上の首脳を招待した．翌年 6 月に政策性銀行である国家開発銀行などが出資して中国・アフリカ発展基金有限公司（50 億ドル）を正式に発足させたように，広大な発展途上地域であるアフリカの資源・市場を求めての大プロジェクトが始まったのである．途上国との経済協力による和諧世界の実現を企図しており，その趣旨・ミッションなどからして 2013 年から習近平が進める一帯一路構想の先駆けと言える（増田雅之 2009）．

責任ある大国論，あるいは平和的崛起論のいずれも，中国が国際的地位やイメージを大変気にしていることの証拠でもある．「外からの導入」から「対外進出（走出去）」への転換を提起した 16 回党大会（2002 年）の江沢民報告は，2020 年までの中国戦略の基本目標を 4S で概括した．主権（sovereignty），安全（security），安定（stability），そして国際的地位（status）である．

⑱ 核問題と北朝鮮政策

1992 年中国が韓国と国交を結ぶと，朝鮮半島のバランスは大きく変わった．北朝鮮の対中不信感が高まり，ある種の緊張が生まれた．北朝鮮が独自の核開発を考え出すのは 2002 年，ブッシュ（ジュニア）政権の対北朝鮮強硬路線のもとで北朝鮮が核不拡散条約（1985 年に加盟）から脱退すると表明したころからだろう．2005 年には北朝鮮の核開発の意思が表明され，翌年 2006 年 10 月，第 1 回核実験が行われた．その後，2009 年 5 月第 2 回，13 年 2 月第 3 回，16 年 1 月第 4 回，16 年 9 月第 5 回，17 年 9 月第 6 回実験と続き，北朝鮮はその意図と能力を国際社会に見せつけた．中国は 2003 年に六者協議を提起して北朝鮮を国際レジームに取り込もうとしたが，結局成功せず，国内でも対北朝鮮政策の変更を求める圧力が強まるなかで，2013 年に対北朝鮮禁輸のレベルアップ

を約束した．北朝鮮の側は，核保有国を自称し憲法と国家発展計画に核開発を入れた．

2010年代から，中国でも北朝鮮政策についていろいろな異議が出てきている．2017年，ある研究者は北朝鮮の核問題をめぐって国内にいくつかの見解が錯綜している，と分析した．それによれば，まず朝鮮半島の核問題が拡大する理由について四つの見方があるという．

- 中米協力が失敗したから(樊吉社 2014)．
- 主に米国に責任がある(孫茹 2013)．
- 北朝鮮に責任がある(朱鋒 2005)．
- 中国に責任がある(梁雲祥 2016)．

北朝鮮が核開発に成功しているのは一つには中国の曖昧な態度があるからだ．いまの状況では，中国の安全と経済利益にとって，北朝鮮は全面的にマイナスである，とする．

では，中国は北朝鮮にどのように対するか．これについても四つの意見がある，と見る．

- 朝鮮への限度ある支持派(張沱生 2013)
  朝鮮核問題は中国外交に大きな重荷だ．特殊な関係から普通の関係に変えて行くべきだ，是々非々政策で行くべきとする(時殷弘，龐中英など)．
- 朝鮮優先策派(閻学通など)
  戦略的緩衝地帯として朝鮮は重要である．核兵器をもった，中国と敵対しない朝鮮，とすべきだ．中国は朝鮮の制裁に参加すべきではない．制裁すれば朝鮮は中国を脅かすだろうから(閻学通 2009)．
- 朝鮮との関係を切る派(蘇樹龍 2009)
  北朝鮮は朝鮮半島を緊張させ，中国の安全のボトムライン(底線)に触れてしまい，中国の利益に危害を与えている．北朝鮮を外交的に孤立させ，より強い制裁を加えるべきだ．

だが，このような見解の人は少ない(以上，引用は周暁加 2017)．

そして四つ目に，代表的なリアリストの考え方を紹介しておこう．沈丁立(復旦大学)は21世紀の中朝関係の緊張・矛盾は1992年の中国による韓国承認がきっかけとなっているとしながら，北朝鮮は今後も核開発をやめないだろう，

北朝鮮に核を捨てさせるのはまったく非現実的だ，北は核兵器で米国との関係の安定化を図ろうとするだろう，と事態を冷厳に見ている．その上で，国際社会にできることは，北朝鮮の核を制限すること，あるいは凍結させることだけだ，と言う．さらに，朝鮮が核を先制使用することは考えられない，抑止力として，米国を対話に引き出すための道具としての核開発にすぎない，とした上で，むしろ中国にとっては朝鮮半島の現状維持がもっとも合理的な選択肢である，とリアリストぶりを発揮する（沈丁立 2017）．

2018年から中朝米関係で新しい動きが出てきた．3月25-28日金正恩（キムジョンウン）朝鮮労働党委員長が突如陸路で訪中し，3月26日習近平との首脳会談では1992年以来の不正常な関係を吹き払うかのような友好的雰囲気がよみがえった．習近平主席が，①中朝の伝統的友好は両党，両国の歴代指導者が築き上げた，双方共通の貴重な財産である，②中国側は，首脳相互訪問，相互の特使派遣と書簡送付などを通じて委員長との高いレベルの関係を望む，③北朝鮮が払っている努力を中国は評価する．朝鮮半島非核化の実現，半島の平和と安定の維持，話し合いを通じた問題解決の3点を堅持する，と述べたという（『チャイナ・ウォッチ』2018年3月29日）．

他方，金正恩は次のように応じたという．①中国の同志と会い，戦略的意思疎通と伝統的友好を深めるため中国を訪れた．今後も（習）総書記と頻繁に会い，諸形式を通じたハイレベルの対話で関係を新レベルに引き上げることを希望する．②朝鮮半島情勢は良い方向に動き始めた．金日成（キムイルソン）主席と金正日（キムジョンイル）総書記の遺訓に従い，朝鮮半島非核化実現に尽力することはわれわれの一貫した立場だ」と（『チャイナ・ウォッチ』2018年3月29日）．また，4月14日金正恩が中国芸術団を率いて訪朝した中共中央対外連絡部長・宋濤と会見，「双方が関心をもつ重大な問題や国際情勢について意見交換した」という（『日本経済新聞』2018年4月15日）．

4，5月と9月の南北首脳会談，6月12日のトランプ大統領・金正恩委員長の首脳会談などがあり，朝鮮情勢は動いている．「朝鮮半島の非核化」が意味するところが何か，世界が注目している．

急転換しつつある中朝関係から何が読み取れるか．中国外交がイデオロギーのくびきを脱しているかどうか，台頭する中国は自分の国際的責任をどのよう

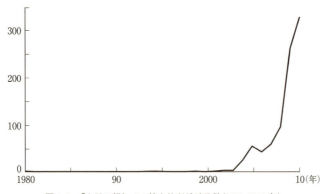

図1-6 『人民日報』での核心的利益言及数(1980-2010年)
出典：Swaine 2011.

に認識しているか，北朝鮮は中国にとって米国とバランスが取れる戦略資源なのかどうか，などについて判断する材料を提供してくれるだろう．

⑲ 核心的利益

国際関係の場で中国がどんな犠牲を払ってでも守るべき国家利益を「核心的利益」として明言するようになるのは2009-10年，南シナ海，東シナ海の海洋利益をめぐって中国が周辺の関係国家と衝突する頃からである．2010年末，外交担当の国務委員・戴秉国が次の三つを「核心的利益」として定式化した．

- 国体，政体と政治の安定(共産党の領導，社会主義制度，社会主義の道)
- 主権安全，領土保全，国家統一
- 経済社会の持続的発展の基本保証(戴秉国 2010)

このころから中国は「核心的利益」について活発に言及し出した(図1-6参照)．

ついで翌年2011年9月6日付白書『中国の平和的発展』では，「核心的利益」がいっそう厳密に規定されている．①国家主権，②国家安全保障，③領土保全，④国家統一，⑤国家制度と社会大局の安定，⑥経済社会の持続的発展の基本保証の6項目である．

核心的利益については次の三つのポイントを指摘しておきたい．

第一に，中国が核心的利益として公式に言及し始めるのは，2003年1月陳

水扁の「二国論」(第6章第4節参照)などが出てきて，台湾問題が深刻になっていると中国当局が認識した時で，当初，具体的には台湾を核心的利益として浮かび上がらせることにあった(高木誠一郎 2013).

第二に，「核心的利益」に南シナ海，東シナ海が入るかどうかは周辺国家にとって重大な関心事だが，中国は公式には南シナ海を「核心的利益」と表現してはいない(Swaine 2011).

第三に，2013年4月26日の外交部記者会見で，華春瑩(かしゅんえい)副報道局長は，尖閣諸島について「釣魚島の問題は中国の領土主権問題に関係している．当然，核心的利益に属する」と明言したが，これが中国の公式ラインだとは言えない．具体的に何が核心的利益なのかについて，中国当局は明言を避けている．

「核心的利益」が注目されるのは，具体的に何を指すかということもあるが，国体・政体・政治の安定や，経済社会の持続的発展の基本的保証などという，広義のレジームや曖昧な価値が入っていることである．中国国民が権力への異議申し立てをすると「国家の核心的利益」を侵犯するということになり，民主主義や人権の抑圧も懸念される．

核心的利益にかかわるもう一つの利益，海外利益(渉外利益という言い方もある)について補足しておこう．21世紀，対外開放による経済発展で中国の在外活動・対外活動は急拡張した．2012年，中共18回党大会で胡錦濤総書記は，外から吸収するだけでなく，これからは積極的に海外に出るべきだと，多国籍企業などを始めとする「走出去戦略」を提起した．

⑳在外利益と内政不干渉原則

21世紀中国は海外に膨大な「利益」「権益」を抱えることになった．守るべき核心的利益が一挙に拡張した．この頃から中国の国際政治研究者の「在外利益」「渉外利益」を守れ，という声も大きくなってくる．先進国だけでなく，アフリカへ，中東へ，南アジアへと文字どおり中国は「グローバル大国」の道を歩み始めた．政情不安なアフリカや中東，南アジアなどに進出した中国企業や石油産業が大きなリスクにさらされることになった．

以下のデータは，2006-14年に「危機」と認識した中国政府が，国家戦略として現地企業や機関を撤収させた事例である(表1-4)．とくに2011年3月，リ

表 1-4　海外からの非戦闘員(国有企業労働者など)の撤収(2006-14 年)

	年月	事案	撤収人数	手段
ソロモン諸島	2006 年 4 月	反中国の騒乱	310	チャーター機
東チモール	2006 年 4 月	暴力的騒乱	243	チャーター機
レバノン	2006 年 7 月	イスラエルとの戦争	167	陸路
トンガ	2006 年 11 月	首都での反乱	193	チャーター機
チャド	2008 年 1 月	内戦	411	陸路
タイ	2008 年 11 月	バンコクの騒乱空港閉鎖	3,346	チャーター機
ハイチ	2010 年 1 月	地震	48	チャーター機
キルギス	2010 年 6 月	人種衝突	1,321	チャーター機
エジプト	2011 年 1 月	アラブの春	1,800	チャーター機
リビア	2011 年 3 月	反乱と内戦	35,860	空・陸・海路
日本	2011 年 3 月	東日本大震災	9,300	空路
中央アフリカ共和国	2012 年 12 月	内戦	300	空路
シリア	2011 年 9 月/2013 年 9 月	内戦	2,000	陸路,空路
ベトナム	2014 年 5 月	反華人騒乱	3,553	空路,フェリー

出典：Duchatel, Brauner and Zhou 2014(SIPRI, *Policy Report*, No. 41, June 2014).

ビアからの国有企業労働者など非戦闘員 3 万 6000 人の撤収は大事件だった．当時リビアでは反カダフィの大規模な暴動が起こっていた．

なお，中国商務部情報では，2011 年時点でリビアで投資する中国企業は 75 社，関連プロジェクトは 50 項目，中国人従業員は 3 万 6000 人にのぼった．中国石油天然ガス集団，中国造船集団公司，中国国際通信建設公司など一部の中国資本の大企業と機関は武装強盗の襲撃を受け，経済損失は 15 億人民元にのぼったという(*livedoor news* 2011 年 8 月 25 日)．中国は海外中国人労働者・スタッフ全員の緊急撤収を敢行した(Duchatel, Brauner and Zhou 2014)．

在外企業や労働者，権益保護のために 3 万 6000 人の撤収作戦を解放軍を使って敢行した中国だが，この問題は中国の二大外交原則(内政不干渉，独立自主)に大きな影響を与える．リビア政府との衝突もありうるし，リビア内政に干渉するリスクもある．現に，2011 年この事件が起こった時，中国国内では，内政不干渉原則を維持すべきかどうかをめぐって議論が起こった．閻学通は当時こう書いた．「数年前は，ほとんどの中国人研究者は内政不干渉原則に挑戦して他国の主権を侵犯しようなどとは考えもしなかった．だが昨今はこの問題について激しい議論が交わされている」(Yan 2011)．

ストックホルム国際平和研究所(SIPRI)のレポートは，中国が在外華人・在外企業の権益保護のためにどのような対応をせざるを得なくなったかを調査した結果を次のように分析している．「近い将来，内政不干渉原則から中国が離れることはないだろう」，「敵対的な外部環境のなかで中国軍の一方的な展開を含む介入政策に中国が急激に転ずることはありそうにもない」と(Duchatel, Brauner and Zhou 2014)．だが，中国の対外進出が増えれば増えるほど，内政不干渉原則の維持は難しくなってくるだろう．

㉑一帯一路構想

　中国西部―中央アジア―ヨーロッパに通じる「陸のシルクロード経済ベルト」と，中国沿岸部―東南アジア，スリランカ，アラビア半島の沿岸部，アフリカ東岸を結ぶ「21世紀海のシルクロード」の二つの地域でインフラの整備，貿易促進，資金の往来の三つを促進する構想である．2013年から習近平国家主席がカザフスタン，インドネシア議会などで提唱した．英語ではThe Belt and Road Initiativeと言う．中国一の検索エンジン百度の百科辞書から概要を紹介しよう(百度百科2018年2月16日閲覧)．

　【構想提起のプロセス】2013年9月7日，習近平国家主席はカザフスタンのナザルバエフ大学での講演で「シルクロード経済ベルト」を共同で建設しようと呼びかけた．翌年8月，習近平主席は今度はモンゴルで，この経済ベルト構想に周辺国が乗車するのを歓迎する，と述べた．陸と海の二つの経済ベルト構想が合体して，2015年3月28日，中国政府(国家発展と改革委，外交部，商務部の三者共同)は，「シルクロード経済ベルト，21世紀海のシルクロードの展望とアクションプラン」を出し，同構想が本格的に動き出した．

　この構想は，ユーラシア，中国周辺の広大な地域を対象にした壮大なものである．参加各国・各国際機関からおもにインフラ投資を吸収し，広大な市場，交易圏を作ることを狙っている．すでにできている次のような地域協力体，協力機構を連鎖で緩くつなごうという意図も読み取れる．

　上海協力機構(SCO)，中国・ASEAN+1，アジア太平洋経済協力会議(APEC)，アジア欧州会合(ASEM)，アジア協力対話(ACD)，アジア相互協力・信頼醸成措置会議(CICA)，中国・アフリカ協力フォーラム，中国・湾岸アラブ諸国協

力戦略対話，大メコン川サブリージョン経済協力(GMS)，中央アジア地域経済協力(CAREC)，などの多国間経済メカニズムである．

【2017年5月の一帯一路国際協力サミットフォーラムと日米】北京で開かれたこのフォーラムには世界130カ国の政府代表団が参加を決定，主要7カ国(G7)の首脳はほとんど出席しなかったものの，ともかく圧倒的な国の参加を得た．当初，アジアインフラ投資銀行(AIIB)を中国が主導する巨大な経済圏構想だと警戒した日米の立場は微妙である．米トランプ政権は同サミットにマット・ポッティンガーNSCアジア上級部長を団長とする代表団を派遣，一帯一路への協力に米国はオープンだと表明した．

日本の安倍政権も，同フォーラムに今井尚哉内閣総理大臣秘書官，松村祥史経済産業副大臣，二階俊博自民党幹事長などを派遣，同サミットではインフラの開放性と公平性を主張，また安倍首相は日本の参加について，「公正なガバナンスが確立できるのかなどの疑問点が解消されれば前向きに考える」とし，一帯一路についても協力したい旨を述べた．

また，2017年8月，自民党・公明党は中共党との三者協議で，一帯一路への協力を積極的に検討するとする共同提言をまとめた．経団連・経済同友会はAIIBへの参加を前向きに検討すべきと主張，2017年11月大規模な財界訪中団を送り込んだ．なお，2018年1月22日の施政方針演説で安倍首相は，一帯一路構想について「地域の平和と繁栄に貢献することを期待する．日本としてはこうした観点から協力していく」と意欲を示した．

【三つの国際金融組織】この構想の眼目は三つの国際金融組織を中国主導で動かそうとしていることである．AIIBは2015年6月に北京で設立，50カ国が協定にサインし(出資額1000億ドル)，2016年1月から正式にスタートした．もう一つはBRICS開発銀行で，これはすでに2014年7月に動き出している(500億ドル)．さらにシルクロード基金(400億ドル)も2014年12月から動いている．

世界中を一つに緩やかにつなぐこのイニシアティブの背後には，過剰資本，国内市場の低迷などの中国側の事情があり，国際秩序やルールを中国的なものに染め上げたいという密かな野望もあろう．何はともあれ，巨大な龍が世界を舞台に蠢き出し，世界的振動が起こる前夜にある，と言えそうである．

以上，1950年代からのキーワードの変化を通じて中国外交を見てきたが，ほぼ10年毎に中国外交が曲折していることが浮かび上がる．巨大人口と古い文明をもつ中華帝国の末裔，被侵略と後発性の記憶に苦しむ新興大国，グローバリゼイションの利益の最大の享受国など，中国は実に多様な属性をもつ．その多様な属性からして，中国は今後もさまざまなキーワードを使い分けながら，あるいは新たなキーワードを作りながら，利益の最大化を図っていくだろう．

　（本章は拙著（川島真との共著）『グローバル中国への道程——外交150年』（川島・毛里2009）の毛里執筆部分第7-10章を土台にしている．）

第 2 章　対外政策決定のメカニズム

第1節　政策決定についてのいくつかのモデル

外交と外事

　この章では，まず，外交政策を含む政策一般について中国的特徴があるのかを考え（第1節），外交政策がどのように策定され決定されるかを考えるために，外交に関わる党および国務院の機構について紹介・分析する（第2節）．次に，1978-79 年，鄧小平のイニシアティブで推進された対外開放を素材にして対外政策策定・決定の事例分析を行う（第3節）．さらに，21 世紀に入って中国外交に関わるアクターが多様化しており，なかでも国有企業・軍・地方などがある種の利益集団として機能し始めた状況を分析する（第4節）．今後の中国外交を考える材料を提供したいからである．

　まず本書で多用する「外交」という言葉について最低限の説明，定義をしておこう．中国の中国外交研究者である張歴歴（外交学院）の定義は明快だ．筆者もそれに倣おうと思う．張は，「外交」と中国でよく使用される「外事」について，その区別を次のように説明する．「外交とは主権国家中央政府の元首・政府首脳および正式代表機構（外交部）の代表が進める，国家の安全と発展を保障し，国際的地位を高め，平和方式でその他の国家との関係を処理し，国際事務に参与する高いレベルの政治活動であり，自国の利益を守り，対外政策を貫徹する重要な手段である」．それに対して「外事」とは，「中央政府外交部門を除く，中央政府非外交部門および地方政府，国家のその他の社団機構が進める対外事務，対外活動および対外工作である」（張歴歴 2007）．つまり張の「外交」の定義は中央政府機関やそのリーダーたちの行為に限られ，いわば「狭義の外交」である．本書ではこの定義にしたがうので，外交政策決定という場合の対象範囲もかなり狭くなる．

　なお本書では，外交政策作成，決定過程，決策，決定などの言葉を使うが，最終決定への順位が含意されている．

政策決定の変化

　対外政策を含む中国での政策決定一般のスタイル，その方式は 70 年間で変

化してきている．まず拙著『現代中国政治 第3版』で概観してみよう(毛里和子 2012: 第7章「党と国家の政策形成のメカニズム」)．

　ポイントの一つは，どの時期にも党の中央政治局(常務委員会)，中央書記処が外交政策の策定過程で重要な役割を果たすが，毛沢東時代は，かなり変則的な中央工作会議が決定の鍵を握ったということである．中央工作会議は党・政府・軍・地方・企業のすべてのトップが集合する会議で，1958年から2003年まで計27回開かれているが，毛沢東時代が21回と圧倒的で，実際に決定機能を果たす場合が多かった(毛里和子 2012)．

　ポイントの第二は「危機の政策決定」である．1989年5-6月，建国後初の戒厳令公布と施行はまさに「危機の政策決定」だったが，戒厳令是か非かの決定をする際に政治局常務委員会が賛否同数で決着がつかず，政治局外のいわゆる八老会議(鄧小平・楊尚昆・李先念・陳雲・薄一波・王震・彭真・鄧穎超)に決断をゆだねた．

　ポイントの第三は，1990年代以降，官僚機構型の政策形成が多くなっている．とくに14期3中全会「社会主義市場経済についての決定(通称50条)」(1993年11月)や14期5中全会「2010年目標提案」(1995年9月)などの文書形成過程を詳細に検討した結果，次の発見があった．

- 重要文書作成は政策形成での党内の合意形成や正統性の付与にとって極めて重要なプロセスである．「文書政治」とも言える中国特有の現象である．
- 1980年代にも文書政治はあったが，参与したのは趙紫陽の側近など非官僚組織が多かった．趙紫陽のリーダーシップの脆弱さにつながった．
- 江沢民時代からはとくに経済官僚機構が重要文書作成で重要な役割を果たしている(毛里和子 2012)．

D. バーネットが明らかにした政策策定プロセス

　中国対外政策についての欧米での研究書中，簡便で役に立つのは，(少し古いが)A. ドーク・バーネットの『現代中国の外交』(バーネット 1986)とストックホルム国際平和研究所(SIPRI)のL. ヤーコブソンとD. ノックスによる『中国の新しい対外政策──誰がどのように決定しているのか』(ヤーコブソン，ノックス 2011)である．ごく簡単に紹介しておこう．

バーネットは，1984年夏に2カ月間北京に滞在し，当時首相だった趙紫陽などのトップリーダーを直接インタビューして『現代中国の外交』を世に出した．趙紫陽は現代中国で初めて米国人記者のインタビューを受け，重要政策をいつ，誰が，どの会議で決めているのかについて機微にわたる説明をしており，貴重な「データ」である．本書の主な論点は次の四つである．

第一に，政治局・同常務委員会は日々の政策決定にそれほど携わっていない．党書記処および国務院のインナー・キャビネット（国務院常務会議）が明らかに密接な調整のもとに，ほとんどの問題に関する政策決定の中心的存在となっている．

第二に，国務院常務会議は，首相のもとに，副首相4名，国務委員10名からなる15名の小組織で，週2回ほど定例会議を開いて協議・決定する．

第三に，中央外事（領導）小組というグループは外交政策の実行について直接責任を有するか，事情に通じている党・政府の重要指導者や専門家を集め，頻繁な会合を開いて書記処への助言を行う．決定機関ではなく，調節・協調を進める機関と言える．

第四に，鄧小平は最終決断者であると同時に，1979年のベトナム制裁戦争の決策，香港回収の方式（一国家二体制）などのように新政策の提唱者でもある（バーネット1986）．

なお，一言付け加えれば，バーネットの著作が生まれた1980年代半ばは，現代中国でもっとも開放的で政治体制についても革新的で，中国全体が活気に満ち，希望に向かって走っていた時代だった．政策形成もかなりオープンで議論も活発だった．筆者の見るところ，中国で社会科学系研究がもっとも魅力的だったのは1980年代後半である．だが1989年の天安門事件以後，状況は暗転し，知的閉塞状況は今日まで続いている．

新しいアクター──SIPRIの報告書

SIPRI報告書は2000年代に入って中国内で七十数回のインタビューを行った成果を『中国の新しい対外政策』として出したものである（ヤーコブソン，ノックス2011）．これもごく簡潔に紹介しておこう．

報告書の作成者は慎重なトーンながら中国の対外関係，外交政策，外交行動

が明らかに変質していると見る．政策過程への新たな関与者が増える一方で，外交部などの専門機構の影響力が低下していると言う．SIPRI が新たな関与者に挙げているのは，商務部，地方政府，大企業，研究者，ネット市民などで，とくに石油資本などエネルギー部門の企業や輸出入銀行，国家開発銀行などの金融機関，地方政府が運営する国際経済技術企業集団などである．そして宝山鉄鋼公司，中国石油天然ガス集団公司(CNPC)，中国石油化工集団公司(CINOPEC)，中国海洋石油集団(CNOOC)などが国際展開するにつれ，彼らの具体的利益がときに「国家の中核的利益」として主張されるようになる，と指摘する．

同報告書から次のような論点が導かれる．

第一に，対外政策の決定に関する権限が細分化されてきた．

第二に，人民解放軍や将校たちは公然と議論するようになり，行動面でも力を誇示するようになった．

第三に，石油資本や大型国有企業が自己の利益を追求して対外的に動き始めた．政策決定をめぐる「断片化された権威主義」的状況がある．

第四に，中国の今後の国際化をどう進めるかについては，さまざまな政策決定参与者の間で意見が異なっており，アプローチが多様になってきている．

第五に，新関与者の間では中国は積極的に国益を追求すべきだとする見解が優勢である．国益を守るために国際的ルール作りに積極的に加わるべきだ，と言うのである(ヤーコブソン，ノックス 2011)．

政策決定のパターン——張歴歴

さて，対外政策について政策過程にしぼって具体的に検討しよう．

外交政策決定についての中国人の研究では張歴歴の『外交決策』(張歴歴 2007)が比較的体系的である．彼は，中国における対外政策決定には三つのパターンがある，とする．

- 末梢神経が蠢動するケース：1969 年米国の駐ポーランド大使の対中接触要請提起関与など．
- 神経中枢が刺激されるケース：1969 年ニクソン大統領のグアム談話，1982 年ブレジネフ書記長のタシケント演説がいずれも党の中央政治局・

トップリーダーに伝わり，対米，対ソ政策の大転換につながった．
- トップリーダー(毛沢東や鄧小平など)が発動するケース：抗米援朝(朝鮮戦争への出兵など)，中米接近の戦略決定，1982年12回党大会での外交路線の「調整」(現代中国語では"調整"は"変更"を意味することが多い)などで，中国の外交政策決定の多くはこのタイプだとする(なお張歴歴によれば，1950年代後半からの毛沢東は，政治局会議・同常務会議などの政策決定にかかわる重要会議を自宅の寝室で，ベッドに半身を横たえながら開くことが多かった)．

トップリーダーが主導した朝鮮戦争介入への決断は，これまで中国の通説では，毛沢東が政治局内部の反対論を振り切って10月初旬に単独で決定した，と言われることが多かったが，張歴歴は，豊富な資料を使って，10月1日から4日，政治局に集まるリーダーたちが，出兵すべきかどうかを緊張して議論した．キーマンは周恩来(消極的だった)，高崗(積極的)，彭徳懐(ほうとくかい)(4日に北京に入った)で，結局全員一致で介入が決まった，彭徳懐が志願軍の司令を引き受けた，と指摘している．この分野の研究の第一人者である沈志華(華東師範大学)は，実はもっと複雑な出兵までのプロセスを詳細に分析している(沈志華2013など，張歴歴2007．朝鮮戦争の政策決定については第3章第2節，第6章第2節参照)．

鄢一龍などの四つのモデル論

もう一つの研究——鄢一龍(清華大学)・王紹光(中央党校)・胡鞍鋼(清華大学)が五カ年計画の作成過程を11次まで継続して分析したものを紹介しよう．彼らは，五カ年計画(1953-2020年)の作成過程を四つのパターンに収斂させている(鄢一龍・王紹光・胡鞍鋼2017)．

第一のパターンは「鶴の一声型政策決定」．この特徴は策定過程が個人の絶対的権威に依っていること，プロセスが固定的でないこと，随意性が高いことなどである．大躍進時期から文化大革命時期の2-4次五カ年計画(1971-75年)がこのパターンである．

第二のパターンが「内部集団型の政策決定」で，官僚機構の中の機関が主導する場合が多い．1，5，6次五カ年計画がこれに当たる．

第三のパターンは「コンサルタント型政策決定」．第一パターンの特徴に加えて，コンサルトを受ける範囲が政府外のエリートや専門家にまで広がり，多

表 2-1　五カ年計画編制の四つの決定パターン

パターン	五カ年計画	決定主体	決定方式	決定の特徴
鶴の一声型	2, 3, 4 次	少数の国家リーダー	随意性決定	突出した個人の権威
内部集団型	1, 5, 6 次	政府内部	集団・秩序ある決定	民主集中・実事求是
コンサルタント型	7, 8, 9 次	政府内部＋外部エリート	集団・秩序ある・協議決定	民主集中・実事求是・決定の科学化
集団・公共的（准公共政策決定型）	10, 11 次	政府＋外部エリート＋公衆	集団・秩序ある・協議決定	民主集中・実事求是・決定の科学化・民主化

出典：鄢一龍・王紹光 胡鞍鋼 2017．

様なメカニズムから決定プロセスに参加して行われる．7 次(1986-90 年)からがこのパターンであり，政府外のエリート・専門家集団が活発に参加している．

　第四のパターンが「准公共政策決定型」．コンサルタント型決定の特徴に加えて，次の特徴がある．①一般公衆の参加がある，②政策過程が比較的オープンである，③大規模な公衆による政策討論が行われるなどで，10 次(2001-05 年)以降にこのパターンが出てきた．最近では次第に「准公共政策決定型」に向かいつつある(表 2-1 を参照)．

　なお，対外軍事行動にかかわる政策決定は，①朝鮮戦争，②1979 年中越戦争，③1996 年「第三次台湾海峡危機」の三つを事例に第 3 章で分析する．

許志嘉の三つのモデル論

　だが，鄢一龍などの政策決定論は外交政策の分析にはあまり役立たない．とくに国家の安全保障に関わる外交課題は関与者が少なく，情報は狭い範囲でしか共有されておらず，ごく狭いサークルで議論し決定される場合が多い．外交問題でも，公開度が高いもの，参与者が多いものが対象の場合は，このモデルで検証することができないわけではないが，多くの場合，機密性，専門性の壁に阻まれる．

　さらに，どこで，誰が，いつ，どのように，何を決めているのか，について情報が決定的に不足している外交問題の場合，とくに政策形成過程分析の難度は高い．建国以来の外交問題で決定プロセスが解明できる対象はほとんどないと言ってよい．米国の研究者，日本の研究者，中国人(世界に散在する)研究者

を問わず，事情はほとんど同じである．そのなかで，台湾の研究者許志嘉(銘伝大学)の『中共外交決策模式研究——鄧小平時期的検証分析』が，鄧小平時代に限定されているとは言え，外交に特定した分析を体系的に行っているので，彼の三つのモデルを紹介しよう(許志嘉 2000)．

許志嘉は O. R. ホルスティの研究に依拠しながら，鄧小平時代，中国における外交政策の決定に三つのモデルがあると指摘する(Holsti 1989)．

第一はリーダー主導型の政策決定モデルであり，具体的事例は下記のようなものである．

- 1982年：12回党大会で採択された独立自主の外交政策．
- 1984年：鄧小平が主導した，50年間体制を変えないという香港問題解決方式．
- 1982-89：対ソ関係正常化をめぐるいくつかの政策決定．

などである．

1982年12回党大会における「独立自主外交」政策の事例を見てみよう．当時の総書記胡耀邦が，1981年7月1日，党創立60周年大会で談話を発表，反帝国主義，反覇権主義，反植民地主義・反種族主義，独立自主・自力更生の決意を初めて表明した．

ついで1982年9月，鄧小平副主席は12回党大会の開会の挨拶で，独立自主外交を提起，胡耀邦は大会報告で独立自主の決意を表明した．さらに1986年3月，全人代6期4回会議で趙紫陽首相が報告，独立自主平和外交政策についての具体的内容を提示した．

こうして，「1982年の独立自主外交政策決策は典型的なリーダー主導決定のモデルであり，胡耀邦が原型を提案，鄧小平が政策にしたもの」であり，「鄧小平が最終的決策者」だというのが許志嘉の結論である(許志嘉 2000)．

第二が，リーダー集団型の政策決定モデルである．許があげる具体的事例は次のようなものである．

- 1978年対外開放政策．
- 1979年対ベトナム懲罰(制裁)戦争の決定．
- 1994年米中最恵国待遇問題交渉での決定など．

事例の一つ，1978年に始まる改革開放政策の決定プロセスを見てみよう．

1979年の対ベトナム懲罰戦争については第3章第3節で検討するのでそれを参照されたい．なおベトナム懲罰戦争につき許は集団による決定の典型と論じているが，筆者の分析では，まさに突出したリーダー鄧小平のイニシアティブによる決策，「鄧小平の戦争」だった．

では，ベトナム懲罰戦争に前後して進んだ改革開放政策への歴史的転換はどのようにして，誰が決めたのだろうか．許の分析を見てみよう．

対外開放がはじめて公開の場に出てくるのは1980年8月，鄧小平の外国人記者インタビューである．「どのように開放しようが，どれくらい外資を導入しようが，そのシェアはわずかであり，われわれの社会主義公有制に影響を与えることはない．外国資金・外国技術を導入，ひいては外国人が中国で工場を作っても，それはわれわれの社会主義生産力発展の補充となる」，と当時鄧小平は述べた(『鄧小平文選』)．

1978年11月から12月にかけての政治局会議・中央工作会議で対外開放を決めた時，鄧小平はまだ党内の大権を完全には掌握しておらず，華国鋒の手に権力はあった．したがって，この決定は鄧を中心とした集団で決定したものと言える．議題の提出者は鄧小平を中心とする改革派，討議は中央工作会議，討議参与者は鄧小平，李先念，陳雲，葉剣英，華国鋒，胡耀邦，趙紫陽，薄一波などの政治局メンバーおよび八人の老政治家(八老)である．

改革開放政策のうちでもっとも革新的政策は経済特区設置構想である．1979年4月5-28日の中央工作会議で，広東省党委第一書記習仲勲が特区建設についての報告書を中央宛てに提出したところ，中共中央がこの提案を批准，まず深圳に経済特区ができることにあった．中央では，陳雲，姚依林がこの構想に反対したという(陳一諮1990)．

結局，鄧小平，陳雲，胡耀邦，趙紫陽など政治局の主要メンバーが政策の主要擁護者となり，政策論議の場は中央政治局会議であった，というのが許の分析である．1978年から84年にいたる対外開放の政策過程については本章第3節で詳しく検討する．

官僚組織による政策決定

第三が官僚組織型決定モデルのケースであり(許志嘉2000)，具体的事例は次

のようなものである．

- 武器輸出の政策決定で，この分野はすべて軍事官僚系統による決策であって，外交部には権限がないという．末端の武器輸出公司が実は重要な権限をもっているらしい．
- 次の事例は対外経済援助で決策はときに高いレベルのリーダーから下りてくるが，その執行は対外経済貿易合作部（対外経済貿易部），などの国務院の官僚機構が行う．
- その次の事例が第三世界の小さな国との突発事件の処理などで，これはおもに外交部が決策・執行する．

この官僚組織型決定について許志嘉は次のようにまとめている．「官僚組織型決策モデルの重要性は次第に顕著になっている．国務院の組織規定に，対外経済貿易部と文化部がそれぞれの分野で相当の決策権をもつことが規定されている．……1990年代以来，中共の外事官僚組織の決策能力は高まっており，官僚組織型決策モデルは中国の外交政策策定の一つの重要方式となっている」（許志嘉 2000）．

だが，許も認めるように，三つの決策モデルはそれぞれ限界がある．まず，モデルは基本的輪郭を提供できるだけで，高度な機密のなかにある中共の政策の全貌をこれで摑むことはできない．次に，決策モデルは，政策形成のプロセスを説明できるだけで，何が政策に影響を与えているのかについて解明することはできない（許志嘉 2000）．

第2節　政策調整と執行の核心組織
―― 中央外事工作領導小組（委員会）・外交部

領導小組体制

中国における政策決定の鍵を握るのは中央領導小組と称されるグループである．悩ましいのは，その重要性にもかかわらず，この小組についての情報が決定的に不足していることだ．そもそも，大躍進時期に毛沢東がすべての権限を党中央に集中し，上からの指導と強い統制を狙う機関として設置を命じたことに始まる．

表 2-2　中共中央と国務院の業務対応関係(1959 年)

中共中央の機構・主任	国務院の弁公室	対応する行政機構
中央外事小組　陳毅	外事弁公室	外交部, 対外貿易部, 対外文化連絡委員会, 華僑事務委員会など
中央政法小組　彭真	政法弁公室	内務部, 公安部, 最高法院, 最高検察院など
中央財経小組　陳雲	財貿弁公室・工業交通弁公室	国家計画委員会, 国家経済委員会, 国家基本建設委員会など
中央文教小組　陸定一	文教弁公室	文化部, 教育部, 衛生部, 新華通信社など
中央科学小組　聶栄臻		科学技術委員会など

出典：唐亮 1992.

表 2-3　1990 年代の中央領導小組(常設)

	組長	副組長
中央政法委員会	書記：喬石	秘書長：任建新
中央財経領導小組	組長：江沢民	李鵬・朱鎔基
中央外事工作領導小組	組長：李鵬	銭其琛
中央農村工作領導小組	組長：朱鎔基	温家宝・陳俊生
中央台湾工作領導小組	組長：江沢民	銭其琛

出典：鄒錫明 1989.

　1958 年 6 月 10 日党中央は，政治局に財政・経済，政治・法律，外事，科学，文教の五つのグループ(小組)を設け，それぞれ対応する政府部門などをそのグループ(ないし責任者)が直接指導することになった．「大政方針は政治局が，具体的配置は書記処がやる．政治設計院は一つで，二つはあり得ない．大政方針と具体的配置は何れも一元化し，党政は分けない．……大政方針および具体的配置について，政府機構とその党グループは掲案権をもつが，その決定権は党中央にある」(『建国以来毛沢東文稿』第 7 冊)という中央指示の文言に明らかなように，ともかく集権化・一元化を求めたのである．背景の一つに党内リーダー間の抗争があった(毛里和子 2012)．

　当時の 5 小組の主任はいずれも中央政治局メンバーである．小組と国務院行政機構との指導・被指導の関係を**表 2-2** と**表 2-3** で示す．小組を構成するのはいずれも主任以下 5-10 数名の少数である．1958 年当時の中央外事小組のメンバーは，陳毅(外交部長)，王稼祥，張聞天，陸定一，廖承志，葉季壮だった．外交にかかわる執行機構は中共中央対外連絡部および国務院外交部である(門

洪華 2013).表 2-2 と表 2-3 は,1959 年当時の五つの小組と対応する国務院の事務機構(弁公室)と行政機構,および 1990 年代の中央領導小組体制である.

なお,一般的には,1958 年から今日まで続く常設の中央領導小組は毛沢東時代は政治局が直接支配する命令型の組織だったが,1990 年代からは部門間・機構間の「協議・調整」の機能がより重要になっている(Miller 2006,呉暁林 2009).

領導委員会に改称

この小組体制は名称が変わったり,文化大革命時期に廃止されたりしたが,1980 年に中央財経領導小組が回復して以来今日にいたるまで,党と政府をつなぐ,強力な協調・調整機構として権力を持ち続けている.なお,2018 年 1 月,習近平体制下の党・政体制の大改革が始まったが,それによると,中核機構たる中央領導小組は〇〇委員会へと改称した.領導小組(委員会)には,常設機構と,あるアジェンダが出てきた時に臨時に作る機構の 2 種類があるが,2018 年時点で常設機構としては次の五つが挙がっている.

中央全面改革深化領導委員会／中央ネット安全と情報化領導委員会／中央財経領導委員会／中央外事工作領導委員会／中央教育工作領導委員会

19 期 3 中全会の 2018 年 2 月 28 日付通達「党と国家機構の改革深化方案」は,「党政軍民学,東西南北中,党がすべてを領導する.……重大工作における領導・決定・統合を統一するために改革する」としている(新華社 2018 年 3 月 21 日).委員会への改称が何を意味するかは分からない.これまでの経緯からすると,呼称の変化は機能や効能の変化にはつながらず,端的に言えば,一般に名は変わっても実質は何も変わらないのが中国の政治体制の特徴なので,本書では,新しい呼称ではなく,これまでとおり中央領導小組という呼称で統一しておく.

領導小組のメンバーが公表されることはほとんどないが,ある情報では,小組の中でもっとも権力があると言われる中央財経領導小組では 2010 年現在,次のようになっている.

組長は総書記,副組長は首相と数人の副首相・国務院秘書長,メンバーは,次の組織の主要責任者——国家発展と改革委員会・国有資産監督管理委員会

(国資委，SASAC)・財政部・中央銀行・証券監督管理委員会・銀行監督管理委員会・保険監督管理委員会．

　なお，この小組の権限は，国務院の中枢である国家発展と改革委員会よりずっと強い，という(中央領導小組一般については陳玲 2015)．

中央外事工作領導小組

　外交に関わる政策決定や政策調整でもっとも上級の組織が中央外事工作領導小組(委員会)だと考えてよい．断定的に言えないのは，この組織がどのような機能と権限をもっているのか，誰がメンバーなのか，これまでどういう外交政策の決定をしてきたのか，この小組の法的な根拠はどこにあるのかなどがはっきりしないからである．だが，中央外事工作領導小組は，1950年代から中央の五つの重要小組の一翼を占めてきたことからすると，外交政策決定・調整のもっとも重要な機関として位置づけ解明すべき対象である．

　リーダーや政府官僚にインタビューして政策形成過程に肉薄したバーネットは，「外交問題については，党内に外事小組というのがあります．外交問題に関係しているすべての組織がこれに参加しています」という趙紫陽の言葉を紹介しながら，「このグループは外交政策の実行について直接責任を有するか，またはもっとも事情に通じている党・政の重要指導者および専門家を集め，かなり頻繁な会合を開き，書記処への助言を行うことを目的とする機関である」としている(バーネット 1986)．

　だが，すでに述べたように，バーネットが重視するのは国務院常務会議である．この「インナー・キャビネットのメンバーには対外政策，対外経済政策，国防の全般にわたって実務上の責任を負う政府の最高指導者が含まれ，……外国との政府間関係にかかわる対外政策案件のうち最重要なものの大部分もこの場で協議されていることは疑いを入れない」とバーネットは言う(バーネット 1986)．

　ただ，1980年代，趙紫陽が語った政治局や国務院中枢での政策決定については大変貴重な情報ではあるが，問題がないわけではない．情報がなお局部的で全体が見えないし，政治体制についてオープンで改革的な指向をもっていた趙紫陽時代(1980年代後半の限られた一時期)のことであって，その後状況はかな

表 2-4　中央外事工作領導小組のメンバー(2010 年代)

組長	国家主席
副組長	国家副主席・国務委員
国務院	外交部・国防部・安全部・国家安全部・商務部，香港マカオ弁公室・華僑弁公室・新聞弁公室の責任者
中共中央	中央宣伝部・中央対外連絡部の責任者，総参謀部の高級将校など

出典：百度百科「中央外事工作領導小組」(2018 年 7 月 20 日閲覧)．

り変わったと推測できるからである．その点に留意しながら，1980 年代の政策形成の特徴を考える必要があろう．

中国の研究者の研究，インターネット情報などから，中央外事工作領導小組については次のことが言えそうである．

- 1981 年，中共中央の決定で，1960 年代までの中央外事工作領導小組が復活し，この下に実務機構としての国務院外事弁公室が設置された．
- 1998 年，国務院外事弁公室が廃止，中共中央直属の中央外事弁公室を設置した．
- ある文献によれば，2010 年代の中央外事工作領導小組(中央国家安全領導小組)のメンバーは表 2-4 のとおりである(正メンバーは 16 名という説もある)．

中央外事工作領導小組の職能

百度百科によると，当該小組は次のことを職務としている．

- 国際情勢と外交政策執行の際の重大問題，外事管理工作について調査・研究を行い，提案を出す．
- 中央外事工作領導小組全体会議や弁公室会議を開催する．
- 党中央に代わって外事工作についての全国的規定を制定・修正，省レベルの重要外事規定を審査確定する．
- 中央国家機関・各部・各省の重要外事問題について中央に指示を求め報告する．
- 中央外事工作領導小組・国務院外事弁公室のその他の事項を処理する．

注意すべきは，基本的機能が各関係機関の調整をすることを主任務としていること，定例会議を開くこともなく，臨時に非公開に開かれていることである．

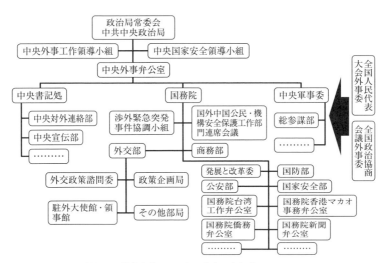

図 2-1 外交政策にかかわる決定に参与するアクター
出典：張驥 2013.

なお，2012 年以来，海洋工作強化が国家の重要課題となり，中央海洋権益工作領導小組，ないしは国家海洋委員会などを設置する動きが出ている．海洋権益についてどこに決定権や調整権をもたせるか（中央機関か，外交部か，軍か，など）についてはまだ流動的なようだが，基本的には，中央外事工作領導小組（委員会）の統一指揮下にあると考えられる．

図 2-1 は中国人研究者が整理した外交政策決定に関与する党と国家の機構・機関である．言うまでもなく決定の中枢は中央政治局，とくにその常務委員会である．

なお，ある研究では，1980 年代以降軍事に関わるすべての事項の決定は中央軍事委員会に限られているという（松田康博 2009）．

中央国家安全委員会

百度百科などによると，米国の国家安全保障会議（National Security Council; NSC）に相当する中央国家安全委員会は，ようやく 2013 年 11 月 12 日の中国共産党 18 期 3 中全会で設置が決まったが，実際に設置されたのは 2014 年 1 月 24 日の党中央政治局会議においてだと言う．その職責は，情報・軍隊・外交・

公安などの国家の安全の推進・建設に責任をもつ機構であり，大統領に直属する米国の NSC と同種の組織を狙い，「国家の安全体制と安全策略を改善し，国家の安全を確保する」ことを目的としている．

ある文献によれば，2014年1月24日の政治局会議は国家安全委員会の設置を決定すると同時に人事を決めている．

メンバー：主席が習近平国家主席，副主席が李克強首相・張徳江副首相

委員：渉外事務に責任をもつ副首相・国務委員，外交部・国防部・公安部・国家安全部・商務部・香港マカオ弁公室・華僑弁公室・新聞弁公室の責任者，党の中央宣伝部長・対外連絡部長，軍の総参謀部の高級将校

なおこの中央国家安全委員会は，中央外事工作領導小組という別称をもっているように，二つは「二枚看板」の合同組織である (李文 2014).

中央国家安全委員会 (以下 CNSC) の発足は 1990 年代半ばからの課題だった．1995-96 年第三次台湾海峡危機で米国のように強力な権限をもつ常設の NSC を組織すべきであるという声が高まり，また 1999 年 5 月の駐ユーゴ中国大使館誤爆事件の際に中央外事工作領導小組が適切に対応できなかった反省もあったためだという (松田康博 2009).

2014 年の設置に際しては，CNSC が，国家の安全戦略を統一的に制定し実施することで，中国の対外政策の安定性と一貫性と権威性を保つことができる，対外関係制度化と規範化の重要な環だと位置づけられている．米国側 (とくに 1998-2000 年にクリントン政権の大統領安全保障特別補佐官を務めたリバソール教授) から米国型 NSC を中国に設置することで中米の関係を対称化，安定化させたいというアドバイスがあった，とも伝えられる．なお，中国の対米政策に大きな影響力をもつ王緝思 (北京大学) は，米国型 NSC と同じような機構の設置について，CNSC ができる前に，中国には中央外事工作領導小組があるが，米国とはいくつかの違いがあると次のように述べている．

第一に，中国ではナショナル・セキュリティが対外安全保障に限られる米国より広い含意をもつ，台湾・新疆・チベットなどの分離主義問題など国内問題も含まれる．

第二に，中国ではメンバーが多く，会議は定例化していない．

第三に，対外政策決定プロセスの改善が必要だが，中国では米国型 NSC シ

ステムはアジェンダに上っていない，対外安全保障より国内問題の方が重要な課題だからだ(Hachigian ed. 2014)．

CNSC については，情報もなく，まだその全容が不明なのにもかかわらず，世界の中国戦略研究者がさまざまに論じている．そのなかで，香港大学の胡維興の分析を紹介しておこう．

彼は，CNSC が次の四つのミッションをもつと観察する．①戦略についての計画・方針・策定，②コンサルタント機関というより政策決定機関，③危機管理・危機対応が中心，④安全の研究・解決，である．だが，非効率，各機関間の横の協調ができない，相互に透明性が欠如している，条条塊塊(組織が系統と部門に分かれて全体の統合ができない)の宿病がある，などの本質的な障害を抱え，これを果たして克服することができるか，と悲観的な見方を示している(Hu 2016)．

また J. ウットナウ(米国国防大学)は CNSC が，大方の予想と違って，内政だけでなく，対外安全保障も管掌する組織として 20 年かけて新設されたとした上で，委員会が職能を発揮するには，①中央外事工作領導小組，中央軍事委員会など既存の機関との役割分掌が不明確，②解放軍と外交部との関係調整の困難，などの障害を抱えていると指摘する．なお彼は，解放軍は(俗説と違って)一般に安全保障上の政策過程に重要な関与をしておらず，また CNSC を設置したことで解放軍が安全保障の基本戦略に影響力を拡大するようなことはない，と観察する(Wuthnow 2017)．

つまり，NSC 型の機構を発足させはしたものの，大統領の巨大な権限下にある調整機構たる米国型 NSC の中国版になるかどうか，さまざまな障害があるようである．

中央外事工作会議・中央外事工作委員会
中国の政策決定プロセスを摑むことは一般にかなり難しい．公開性が低く，情報が極端に少ないからである．中央外事工作領導小組という呼称の会議についての情報が出てくることはほとんどないが，それと類似した，中央外事工作会議が 21 世紀に入って数回報道されている．どうやら，2018 年の機構改革で中央外事工作領導委員会として権限を拡大し，定例化されるようになったよう

である．以下に 2004 年から報道されている外事関係の会議を示しておこう．

- 2004 年　第 10 回駐外使節会議
- 2006 年　中央外事工作会議
  胡錦濤総書記講話(責任ある大国の外交)，出席者は政治局・書記処メンバー
- 2009 年 7 月　第 11 回中央外事工作会議
【議題】国際金融危機のなかで対外工作は何をすべきかを議論．胡錦濤総書記の講話　温家宝首相の講話，楊潔篪(ようけつち)外相の報告・王光亜外務次官の報告．
【出席者】政治局・書記処メンバー，大使・総領事・国際組織代表，外交部，一部の中央企業責任者，関係する地方外事部門責任者など．
- 2014 年 11 月　中央外事工作会議
【議題】いかに大国外交を展開するか，経済競争力・文化影響力・総合実力をいかに作るか，新形勢下の対外工作の指導思想・基本原則・戦略目標を議論．
【出席者】政治局・書記処メンバー，中央軍事委員会，地方省レベル責任者，一部の国有企業・金融機構責任者，大使・総領事，国際組織代表，外交部　香港マカオ弁公署特派員など(百度百科「中央外事工作会議」2018 年 2 月 5 日閲覧)．
- 2018 年 5 月 15 日　第 1 回中央外事工作会議
【議題】第 1 回となっているのは，第 2 期習近平政権に入って初めての会合ということだろうか．習近平「重要講話」は「外事工作に対する中央の集中統一指導」「進取・創造の大国外交」を強調．この会議で「中央外事工作委員会工作規則」採択．
【出席者】習近平主任，李克強副主任，王岐山副主席，王滬寧(おうこねい)政治局常務委員，韓正副首相(新華社 2018 年 5 月 15 日)．
- 2018 年 6 月 22-23 日　中央外事工作会議
【議題】習近平講話：党の権威と統一集中指導を強調．中央外事工作委員会弁公室主任の楊潔篪が総括報告．
【出席者】7 人の政治局常務委員のほか，国家副主席王岐山(新華社 2018 年 6 月 24 日)．

2018 年 3 月，党・国家機構の全面改革が行われた．中央外事領導小組を含

む四つの領導小組は委員会に昇格，中央外事工作委員会第1回会議(2018年5月)で委員会の「工作規則」ができ，職権もはっきりしてきた．『人民日報』海外版などの報道によれば，この委員会は，①外交配置・方略の集中指導，②関係機構(外交部・国防部・商務部・対外援助署など)の工作の統合，③地方の外事工作の統括など，外交政策に関わる「決定と協調」の指導機関とされている(海外網‐中国論壇網2018年5月16日)．なお，諸機構が錯綜して関わっている海洋権益保護工作も，この中央外事工作委員会が集中コントロールすることになった(新華社2018年3月21日「中共中央印発深化党和国家機構改革方案」)．

　こうして，習近平体制で権限を拡大した中央外事工作委員会は定例化され，外交政策の立案・調整・執行に大きな役割を果たすことが期待されている．

外交部
　外交政策の決定や執行にとって欠かせないのが国務院の外交部である．外交部ホームページから内部機構を紹介しておこう(2017年時点)．
　下部機構として，下記のような地域局・司が7局，主要な業務局・司が13局ある(中国外交部ホームページ2018年3月26日閲覧)．
　　地域局：アジア局・西アジア北アフリカ局・アフリカ局・東欧中央アジア局・西欧局・北米大洋局・ラテン米州局
　　業務局：政策企画局・国際局・国際経済局・軍備管理局・条約法律局・新聞局・礼賓局・領事局・香港マカオ台湾事務局・境界と海洋事務局・渉外安全事務局・翻訳局・文書館

　外交部で指摘しておくべきことは，政策立案，決定において権限がかなり限られていることである．薛力(社会科学院世界経済政治研究所)の分析を紹介しておこう．
　薛論文は，米国の国務省と比較しながら中国外交部の脆弱さを嘆いて，大意次のように指摘する(薛力2015)．
- 米国では外交事務研究と決定メカニズムの関係が比較的成熟しているが，中国の場合，政策提案のふるい分けと総合の面で弱点が多い．
- 外交部に政策企画室があり，そこで企画立案，政策決定を手がけているが，あまり機能していない．外交部傘下の中国国際問題研究院は国家安全部傘

下の現代国際関係研究院と比べて企画立案の面では劣っている．外交学院は国際関係理論や方法論の研究では成果が多いが，総合の面で弱い．
- 政策立案で中央外事弁公室や中央政策研究室などが外交政策を調整する機能を果たしているが，弱体である．
- 最近設置された中央国家安全委員会(中央外事工作領導小組)が総合的役割の発揮を期待されているが，国内の安全事案(チベットや新疆など)に追われている．
- 外交部は機構としてランクが低く，外交政策に関わる提案も少ない．そもそも外事に責任をもつ国務委員が政治局に入れず，人事のランクで30位以下，外交部長はもっとランクが下なのも大きな問題だ．

その上で薛力は次のように言う(薛力 2017)．

　　過去何年か，客観的効果に欠けるいくつかの外交行為は，以上のような外交部局のランクの低さ，人材の不足などと重大な関係がある．

　　政策執行時に権威ある主導機関がないため，五つの部局がある海洋事務管理でかつて「五つの龍が大海で暴れ回る」という困った状況が生じた．

　　これからユーラシア大陸国家，アジアの中心国家として中国がやっていくには肝心な外交体制がきわめて不充分である．

なお，2018年3月，全人代13期1回会議で，楊潔篪国務委員が政治局委員に，王毅外相が国務委員に昇格したのは，外交部としては大きな成果だろうが，それが外交部の力の拡大にすぐつながるかどうかは分からない．

対外政策決定の構図

外交政策決定についての中国的特色を整理しておこう．

先にも紹介した，1980年代に趙紫陽などのトップリーダーにインタビューして，政策一般がどこで，誰の手で，どのように決まるかに迫ったD.バーネットの『現代中国の外交』では次のような結論が導かれている(バーネット 1986)．
- 中共の政策決定過程へのエリートの参加は増えている．
- これまでより系統化，制度化されてきている．
- 政治局・同常務委員会は日常事項を担当しない．

- 書記処や国務院の高いレベルで決定することが多い．
- 北京の外交事務はかなり専門化されつつある．一種の外事コミュニティができている．
- 台湾・新疆・チベットなど，「国家の安全」が最大の課題である．
- 民族主義(愛国主義)が中共外交政策形成の重要な要素である．

また，シンガポールのルー・ニン(魯寧，『ビジネスタイムズ』)は1990年代末に中国の政策決定のプロセス一般を詳細に分析した結果，次のように結論している(Lu Ning 1997)．

- 外交，軍事，党組織人事の決定がとくに高度に集権化している．
- 最高リーダーおよび最高リーダーサークルが決定する場合が多い(中共中央政治局，同常務委員会，中央書記処，中央外事工作領導小組，中央官僚組織など)．
- 鄧小平時代になると中国外交の課題は国家安全から経済発展に重点がシフトし，経済要素が外交の核心的要素になった．外交決定権力の分権化が生じ，外交部・対外連絡部などの力が低下している．

最近の大陸の研究者の成果も紹介しよう．郭偉偉(中共中央編訳局)は中国の外交政策決定の特徴を次のように指摘する(郭偉偉 2011)．

- 外交管理体制と政策決定メカニズムが高度に中央，リーダー個人に集中している．中共中央外事工作領導小組が最高の外交領導機構であり，外交権力の神経中枢である．「要するに，政治体制が決定するところによって，中国は高度に集中統一した外交決定メカニズムをもち，決定権は実際の権力をもっている国家最高政治指導層によって掌握されている」．
- 高度に集中したメカニズムで決定の質や効率の高さは保証されるが，外交政策決定に個人的要素が大きく反映してしまう．
- だが，リーダーの権威も時代によって変わる．第一世代のリーダー毛沢東は絶対権威をもち，誰も異論を差しはさめなかった．第二世代のリーダー鄧小平の権威は相対的で，反対意見は提起できるが，最終的には鄧小平の意見でまとまる．第三世代のリーダー江沢民の場合，集団指導が行われる．重大決定は江沢民が核心にいて決めるが，そのプロセスで反対意見を十分に言える．とくに外交部門の責任者は専門的意見を提起できる．第四世代の胡錦濤時代には公共世論，メディア，ネット，学界・シンクタンク・財

界，社会団体・非政府組織などの新しいアクターが政策決定にかなりの影響を与えるようになった．「社会的要素が中国外交決定に影響を与え，とても重要な変数になりつつある」のである．

さて，習近平時代はどうなるだろうか．

以上のような外交政策全般の中国的特性のなかでの政策決定は，ほとんどの場合，ごく一部のサークル内で，十分な議論なしに，密室で決まっている．国家の安全や利益にかかわるだけに，決定はきわめて閉鎖的に行われる．公開性と透明性の欠如は政策の過誤を生みやすい．

第3節　対外開放政策はどのように決定され，執行されたか
—— 1978年の政策決定過程分析

現実が先行した対外開放

1970年代末の「開放」はどのように決断され，実行されたのか．資料に即して具体的プロセスを辿ってみる．

まず大事なのは，改革と開放は同時にセットで，11期3中全会(1978年12月)で決まったわけではないという点である．3中全会は，思想解放，生産力にマッチしない経済体制の「改革」，「活動の重点を四つの近代化に移す」という重大な戦略決定をした．だが，具体的に「対外開放」を提起してはいない．鄧小平が対外開放政策を公式に語るのは，1980年6月5日カナダのメディア代表団への発言——「われわれは国際的に開放政策を実行する．国際往来を強化し，とくに先進国の経験，技術，外国資本などを吸収してわれわれの発展に役立てるよう留意する」——であり，1981年11月の全人代5期4回会議では胡耀邦が，「対外開放政策を実行して，国際経済技術交流を強化することはわれわれの不変の方針である」と述べ，1982年9月の12回党大会で長期の戦略方針としての対外開放，外資と技術の導入が確定するのである（胡耀邦の大会報告）（鄭啓栄編 2008）．

だが3中全会より前に，現実の「開放」がどんどん進んだ．以下，①外資導入，②政府借款ODAの受け入れ，③国際経済機関(KIEO)への参入，④経済特区開設という四つの決定に焦点を当て，「開放」への転換を分析する．実は

「開放」は農村の改革(農家生産請負制)以上に現実が先行した.

外資と借款導入への急転換

「四つの近代化」政策は鄧小平や周恩来の手で1970年代初頭から構想されており,プラントや技術の導入が始まっていた.だが,西側の資本の導入,合弁企業,政府借款などはタブーだった.1978年春まで,「外国の月は中国の月より丸いという洋奴思想を一掃すべきだ」,外債・内債は発行しない,西側から外資は導入しない,借款や援助は受けないという「三不政策」が続いていた(方海1976).1978年4月22日時点でも,李強・対外貿易部部長は,補償貿易,原料加工・見本加工,分割返済などは,四人組時代にはできなかったが,いまはできる,ただし,外国借款,外国との合資企業はやらない,と述べている(李正華2007).

「開放」の決定過程はクリアではなく,関係者の「年譜」や回想録などから決定・実施のプロセスを探る以外にない.「開放」は外資導入から始まった.

1977年に復活した鄧小平の手で「四つの近代化」プラン作りが再開された.中央政治局・国家計画委員会は新技術とプラント導入を検討していたが,問題はコストである.1977年7月時点で計画遂行には外貨が65億米ドルかかると試算,同年11月では150億米ドル,1978年3月では180-200億米ドル,そして1978年夏の国務院理論討論会(務虚会)では8年間の導入総額は800億米ドルに上る,という試算となった.ちなみに,当時中国の保有外貨は15億5700万米ドルだったという(蕭冬連2004, 2007).

1978年春,長期計画の策定と並行して海外へ大型視察団が派遣された.国家計画委員会の中央政治局宛て報告(1978年2月16日)で「2000年までの23年設計」,とくに15の重要政策措置が提案された.その一つが国外視察による「学習」である.1978年4-6月にかけて三つの大型視察団が海外へ出た.①香港マカオ経済貿易視察団(国家計画委副主任の段雲が団長,4月),②ルーマニア・ユーゴスラビア視察団(李一氓団長,于光遠副団長,4月),③西欧5カ国視察団(副首相の谷牧団長,5月2日—6月6日),である.「開放」政策全般にとりわけ重要な意味をもったのは③の谷牧視察団だった.その後の結果を見ると,①は経済特区開設に,②はIMF・世界銀行への加盟につながった.

フランス・西ドイツなどから帰国した谷牧は中央宛てに詳細な報告書を提出,6月30日には華国鋒,李先念,葉剣英などに長時間の報告を行った.谷牧報告の要点は,①資本主義経済はものすごく発展しており,技術は日進月歩である(「中国は先進資本主義国より20年は遅れている」),②どの国も中国に友好的で過剰な資金,先進的技術や商品を提供したがっている(仏,西独ともに50億ドル,100億ドルの政府借款が可能という),③対外経済交流にはいろいろな形式があり,都合のよいものを選択できる,というものだった(曹普2001.なお,谷牧報告書全文が『谷牧回憶録』(谷牧2008)に収録されている).

谷牧報告は鄧小平にも伝わった.6月末の鄧小平・谷牧会談で鄧は,「これらの導入はやらなければならない.外国から借金して建設を進める決断をしなければなるまい,時間がない……」と述べたと言う(『鄧小平年譜』下,谷牧2008).

1978年夏の合意

外資導入,借款受け入れで党内の基本的合意ができたのは1978年夏の国務院理論討論会のようだ(7月6日—9月9日).李先念が主宰し,谷牧がリードしたこの会議は,技術導入,農業機械化,農業,軍需工業,貿易,職工訓練,輸出拡大の7文書を採択したが,外資導入については,800億米ドルを導入せよという説(華国鋒は西側からの借款にとくに熱心だった),張勁夫・財政部長のように導入に悲観的な意見,慎重な陳雲などさまざまな議論があったらしい(朱玉2005,曹普2001,于光遠1998).

結局,9月9日,最終日に李先念が総括報告で「中央は,肝っ玉はより大きく,歩みはより速くすると決めた.今後10年の導入規模は800億米ドルまで増えるかも知れない.これは偉大な戦略的決定だ」と述べて,外資導入と政府借款受け入れで中央レベルの決断がなされた(朱玉2005).この重大決定が対外的に明らかになるのは1978年12月15日である.李強・対外貿易部部長が香港で,中国は商業借款だけで政府借款は受けない,外国企業に中国で投資させないという二つのタブーを破ると言明,「1985年までに数百億米ドルの外国借款が必要である.われわれの方針は政府間の借款を受けることだ」と明言したのである(李正華2007).

なおこのプロセスで，いわゆる「プラント・キャンセル事件」が中国側の無計画などが原因で起こった．1981 年初めにキャンセルされた契約は，その後復活，縮小，破棄の三方法で処理された．宝山製鉄所は復活した．

日本からの借款受け入れ決定

なぜ日本からの政府借款が先行したのか．谷牧はこう回想する．

(1978 年)7 月の国務院理論討論会で，西側諸国の借款と外国企業の投資を受け入れることで基本的合意ができた．当時，フランスと西ドイツが借款供与を表明していたが，問題は低利の優遇借款を探すことだった．そのころ日本の対中友好人士である木村一三からの情報で，日本政府が途上国に出す「海外経済協力基金」が利息が低く，供与期間も返還期間も長い，中国側から切り出せば受けられる，という．その年 8 月の日中平和友好条約調印で，この件が進められることになった．1979 年 1 月，日本の著名な政界人でエコノミストである大来佐武郎が訪中したとき，中央は自分に日本の「海外経済協力基金」を借りる件を彼に探るよう託した(谷牧 2008)．

中国は政府借款の最初のドナーに日本を選んだ．1978 年 5-9 月にかけて財界人が以下のように多数訪中し，日本政府の開発援助を受けられると中国に繰り返し提起している(徐顕芬 2011)．

　　1978 年 5 月　　　木村一三訪中(日本国際貿易促進協会関西本部)
　　1978 年 8-9 月　　国際貿易促進協会経済貿易代表団(藤山愛一郎)
　　1978 年 9 月　　　関西経済連合会友好訪中団(日向方斉)
　　1978 年 9 月　　　通産相・河本敏夫
　　1978 年 9 月　　　日中経済協会の定期訪中団(稲山嘉寛)

日中平和友好条約批准のために来日した鄧小平は(10 月 22-29 日)，記者会見で次のように政府借款への意欲を表明した．「日本に学ぶところはたくさんあり，日本の科学技術ひいては資金さえ借りることもありうるでしょう．……借款の問題に答えるのを忘れていた．日本政府が私たちに借款を供与するという形式については，私たちはまだ考慮していない．これからこの問題を研究する」(外務省開示文書，徐顕芬 2011)．

以後，1979 年半ばにかけて実務折衝が何回か行われ，谷牧が訪日(9 月 1-12

日),正式に日本に対中第一次円借款を要請した.当初は8案件,金額は1兆2000億円(55億4000万米ドル)に上った(徐顕芬2011).同年末の大平首相の訪中で最終確定した援助額は500億円,2億2000万米ドルである.

その後2016年度までで日本の対中ODAは,円借款3兆3165億円,無償資金協力1576億円,技術協力1845億円,総計で3兆6500億円にのぼる(外務省2018年発表).中国は日本のODA供与先として1980-90年代まで1位あるいは2位を占め,累計ではインドネシアに次ぐ第2位である.他方,中国にとって日本は先進国中で最大のODA供与国だった.1980-93年に中国が受けとった外国政府借款中,日本からの借款は実に42%を占めた(林暁光2004).

KIEO参入

1971年10月の国連復帰で中国の対外活動の場は格段に広がった.1979年までに安全保障理事会など国連の9の正規機関,国連食糧農業機関(FAO)など11の特別機関に加盟し活動を始めていた(Oksenberg 1990).重要なのがIMF,世銀,GATTなどの国際経済機関(Key International Economic Organization; KIEO)である.復帰後まもなく,外交部のなかに国連小組を作り,KIEOとの接触,加盟の打診などを模索した.中国のIMF加盟が正式に認められるのは1980年4月,世銀加盟は翌5月である.GATTについては,1986年に初めて加盟申請,2001年にGATTを引きついだWTOへの加盟を15年がかりで実現した.

M.オクセンバーグなどの研究によれば,中国の政策当局がIMF,世銀加盟方針を明らかにしたのは1979年1月,先述した外資と借款導入を決めた国務院理論討論会の半年後である.1979年1月,中国銀行・財政部・外交部は国務院宛てに,台湾の追放,中米国交正常化が実現したらIMF・世銀に正式加盟すべきだと提言したという.1979年2月26日,鄧小平は共同通信社長との対談で,「台湾問題が片づけば中国のIMF加入には何の障害もない」と語っている(Jacobson and Oksenberg 1990,渡辺孟次1979).これ以後,IMFや世銀幹部の訪中などの公式接触をへて,1980年4月17日IMF理事会は,「以後,中華人民共和国がIMFで中国を代表する」と決定,一方世銀は,R.マクナマラ理事長訪中の1カ月後,1980年5月15日に理事会で中国の受け入れを決定した.4月15日マクナマラと会った鄧小平は,貧しい中国には平和的国際環境が20

年間は必要だと強調している(『鄧小平年譜』上).

　1981年4月には国家外国投資管理委員会・財政部・教育部・中国銀行代表から成る代表団が世銀と交渉，2億米ドルの第一次借款が確定し，高等教育振興に当てられた(谷牧2008)．IMF，世銀からの資金導入は順調だった．1981-93年，中国はIMFから累計21億米ドルを引き出し，世銀からのローンの累計は165億ドルにのぼる．中国はこの間，国際機関にとってはトータルで第5位の借り手となった．「世銀グループは中国の近代化の車輪に油をさす役割を果たした」という評価はけっして誇張ではない(Feeney 1994).

　KIEOへの参入がスムーズに進んだ理由の第一は，オクセンバーグも言うように，当時の国際的な戦略セッティングである(Oksenberg 1990)．1970年代末，米国も，日本も，ヨーロッパも，中国を国際システムに取り込むことが肝要だと考えており，世界経済も中国への資本移転を許す状況だった．とくに重要なのは，1979年1月に中米国交正常化が実現し，3月に貿易協定が結ばれたことである．中国市場を狙う米国経済界が対中関係構築を熱心に求めた．またIMF，世銀トップの決断も速かった．中国も，華国鋒を含むトップリーダーが国際経済への参入にきわめて意欲的で，合意形成が比較的容易だった点もスムーズな進展を助けた．

経済特区の開設

　「開放」の第四弾は経済特区である．この政策策定プロセスも錯綜しているが，政策より現実が先行した．陳東林・荊茹玉「三中全会前後中央設立経済特区決策的形成」(陳・荊2008)や『谷牧回憶録』(谷牧2008)から概要を見よう(経済特区の決定については，曽建徽1986，バーネット1986巻末参照).

　第一段階は，1978年4月，国家計画委員会と対外貿易経済合作部による香港マカオ経済貿易視察団の派遣である(団長は段雲)．土地も資源もないのに香港経済が発展していること，外国の先進技術，設備，資金を吸収していることにショックを受けた視察団は，中央宛て報告書(1978年5月31日)で，①宝安県(後の深圳)，珠海県を広東省の直轄市とし，指導幹部を強化する，②両県を香港マカオと直接連携させる，などを提案した．これが後の深圳・珠海特区構想につながった．

第二段階は香港の動きである．当時経済困難に陥っていた大陸の香港組織——香港招商局の袁庚（えんこう）・常務副理事長は，起死回生のため1978年10月9日，中央に香港と大陸経済の連携を提案した．中央は同意したものの，香港の地代が高いので，袁庚が香港近くの宝安県に対外貿易区を作ることを着想し，直ちに広東省党委員会から賛同を得た．

　この動きが蛇口工業区設置につながった．1979年1月6日，広東省と交通部は国務院に「香港招商局が広東宝安で工業区を作ることについての提案」をしたところ，国務院の承認を得，宝安県は深圳市に改組された．1月31日袁庚，谷牧，李先念の間で2.14平方キロメートルの蛇口を「香港招商局蛇口工業区」と区画することで合意ができた．5月から同工業区が着工され，「時は金なり，効率は命なり」の蛇口モデルが動き出したのである．

　第三段階は広東沿海に輸出加工区を作ろうという1979年春の動きである．3中全会以後，広東省党委第一書記習仲勲，書記呉南生などと広東出身の中央のリーダー楊尚昆（当時，広州市党委書記），葉剣英の間で連携ができ，広東に輸出加工区を作る動きになった．彼らが注目したのは台湾，韓国，香港，シンガポールなどの輸出加工区，自由港である．1979年4月の中央工作会議（4月5-28日）は華国鋒が策定した超高度成長計画（洋躍進）を調整したが，この会議で広東省党委の習仲勲と楊尚昆が輸出加工区の提案をしたという（谷牧2008）．4月17日会議に出席した鄧小平は，提案に賛成し次のように述べたという．「やはり特区と呼ぶのがよい．陝甘寧でもはじめは特区と呼んだではないか．中央には金がない．政策は任せるから君たち自分でやるように」(『鄧小平年譜』上)．

　合弁企業法の制定（1979年7月1日），中央による広東・福建報告の承認（50号文書，同年7月15日）で，まず深圳と珠海で「特殊政策」と「柔軟政策」をとることが確定した．その後30年，「四つ（技術，管理，知識，対外開放）の窓口」（1984年4月24日，鄧小平の言），なにより外資導入の窓口として中国経済の成長をリードする経済特区の出発である．なお，「経済特区」という名称が確定するのは1980年3月で，同年8月の全人代常務委員会では広東省経済特区条例が採択され，深圳（327.5平方キロメートル），珠海（6.7平方キロメートル），汕頭（スワトウ）（1.67平方キロメートル）が正式にスタート，同年12月にアモイ（2.5平方キロメートル）が加わった．

結果的に経済特区は大成功をおさめた．沿海の市場化と経済成長の強力な牽引車になったからである．鄧小平が十数年後に，「いま振り返ると，私の大きな過ちは四つの経済特区を設けた時に上海を加えなかったことだ．もしそうしていたら，いまや長江のデルタ地帯，長江流域全体ないし全国の開放の局面は，まったく違っていただろう」と嘆くことになる(1992年南巡談話)．

開放政策策定のプロセスを検討してみると，次のことが指摘できる．

まず，主導者は言うまでもなく鄧小平である．だがトップリーダー集団がその決定をほぼ一致して支えた．トップリーダー間に基本的な合意があった．

次に，開放の拠点となる地方(広東省)が政策立案，具体化，執行に大きく貢献した．習仲勲省党委第一書記を中心とする広東省党委員会，楊尚昆，谷牧(中央書記処書記)らのリーダーである．

客観条件としては，米国，EU，日本が中国の受け入れに極めて意欲的で開放を強く支えた．

付言すれば，安全保障と違って，このような実務に関わる政策決定の場合，比較的情報も多く，プロセスを辿ることもある程度可能である．

第4節　中国外交の新しいアクター——企業と軍と地方

広義の利益集団の外交関与

21世紀，とくに2010年代に入ってから中国外交は大きく変わってきている．一つは新海洋戦略を始めとする「強勢外交」であり(米国の研究者は，assertiveないしproactive diplomacyと表現することが多い)，もう一つが外交政策決定過程への関与者＝アクターが増え多様化してきていることである．後者が前者の背景にある，という関係でもある．中国外交は新時代に入ったと言えよう．

新アクターには，大型国有企業(とくにエネルギー関係)，対外関係の拡大で大きな利益を得る一方で，対外関係の影響をもろに受ける沿海の地方政府，そして積極的な海洋戦略を求める軍，とくに海軍の一部などがある．彼らを広義の(また未定型の)利益集団と考えて，その外交政策や対外行動への関与について検討してみよう．

これら利益集団については政策決定過程以上に情報が乏しい．いくつかの言

説や現象を断片的に取り上げることから始める．まず六つの事例を紹介しよう．

- リベラルな国際政治学者王逸舟(北京大学)は 2014 年時点で次のように言う．一部大型企業の海外行為は政策の規定を外れ，外交方針に合致していない．外交を邪魔しその負担となっている．かつて米国で石油資本など巨大な利益集団が CIA，軍隊，外交資源を使って「国家を拉致する」ことがあったが，中国でもその気配が見える．警戒すべきだ(王逸舟 2014b)．

- 2012 年に世銀と国務院発展研究センターとの共同レポートである「中国 2030 年——市場化を推進せよ」という報告書が出た．世界資本主義の総本山である世銀と中国経済の司令塔とも言える同センターが共同して市場化のレポートを作るなど，かつては考えられなかった．レポートは中国の経済学者のうち「50 人エコノミスト」など改革派がリードしてドラフトを作成したが，国有企業の総元締め機関たる国有資産監督管理委員会などが猛烈に抵抗し，レポートを大幅に修正した．工業生産での国有企業のシェア(2030 年目標数値)を 30％ から 10％ に下方修正させたのである(毛里和子・安達祐子 2013)．

- 2012 年 7 月 18 日，中国海洋石油集団(CNOOC)が南シナ海のベトナムとの係争海域で外国企業との共同開発計画を提示した(初めての事例)．中国の海外経済活動についての政策転換ではないか，と注目された(青山瑠妙 2013)．

- 海南省が 2000 年から積極的に海洋強国戦略を提起して活動している(石油資源開発，漁業，観光事業など)．そもそも海南省は 1988 年に創設され，西沙・南沙・中沙諸島の管轄権が海南省に付与された．青山によれば，海南省は全国海域の 3 分の 2 を管轄しているが，漁業捕獲量も制限され，石油天然ガスなどの開発権ももたないことで不満が多いという．海南省が海域資源確保に向けて積極的に動き出すのは 2000 年になってからである．2006 年，全人代の海南省代表(杜碧蘭．なお海南省長・衛留成はもと CNOOC 社長)がもと海軍副総司令の張序三と「海洋強国プラン」を共同提案し，石油天然ガス企業の誘致などの活動をし，また「南シナ海海洋権益強化と擁護に関する宣言」を出すよう全国政治協商会議に圧力をかけた，と伝えられる．地方・軍・企業の見事な連携である．2013 年 1 月国務院から全

国海洋発展企画綱要が発表されると，石油・天然ガス開発をめぐる海南省から中央政府への圧力はいっそう強まっているようである(青山瑠妙 2013).
- 東シナ海ガス田の日中共同開発についての動きも興味深い．2008年6月，東シナ海のガス田共同開発で日中が合意したところ(トップリーダーである胡錦濤主席と福田康夫首相が動いたと推察される)，中国国内で外交部に対する強烈な反対が出てきた．ガス田についての日中合意では，日本が主張する中間線を跨がる北部ガス田の共同開発を進めることで合意する，と同時に，すでに中国が開発していたガス田「春暁」(日本名は白樺)に日本が出資することも含まれていた．これに対して中国国内で猛烈な反発があったという．春暁は中国が手をつけてすでに操業直前になっており，中国海洋石油集団も日本の出資は必要ない，としていた．反対が表面化したのはインターネットなどだけだったが，石油関連の利益集団がもつパワーを背景に党・政府・軍内で猛烈な圧力をかけたらしい．1895年の下関条約(日清戦争の敗戦で清国が日本に台湾などを割譲した)以来の売国外交だ，と非難する声すら出てきたという(清水美和 2011).
- 中国企業の海外活動に注目している朱鋒(南京大学)はあるインタビューで次のような危機感を表明している．
中国石油化工集団公司(CNOPEC)のように国有の大企業が自分の利益のためにより広い国家利益を損なっている．この種の国有企業は巨大なインタレスト集団になっており，スーダンにおける中国外交の利益をハイジャックしつつある．私はそれを大変懸念している(McGregor 2008).

以上のように，中国外交は巨大な石油企業，実はそれ以外にもさまざまな利益集団からの介入にさらされている．中国外交で国家・政府の権限が制約され，あるいは中国外交に揺れが多くなる，ということが想定できる．

世界市場のなかの中国巨大企業

重大な利益集団と想定できる大型国有企業について，国際市場での位置を見ておこう．中国の巨大企業の「渉外利益」を見ておきたいからである．以下の表 2-5 は『フォーチュン』から得た情報で，2017 年の世界巨大企業十傑，そのなかの中国企業である．十傑に入った 3 企業ともに従業員 20 万人を超える

表 2-5 世界の巨大企業十傑(2017年)

	企業名	本社	業種	売上高(100万ドル)
1	ウォルマート	米国	小売業	485,873
2	国家電網公司	中国	送電	315,199
3	中国石油天然ガス集団	中国	石油	267,518
4	中国石油化工集団	中国	石油	262,573
5	トヨタ自動車	日本	自動車	254,694
6	フォルクスワーゲン	ドイツ	自動車	240,264
7	ロイヤルダッチシェル	オランダ	石油	240,033
8	バークシャハサウェイ	米国	保険	223,604
9	アップル	米国	電機	215,639
10	エクソンモービル	米国	石油	205,004

出典：*Fortune*, 2017, July.

中国最大の国有企業だ．石油系が圧倒的に強い．なお世界トップ企業500社のうち米国が134社，中国108社，日本52社である(『フォーチュン』2017年7月号)．

中国の石油関連企業は以下の4社，いずれも華々しく海外で展開している．

中国石油天然ガス集団(CNPC)／中国海洋石油集団(CNOOC)／中国石油化工集団(CNOPEC)／中国中化集団(CNOKEM)

軍事企業と兵器売買

懸念されるのは，巨大な軍事企業(いずれも中央・地方の国有企業)が兵器の生産，販売，輸出に関与し，独占に関わっていることである．

中国兵器工業総公司(北方)と中国兵器装備集団公司(南方)は，もともとは核工業総公司，航天工業総公司，航空工業総公司，船舶工業総公司，兵器工業総公司の五大軍事工業集団が国務院の機械工業部から企業化して誕生した．

2010年時点で兵器工業総公司が従業員30万人をかかえ，兵器装備公司が20万人をかかえる巨大企業となっている．武器生産という性格，巨大さと独占によって強大な政治経済権限をもっていると推察される(百度百科から)．

なお，2010年時点で兵器生産に独占的に携わる巨大企業は以下の十大公司である(**表 2-6** 参照)．

核工業集団公司／核工業建設／航天科技／電子科技／航空工業第一／航空工業第二／船舶工業／船舶重工業／兵器工業／兵器装備

表 2-6 中国の軍事企業十大集団(2014 年)

企業名	主要事業	参加企業数 独資	持株企業	資本参加企業	登録資本(億元)	総資産(億元)	正規従業員数(万人)
中国核工業建設集団公司	原子力発電	10	5	5	10.5	73	3.4
中国航天科技集団公司	ロケット・宇宙開発	180					10
中国電子科技集団公司	電子工業				63.5	658	5.4
中国航空工業第一集団公司	軍用機・民用機	103	47+22 1)			1000	24
中国航空工業第二集団公司	飛行機開発				126	780	
中国船舶工業集団公司	船舶工業の中核	合計60					
中国船舶重工業集団公司	軍用船舶の開発も	48 2)	15	15			
中国兵器工業集団公司	兵器生産の中核	120				1000	30 余
中国兵器装備集団公司		51			120		18
中国核工業集団公司		246					

出典:百度百科(2018 年 7 月 20 日閲覧)から筆者作成.
注 1:直属企業・事業体数.
注 2:大連造船国際海洋石油工程公司など.

ちなみに巨大軍事企業は兵器生産のみならず海外に兵器を売却している. SIPRI が発表した兵器取引に関する報告書によると,2011-15 年の中国による兵器輸出量は 2010 年までの 5 年間に比べて 88% 増加した.輸出量は世界全体の 5.9% を占め,輸出国としては米国,ロシアに次ぐ世界で第 3 位である.米国とロシアの輸出量はそれぞれ 27% と 28% 増加したが,4 位と 5 位の輸出国であるフランスとドイツの輸出量は減少した.中国の兵器輸出先の大半はアジアとオセアニアである.うちパキスタンが 35% とトップ,バングラデシュとミャンマーがそれに続いているという(『チャイナ・ウォッチ』2016 年 2 月 22 日).ちなみに,中国の 2018 年の国防予算は公表で前年比 6.1% 増加である.この数年 10% 以上の増加が続いていたので 2007 年からの 10 年間で 3.5 倍以上の伸びを示している(第 1 章図 1-1 参照).

中国の軍事基地

中国軍は2012年にアフリカ・ジブチに基地を設けることになった．閻学通のように，第三世界に対しては，経済援助よりも軍事援助を提供し，それを通じて軍事基地を設けた方が効率がよいとするリアリストも出てきた．中国の対外戦略がグローバル化するにつれ，世界への中国の拡張的な動きが目立つようになった．

2018年4月の時事通信は次のように，南太平洋・バヌアツで中国の基地が計画され，オーストラリアなど周辺国が懸念している，と伝えている．

4月10日付オーストラリア紙『シドニー・モーニング・ヘラルド』は，南太平洋の島国バヌアツに軍事拠点を構築する中国の計画をめぐり，両国が暫定的な協議を開始したと報じた．最終的には「バヌアツでの軍事基地の建設につながる可能性がある」とも伝えた．報道によると，計画ではまず両国間で協定を結んだ上で，中国海軍の艦船が定期的にバヌアツに寄港し，燃料などを補給する拠点とする．その後，軍事的な役割を強化する．軍事基地が建設されれば，中国にとってアフリカ北東部ジブチに次ぐ，二つ目の海外基地になる．なお，バヌアツにはすでに中国から多額のインフラ開発資金が流入している（時事通信2018年4月10日）．

領海法をめぐる対立

ところで，領土・領海問題で軍を含む利益集団の姿がちらつくのは1990年代初めからである．すでに述べたように，西倉一喜（共同通信）は内部情報を使って，1992年に全人代で領海法を採択するときの激しい内部抗争を紹介している．領海法採択の直前，1992年2月18日全人代常務委員会弁公室秘書局の内部発行文書「領海法（草案）に対する中央関係部門と地方の意見」が関係部門に回った．

それによれば，1991年11月から外交部が作成した領海法草案について全人代の法制工作委員会で白熱した議論が行われた．領海法の「領土」の表記中に釣魚諸島を列挙するかどうかで揉めたのである．「意見」によれば，「中央軍事委員会法制局，総参謀部弁公庁，海軍司令部，広州軍区，国家測量製図局，上海（一部），天津（一部），山西，海南が釣魚諸島の列記を主張した」．彼らは，①

固有の領土，戦略・経済上の要地である，②日本は中国との口頭の約束を破り，実効支配で指導権をとろうとしており，曖昧であってはならない，③立法化を通じて今後の日本との談判で主導権を握ることができる，などの理由から島名の表記を強く主張した．それに対して外交部は，「当面の国際情勢および中日関係のなかで，われわれは一面で領土主権を防衛しなければならないが，もう一面では外交上の摩擦をできるだけ避けなければならない」と表記しない草案を提出した，という．

結局，法制工作委員会では「台湾および釣魚諸島を含む付属の各島」と軍部系列の主張に全面的に屈伏した，というのである(西倉一喜 1994)．

利益集団の活性化

1990年代後半から利益集団が動き始めた．リベラルな社会学者・楊帆(中国政法大学)は 2010年頃の著作で，国家独占資本・国際資本・民営資本の三大利益集団が生まれつつあり，また，国有企業改革のさなか，中国国際資本と国際覇権国は中国に代理人をおき，訓練・出国，共同研究などの方式で中国の学術界や各部門の政策決定に大きな影響力を行使していると懸念を示した(楊帆 2009, 楊帆ほか 2010)．

中央党校に所属していたブロガー鄧聿文(2013年に筆禍を起こしフリーになった)は，2010年代，中国には次の七つの利益集団がおり，改革の足をさまざまに引っ張っている，と分析している(鄧聿文 2013)．

> 中央政府部門・官僚／地方政府・その官僚／国有独占企業，とくに中央企業／地方重要企業とそのトップ集団／多国籍資本・その国内代理人(洋買弁)／土地不動産開発業者／大型民営企業(実業と金融)／前記各集団にくっついている専門家や学者

また，陸学芸などのリベラルな社会学者は，新興の資本集団が知識人エリート集団，新興の権力集団と手を組み，「鉄の三角形」を作って悪性膨張していると次のように言う(楊帆ほか 2010, 陸学芸 2006, 清水美和 2009)．

- 中国の電力，交通，電信，エネルギーなどの独占企業が長期にわたり公共資源にあぐらをかいて，利潤を独り占めし，社会が分かち合うべき成果を部門の利益に変え，高収入，高福利を享受している．

- 基幹産業を牛耳る国有独占企業が特殊利益集団と化し，その代表である特定の指導者を通じて内外政策を左右する弊害が出ている．

2011年に米国の米中経済安全委員会がある中国レポートを出しているが，その中でY. L. チェン（バージニア大学）はインタレスト・グループ（利益集団）という新たな登場者が外交分野で出てきたと次のように述べている（Chen 2011）．

- 昨今の顕著な傾向として解放軍の役割が変わり，声が大きくなった．外交領域で自律的な行動をとり，グループの利益を代表するようになった．
- 国有の経済体が中国の対外行動において一定の役割を果たすようになった．
- 中国外交をハンドルしたいというアクターがいくつか出てきたが，解放軍と一部の巨大国有企業を除けば，ほとんどのグループが鍵になる決定者へのアクセス方法を欠いている．
- 外交政策決定過程においてゆっくりしたペースで多元化が進んでいる．
- 西側のそれとは違うが，諸社会集団のなかで外交政策分野でも自己の利益ともいえるインタレストが明確に形成されている．

利益集団としての地方政府

実は，海南省の事例が示すように地方政府は最大の利益集団である．2011年のある文献によれば，全般的に地方政府が「公司化」しており，莫大な利益をむさぼっているという．「本来の地方政府は，社会管理と公共福利を職能とし，社会の公共利益の製造者であり，守護神である．だが，中国の一部の地方政府は，市場でとまらない大公司となっている．……そして地方政府は内在的に拡張衝動をもっている」（宮希魁 2011）．

ある中国系研究者は最近の研究で，中国外交における地方政府の役割評価について慎重な留保をつけながらも，次のように指摘している（Li, Mingjiang 2016）．

- 改革開放で外交アクターの拡散がみられるが，とくに地方政府の外交への関与が増えてきている．沿海地方から始まり，中部に浸潤しつつある．
- 辺境地域の地方政府はサブリージョナルな協力で重要かつユニークな役割を発揮しつつある．全体的に言えるのは中国外交を論ずるさいに，中国を一体のものとして考えることはできない．

表 2-7　外交政策決定に参与する四つの層

決定核心	中共中央政治局・同常務委員会，中央外事工作領導小組
第一レベル決定参与者	国務院・外交部・商務部など，発展と改革委，国資委，中央軍事委員会，中央書記処，総参謀部など
第二レベル決定参与者	国有企業，政策性銀行，国有商業銀行，業種協会，地方政府，公式メディア
第三レベル決定参与者	マスメディア，NGO，ネット世論

出典：李欣 2012 に基づき筆者作成．

- 外交政策への地方の関与の例として次の事例がある．1992 年中韓国交正常化の直前，山東省が韓国との省レベルの経済関係，国交の正常化を強力に求めたこと，海南省が観光開発，漁業開発，石油開発などを攻勢的に中央政府に求めていること，南シナ海をめぐる中国外交の背後に海南省がいること，などである．

利益最大化，財政収入の増加を熱望している地方政府，海外資産を増やしたい石油関連の大型国有企業，「強い軍隊」と力による外交への欲求に動かされやすい軍．この三者が一体となり軍産地複合体として外交に介入する．この可能性を常に秘めているが昨今の中国外交である．

中国科学院の若い研究者・李欣は，21 世紀に入ってからの中国外交アクターの多元化に注目する．とくに国有企業，地方政府，シンクタンク，ネット世論などが出てきて，各種のアクターが増え，活性化しているという．彼の分析によれば，すでに中国外交の政策決定に参与するアクターは 4 層に分化してきている(表 2-7．李欣 2012)．

対外政策の形成にさまざまなアクターが関与を強めているのが 21 世紀中国外交の新状況である．単に多元的なのではない，中国的多元化である．青山瑠妙が分析したように，中央省庁・地方政府・国有企業の政策・戦略の「国家戦略化」が顕著なのである．資源関連国有企業の個別利益や原理が，国家間のパワー・ポリティクスで揉まれるなかで国家戦略へと格上げされている状況が見られ，その意味では，外交の一本化，統一した外交行為にとってマイナスの影響も与えかねない．周辺国が懸念するところである(青山瑠妙 2013)．

第 3 章　外交としての対外軍事行動

第1節　中国の対外軍事行動

三つのケース

中国は1949年10月の建国から今日まで「国境を越えた軍事行動」を8回行っている．本章では，これらを「武力を使った対外行為」とみなし，対外政策の分析の対象とする．

①朝鮮戦争への参戦(1950年10月―53年7月)

　(志願軍全部隊の朝鮮半島からの撤退は1958年9月)

②金門(きんもん)・馬祖島(ばそ)砲撃(1954-55年，第一次台湾海峡危機)

③第二次台湾海峡危機(1958年8-10月)

④インドとの国境紛争(1962年10月)

⑤ソ連との国境紛争(1969年3月珍宝島事件)

⑥南ベトナムとの西沙諸島をめぐる軍事紛争(1974年1月)

⑦ベトナム「制裁」のための限定戦争(1979年2-3月)

⑧台湾海峡に向けた軍事演習・ミサイル発射(1995年7月―96年3月)

「国境を越えた軍事行動」を厳密に考えれば，このほか，①1950-54年の北ベトナム(ベトナム民主共和国)の抗仏戦争に対する人的・物的支援，②1964-75年にわたるベトナム(北ベトナム・南ベトナム解放民族戦線)の抗米戦争(いわゆるベトナム戦争)時の人的・物的支援も含まれよう．しかし，この時の中国の立場は戦争当事者ではなく，戦争をしている「兄弟国」「兄弟党」への「支援」であったことを考え，ここでは「国境を越えた軍事行動」に含めない．また，8ケースのいずれも，とくに資料・文献が決定的に不足し，その全貌は摑めないし，政策当局者の意図や政策決定過程を分析することは不可能に近い．

だが手をこまねいているわけにはいかない．中国のリーダーたちは，直接的軍事行動を外交の一環として行う．軍事力を外交の道具として活用することを当然のことと考えているふしがある．だとすれば，外交分析に対外軍事行動を含めないわけにはいかない．本章では，資料状況が比較的よく，先行研究が多い事例である，①朝鮮戦争への参戦，②1979年のベトナム「制裁」の限定戦争，③1995-96年の第三次台湾海峡危機の3事例を取り上げる．

本章の目的は，第一に，それぞれの対外軍事行動の意図はどこにあったのか，第二に，対外軍事行動に共通している特徴は何か，第三に，その意図は実現できたのか，第四に，党・軍部も含めた中国のリーダーが「力の行使」をどのように認識しているか，「力の行使」それ自体が「外交」の一環である，と認識しているのか，などを明らかにすることである．

　最初に，中国の論者が現代中国の武力行使についてどう認識しているか見てみよう．リアリストの閻学通（清華大学）は，M.マンコールやJ.アドラーマンを引用しながら，中国の安全戦略に伝統の影響はきわめて濃厚なこと，アヘン戦争から1980年まで中国が「巻き込まれた」11回の戦争（もしくは軍事衝突）のいずれでも，中国は領土を拡大したり敵を殲滅するためではなく，「主に決意を示し，敵を懲らしめ，もしくは自衛を目的にしていた．また，武力使用の場合「道義的規範」，つまり「不正義の戦争は必ず敗れる」という拘束が強い．この二つに伝統観念の強い影響が見て取れる，と指摘する（閻学通1995）．本章の考察はこの閻の判断を支持するだろうか．

第2節　朝鮮戦争　1950-53年

揺れ動いた参戦決定

　1950年6月25日，北朝鮮（朝鮮民主主義人民共和国）の金日成主席率いる朝鮮人民軍が北緯38度線を突破，南の解放のための軍事作戦の端を開いた．同年10月から53年7月に休戦協定が結ばれるまで，中国は朝鮮半島での「国際化された内戦」に，「人民志願軍」という名称を使ったとはいえ全面介入した．

　朝鮮の「解放」，朝鮮戦争にどのようにかかわるかは，建国まもない中国の根幹を揺るがす重大事であった．解かれるべき謎も数多い．金日成の対南進攻にゴーのサインを出したのはスターリンだったのか，毛沢東だったのか，あるいは両者の合意によるものだったのか．スターリンも毛沢東も当初米軍の即時全面介入を予測していたのか，「米国の大規模介入はない」と考えていたのか．中国が参戦を決定した目的は何か．中国が最終的に参戦を決断したのはいつなのか．中ソ（毛とスターリン）の戦略や認識は一致していたのか．1951年以後，停戦交渉を停滞させたのは米ソ中朝のいずれだったのか．などなど，ソ連崩壊

後，極秘文書が出てくれば出てくるほど謎は深まるばかりである．本節では，中国の参戦決定のプロセスと意図に絞って概略を示しておきたい．

中国の参戦決定プロセスは実に曲折している．毛沢東がこれほど逡巡と変心を重ねた決断も珍しい．朝鮮戦争についてもっとも緻密な研究をしている沈志華(華東師範大学)の最新の研究や，中国の新しい研究成果を踏まえた曲星『中国外交 50 年』(曲星 2000)によれば，次のようなプロセスを辿った．

毛沢東は，すでに 1950 年 7 月の段階で，南の部隊を東北部に移し「東北辺防軍」を編制させ，有事に備えていた．だが，9 月 15 日，国連軍，実は米軍の仁川上陸後も肝心の金日成は中国に出兵を求めなかった．金が中国に直接支援を求めてきたのは，国連軍が 38 度線を越えた後，10 月 1 日のことである．毛沢東が「出兵する」というスターリン宛て電報を書いたのが 10 月 2 日，しかしこの電報はモスクワに発せられることはなかったらしい．毛沢東は同日中央軍事委員会名義で，「準備工作を予定より早め，随時出動命令を待て」という電令を東北辺防軍に出したが，この日の政治局拡大会議で出席者のほとんどが出兵に反対もしくは懐疑的態度を表明したからである．内戦の傷が癒えていない，未解放地域がある，新解放区でも土地改革が終わっていない，解放軍の武器装備が米軍にはるかに及ばず，制空権・制海権をとれないこと，などが理由だった．10 月 5 日の政治局会議は，志願軍の編制，入朝作戦の準備(彭徳懐を司令に)を決めたが，ソ連の軍事支援や空軍派遣を確認するため周恩来・林彪をソ連に送ることにした(曲星 2000)．

10 月 11 日ソチで周恩来とスターリンは，「準備できないので出兵しない」方向で合意し，金日成軍の北朝鮮放棄，中国東北部での亡命政府樹立もやむなし，ということになった．周恩来の電報を受けた毛は 12-13 日に政治局緊急会議を開き，志願軍は出動する，だが装備や訓練が整った 6 カ月後から攻撃を開始すると決めた．この連絡を受けた周恩来はスターリンに中国が出兵すると伝達．スターリンは亡命政府うんぬんの金日成宛て電報を取り消し，あわせて 2 カ月―2 カ月半以内にソ連空軍を中国領に派遣する，と伝えた(曲星 2000)．26 万人の中国人民志願軍が鴨緑江を越えたのは 10 月 19 日のことだった．中国の「決意」を知ったスターリンは，ソ連空軍による後方支援を準備，11 月 1 日にソ連空軍機が鴨緑江上を越えた(沈志華 2008)．なお，中朝国境，北朝鮮に派遣

されたソ連空軍は戦争全期間で12師団,空軍兵数合計7万2000人,1952年ピーク時には2万5000—2万6000人に達し,朝鮮戦争で無視できない役割を果たしたと言われる(沈志華2000).

参戦から1953年7月の休戦まで中国が朝鮮半島に送った兵員は延べ297万人,兵站部隊は延べ60万人と言われる(2001年1月,徐焰・国防大学教授とのインタビュー).米軍・国連軍・韓国軍との戦闘は苛烈なものとなり,中国も大きな損傷を被った.志願軍の減員は36万6000人,そのうち死亡が11万5000人,非戦闘員も加えた中国側の死亡者は17万人,消耗した作戦物資は560万トン,戦費は合計62.5億元(1950年1年分の財政収入に相当)というのが中国の公式数字である(斉徳学・郭志剛2007).なお1950-54年,中国は北朝鮮に合計7.3億人民元の無償援助を供与,休戦以後1957年までは経済回復のため新たに8億元の無償援助が追加されたという(張清敏2001).

道義と安全保障

中国は朝鮮への出兵で大変なコストを払うことになった.とくに台湾「解放」のチャンスを失したことは大きい(この点について詳しくは第6章第2節,第4節参照).

コストを覚悟しながら毛沢東が出兵を決断したのは,まず解放戦争を戦ってきた中国が朝鮮半島での「解放戦争」に反対するわけにはいかない,という道義的理由である.1949年5月北朝鮮の金一(人民軍総政治部部長)が金日成の特使として北京に来て朝鮮解放の支援を求めた時,毛は,中国とソ連は北朝鮮の側に立つ,必要なら支援する.だが近い将来の南への進攻は,情勢がよくないし,中国が内戦中のため非現実的だ,と答えたという.おそらくこれが毛の本心だったろう.だが,1950年5月13日に訪中した金日成と会談した毛沢東は,すでにスターリンが金日成の南進計画を了承したことを知る.この時の毛の気持ちを曲星は次のように推察する.「毛沢東自身,1945-49年,中国革命の進行に対するスターリンの2回にわたる干与に不快感をもっていた."己れの欲せざるところを他人に施す勿れ"……毛は外国が中国革命の進行に口をはさむことを願わなかった.朝鮮が国内統一戦争をやろうというのにどうして反対できよう」.こうして,5月15日の毛沢東・金日成会談で「いったん米軍が38

度線を越えれば中国は出兵するという黙契ができた」のである(曲星 2000).

　軍事戦略的には，早期の先制戦争で，後にありうる大きな戦争を防ぐ戦略，いわば積極防御だった．出兵するかどうかで紛糾したに違いない 10 月 12-13 日の政治局緊急会議では，中国が参戦せず，米軍が鴨緑江付近に進出，金日成部隊が中国東北部に逃げて亡命政府を作った場合どうなるか，その場合中国は全面的に戦争に巻き込まれる，だが将来東北部で中米の戦争が起こるよりも，ソ連空軍の支援がなくともいま打って出，米軍を朝鮮内に引き止めた方がよい，などの議論がなされたという(曲星 2000).

　中国外交における対外軍事行動について八つのケーススタディをした T. J. クリステンセン(プリンストン大学)もこの見方に近い．彼によれば，毛沢東がもっとも恐れたのは，朝鮮半島をとられ，半島全体に米軍の駐留が永久化することで，それを阻むべく「不承不承参戦した」のであり，毛沢東であれ彭徳懐であれ，彼らの考えは，後になって大規模な戦争をやるよりは，短期的な戦争をいました方が被害はより少なくてすむというものだった(Christensen 2006).

　出兵決定のプロセスは「民主的」だった．もちろん毛沢東がイニシアティブをとっていたが，珍しく異論や反対論に耳を貸し，慎重に判断し，合意による決定がなされた．だが，支払ったコストはあまりに高く，出兵すべきだったかどうかは，今もなお答えの出ない難問である．曲星は，中国は朝鮮戦争に「巻き込まれた」との立場で叙述しているが，率直に次のように言う．

　　(朝鮮戦争について)人々は当然次のような疑問をもつだろう．当時中国にはこの戦争に巻き込まれないですむ方法が本当になかったのだろうか？　第二次大戦以来もっとも残酷な戦争に参加するため他国に軍隊を派遣する必要が本当にあったのだろうか？(曲星 2000).

第 3 節　ベトナム「制裁」戦争　1979 年 2 月 17 日―3 月 16 日

1979 年中越戦争

「ベトナムに制裁と教訓を与える」ために戦われた実質 16 日間の戦争について，中国の公式年誌『中国共産党執政 50 年　1949-1999』の説明を紹介する．

　2 月 14 日中共中央は，「ベトナムに自衛反撃し，辺境を防衛する戦闘につ

いての通達」を出した．通達は，ここ数カ月来，ベトナムが中国領を侵犯し，村を破壊し，軍民を殺し，辺境地区の平和安定を破壊してきた，われわれは耐えに耐え，勧告し，警告してきたが馬耳東風だった．……中央は，繰り返し検討した結果，自衛反撃，辺境防衛の戦闘を進め，ベトナム侵略者に懲罰を加え，四つの近代化政策の順調な進行を守ることを決定したという．2月16日中共中央は，北京で党・政府・軍副部長クラス以上の幹部報告会を開き，鄧小平が中共中央を代表して，ベトナムに自衛反撃を行う問題についての報告を行った．……2月17日，広西・雲南地区の辺境防衛部隊が命を受けてベトナムに対する自衛反撃作戦を行った．同日，新華社がわが国政府の命を受けて，ベトナム当局がわが国領土を不断に侵犯したため，わが辺境防衛部隊はやむなく反撃に出る，という声明を出した．……3月5日，わが辺境防衛部隊は命を受けて国境内に撤退した．同日，新華社がわが国政府の命を受けて，わが辺境防衛部隊は自衛反撃を迫られたが，所期の目的を達したので，本日，全部隊を中国領内に撤収させた，という声明を出した．3月16日にはわが辺境部隊の全部隊が中国領内に撤収した．同日中共中央は，対ベトナム自衛反撃と辺境防衛の戦闘が勝利のうちに終結した，との通達を出した(陳文斌主編1999)．

　1979年の中越戦争は，中国側の論理からすれば，自衛反撃であり，不当な侵略を行っているベトナムへの「制裁」であり，「教訓を与える」ための戦い，最初から1カ月と限られた戦闘だった．3月5日には撤収が始まっているのだから，実際は16日間だけだ．一体何のために6万に上る中国兵とベトナム兵が命を失わなければならなかったのか．なお，K. C. チェンの詳細な研究は，1979年戦争による軍事的損傷は中越ほぼ五分五分だったという(表3-1)．

中国のベトナム支援

　そもそも中国は建国当初からベトナムの民族解放・南北ベトナムの統一に深くかかわってきた．代表的な現代史家・楊奎松の論文から，1950年代からの中国のベトナム抗仏戦争支援の状況を簡単に見てみよう(楊奎松2001)．

　1949年12月インドシナ共産党(当時)のホー・チミンがリ・ビクソン，グエン・ドクトを北京に派遣，中国に軍事幹部の派遣，三個師団の装備，1000万

表 3-1　1979 年中越戦争による損傷比較

	中国	ベトナム
死亡	26,000	30,000
負傷	37,000	32,000
捕虜	260	1,638
戦車，装甲車	420	185
重迫撃砲，軽火器	66	200
ミサイル発射台	0	6

出典：Chen 1987, Table 5.1.

米ドルの支援を要請してきた．当時，毛沢東はモスクワにいたが，ベトナム援助工作の責任を負う劉少奇が羅貴波（中央軍事委員会弁公庁主任）を視察のため北ベトナムに派遣，毛沢東は最大限の支援を指示した．1950 年 1 月にはモスクワでスターリン・毛沢東・ホー・チミンの間で党建設，統一戦線，軍事・外交などを協議し，中ソが分業してベトナムの反仏戦争を全力で支援すると約束した．その結果，中国は，韋国清を団長とする軍事顧問団を組織し，同年 6 月には羅貴波がベトナム側と何回も協議し，中越共同しての国境戦役の発動が決定される．国境戦役は大勝利を得た．以後，ジュネーブ休戦まで中国は北ベトナムに対して，軍事援助のほか，1 億 7600 万人民元に相当する物資援助を行ったという（張清敏 2001）．

中国の半公式のデータでは，1950 年から 78 年に援助を停止するまで，中国のベトナムに対する援助は，当時の国際市場価格に換算して 200 億米ドルに上り，ほとんどが無条件の無償援助だったという（薛謀洪・裴堅章主編 1987）．

ベトナムの対中不信——ジュネーブ会談

中越の「兄弟関係」にひびが入るのは 1954 年ジュネーブ会談においてである．ベトナム休戦についての中国の基本政策は「戦って和を促す（以打促和）」だったが，ディエンビエンフーの戦いでベトナム側が圧勝すると（1954 年 5 月 7 日），休戦方針について中越間に微妙なズレが生じた．5 月 27 日中国指導部（周恩来）が，ベトナム・ラオス・カンボジアの国境線を維持したままの即時軍事停戦を指示したのに対して，ホー・チミンは了承したが，ファン・バンドンらが，南北ベトナムの一挙統一，ベトナム・ラオス・カンボジア一括停戦を主張

した.

　ベトナムとの両党会談のため,周恩来はジュネーブから急遽帰国,7月2日から3日間広西柳州で両党会談が開かれた.「インドシナ問題はすでに三国とフランスの間の問題だけではなく,国際化している.これが肝心だ.この国際化状況は朝鮮戦争をはるかに超えている.……東南アジア全域に及ぶ」,「毛沢東も「うかうかすると10の国,6億の人口に影響する」と懸念している」,と周恩来はベトナム側を説得した.ホー・チミン,ボー・グエンザップらはこれを了承,「ジュネーブ会談に関する方案と交渉」と題された両党会談の決定は,16度線での暫定的分断を盛り込んだものとなった.

　だがファン・バンドンは納得せず,周恩来は7月12日にジュネーブに飛び,ファンと長時間会談,「米国の干渉の危険を軽視した朝鮮戦争の教訓などを挙げて繰り返し説得,ついにファン・バンドンが態度を変えた」という.結局,「17度線以南,9号公路12.5マイル以北の六浜河を軍事境界線とする」ことで決着した(曲星1989).

　ジュネーブ会談は「中国の外交政策がイデオロギー一辺倒から国家利益,実務外交に向かう重要なポイントだった」と今日では中国の学者も評価する(楊奎松2001).おそらく,米国の介入,第二の朝鮮戦争化を何より恐れたのだろう.だがここでの「17度線分断」という決着は,その後中国のリーダーの「トラウマ」になったようで,毛沢東自身,1963年には,ジュネーブのインドシナ問題和平解決について兄弟党に何回も詫びたとされる(「毛沢東接見越南党政代表団談話記録」1963年6月4日(李円慧主編2000)).また周恩来も,1971年7月中米秘密交渉を通報するためハノイを訪れた時,レ・ズアンに「あなた方の前でお詫びをしたい.同志.私は間違っていた.この点で間違った」と述べたという(「B同志関于越中関係的報告」華東師範大学冷戦中国網20050628, Wilson Center, *Bulletin*, No. 12/13).

　ベトナム側には強い不満が残った.中越戦争直後にベトナムが出した中国批判の『中国白書』(1979年10月)は,ジュネーブ会談での中国の立場を「ベトナム人民・ラオス人民・カンボジア人民の革命闘争に対する,中国指導部の最初の裏切り」と非難している(ベトナム外務省編1979).また,同じ中越戦争後のレ・ズアンの党中央報告と伝えられる文書は,次のように中国を弾劾する.

「われわれがジュネーブ協議にサインした時，周恩来その人がわが国を二つに分けた．……彼らはわれわれが立ち上がるのを禁じた．だが彼らはわれわれを阻めなかった」(Wilson Center, *Bulletin*, No. 12/13)．

　中越の2回目の分岐は1971年中国が対米接近に踏み切った時に生じた．対米接近のひきがねは1969年国境紛争以後のソ連との緊張だが，ベトナムが1968年から中国の反対を押し切って対米秘密交渉（パリ）に入ったことも中国の対米接近の追い風となった．1971年7月，キッシンジャー補佐官は国務省にさえも秘密に北京に飛び，周恩来との4回にわたる緊張した会談を行った．1972年前半にニクソン大統領が訪中する，ニクソン政権第2期前半に国交を正常化する，とキッシンジャーは約束した．中国は対米交渉でベトナムの利益に反する取引を米国としたのだろうか．ベトナムを「裏切った」のだろうか．

中米接近

　1971年7月会談，10月会談，1972年2月のニクソン訪中と合計3回の中米交渉は米国側の情報開示でほぼ全貌が明らかになっている．それによれば，インドシナ・ベトナムについての中国（毛沢東の指示を受けた周恩来）の立場は，ベトナムの問題に中国は介入しない，という線で一貫しており，中米交渉でベトナムの利益が直接的に侵犯されることはなかったが，ベトナムは中国に強い疑念をもった（第6章第3節参照）．周恩来はベトナム，そして北朝鮮に神経を使った．キッシンジャーとの第1回交渉を終えるとすぐにハノイに飛び，レ・ズアン，ファン・バンドンと会見，中米会談の詳細を通報した．

　9月，北京を訪れた南ベトナム解放民族戦線のグエン・チビン南ベトナム臨時革命政府外相に，周恩来は次のように述べたとされる．「諸君はパリに行って米国と交渉している．私周恩来はワシントンに行ったことはない．彼らが中国に来るのだ．なぜ北京で交渉してはいけないのか．われわれが原則を売り渡すことなどあり得ない．ましてや友人を売るなど……」(曲星 2000)．

　また1971年10月キッシンジャーとの第2回交渉をすませると，11月1日に北京にきた北朝鮮の金日成と会談，両国関係を調整し，11月20-27日には，ファン・バンドン率いるベトナム党政代表団を北京に迎え，何回も会談した．ベトナム側はパリの米越秘密交渉について通報し，周恩来は中米関係について

の中国側基本方針を説明している（『周恩来年譜』下）．1972年2月ニクソンを送り出してからすぐ周恩来は広西南寧に飛び，翌日にはハノイでベトナム側に中米交渉を通報した．

なお，最近明らかにされた資料によると，おそらく1971年11月中米交渉をブリーフするためだろう，周恩来がレ・ズアンと会見，レ・ズアン（資料ではcomrade B——レ・ズアンの地下名）は次のようにきわめて民族主義的な対応をしている．

> 周恩来が，ニクソンが来るのでベトナム問題について君と協議したい，と言ってきた．自分は次のように答えた．"同志，あなたが何を言おうと勝手だ．だが私はそれに従わない．同志，あなたは中国人だ．私はベトナム人だ．ベトナムはわれわれのものであって，あなた方のものではない．あなたには，ベトナムについて語る権利も，米国と議論する権利もない
> (Comrade B's plot, 1979, in Wilson Center, *Bulletin*, No. 12/13).

中国が当時，ベトナムにいかに神経を使っていたかは，1971-73年中国の対北ベトナム軍事援助が急増している点からも裏書きされる．1970年以降中ソ関係が緊張するなかで，中ソ間にベトナム援助をめぐる熾烈な闘いが繰り広げられる．1970年9月，周恩来がベトナムのリーダーに最大限の援助を約束，翌71年3月には，中共中央がベトナム援助増強方針を確定した．11月，ファン・バンドンとの間で援助協定が結ばれている．こうして，1971年から73年の3年間，中国の対北ベトナム援助は，過去20年間の累計を上回る90億人民元に達したと言われる（李丹慧2000）．この間中越間でしばしば援助協議が行われた．

だが，ベトナムは中米接近を「ベトナム革命とインドシナ革命を裏切り，世界の革命を裏切る露骨な転換点だ」と受け止め，「中国はアメリカにベトナムを売り渡した」，「中国側は，援助の「人参」を使った」と強い不信感を抱いた（ベトナム外務省編1979）．これが1979年の中越戦争の火種となった．

1979年戦争へ

1979年2月，対北ベトナム「制裁」をした理由として中国が挙げるのは，第一に1974年以降，とくに1975年ベトナム統一以降のベトナムによる対中国

境の侵犯，第二に，当時100万いたといわれる在越華人に対する圧迫が「辺境浄化」という名目で1977年から本格化したこと，第三が1975年以降のベトナムの「インドシナ連邦」計画である(曲星はインドシナ連邦への動きを第一の理由に挙げている(曲星2000))．1978年5月には中国はベトナムへの援助プログラムの停止を通告，6月には在ベトナムの三つの領事館を閉鎖し，関係は最悪になった．

「制裁戦争」の直接のきっかけになったのは，一つはベトナムの経済援助相互会議(COMECON)加盟(1978年6月)，ソ連の対越武器支援の決定(同年8月)，ソ越相互援助条約調印(同年11月3日)など，ソ越同盟の成立である．ソ越条約は第5条で，「締約国の一方が攻撃の目標になったり脅威を受けたりしたとき，両国はその脅威を除去するために直ちに協議し，相応の有効な措置をとって両国の平和と安全を保障する」と約していた．もう一つはベトナム軍のカンボジア侵攻(同年12月25日)である．

ベトナムへの限定的制裁戦争がいつ，どこで，誰のイニシアティブで決定されたかについては，資料が乏しく分からない．主に香港情報に依拠した先行研究(Chen 1987など)，ジャン・シャオミンの最新の研究(Zhang 2005)をもとに，1978年末以後の決定のプロセスを見てみよう．ジャンは，中越戦争はきわめて中国的特色をもつ戦争，地政学的原因とともに，「固い友情」で結ばれていると信じていたベトナムの「裏切り」に対する報復措置であり，鄧小平が最終決断者だ，とする．「気乗りのしない強制外交(half-hearted coercive diplomacy)」と表現する．

第一段階は，1978年11月10日―12月15日の中央政治局拡大会議(あるいは中央工作会議)である．会議は，ベトナムに対して懲罰性の戦争を行うという許世友(広東軍区司令)の提案を採択した．中央工作会議の終了に際して鄧小平は，ベトナム制裁戦争を説明，ソ連の大規模介入はない，国際的孤立を避けられる，大勝利も大破壊もない，目的の70％を達せられればよい，と述べたという(12月13日)(Zhang 2005の典拠は，共同通信の渡辺孟次による「鄧小平インタヴュー」(渡辺孟次1979，共同通信1979年2月26日))．

1978年末から79年初頭，復活したばかりの鄧小平は重大国事に忙殺されていた．平和友好条約批准書交換のための訪日(10月22-29日)，タイ・マレーシ

ア・シンガポール歴訪(11月5-14日)，中央工作会議や3中全会の開催，国交正常化のための訪米(1月28日―2月5日)である．改革開放を進める上で最重要の外交・内政課題で，対ベトナム懲罰戦争はこの合間を縫って行われたわけである．

第二段階はベトナムのカンボジア侵攻後，12月末に開かれた中央軍事委員会である．鄧小平がベトナムに対する懲罰作戦を提案，すべての参加者が支持，鄧小平は許世友と楊得志を司令官に任命した．第三段階が1月22日，鄧小平の自宅で開かれた会議で中央軍事委員会の主要メンバーが参集した．ジャンは，「この会議で対ベトナム作戦の最終プランや開戦日(D-Day)が決まったのだろう」，という．

最終段階が開戦直前，2月8日に鄧小平が米国から帰国，9-12日に彼が主宰して開かれた中央軍事委員会(あるいは中央政治局拡大会議)である．会議後，2月17日に対ベトナム作戦を開始するとの指示を広州軍区・雲南軍区に出した(Zhang 2005)．

2月16日には，中共中央が北京で開いた党・政府・軍の幹部報告会で，鄧小平が中共中央を代表して「ベトナムに対する自衛反撃問題についての報告」を行った(陳文斌主編1999，『鄧小平年譜』上)．鄧小平は，この戦争が，「東方のキューバ」に教訓を与えるものだと強調，リスクが高すぎる，四つの近代化を滞らせる，非難される，みっともないことになる，などという顧慮を吹き飛ばすよう檄を飛ばしたと言われる(施華1979)．翌17日，限定戦争が始まった．

中越戦争評価

この戦争は一体何だったのか．何を意図していたのか．目標は達せられたのか．曲星は「対越自衛反撃戦争」について次のように言う——ソ連とベトナムが南北で呼応しているのに反撃しなければ，四つの近代化に集中できなくなる，だから対越自衛反撃戦争は必要だった，軍事闘争として戦略上可能(可行)だったし，政治的に見て適切で，中国の国家利益に有利だと判断した，と．またソ連については，大規模介入はあり得ない，中規模なら中国は対応できる，と判断した．政治的にも対ベトナム制裁は国際世論の反発をそれほど買わない，という判断があった，とする(曲星2000)．

この限定作戦について鄧小平の生の声に近いものを紹介しよう．1979年2月26日共同通信社・渡辺孟次社長によるインタビューである．ベトナムにどのような教訓を与えるのかとの問いに鄧小平は，「われわれは戦果に重きを置いていない．目的は限定されており，ベトナム人に彼らが思うように駆けずり回ることはダメだ，ということを分からせることにある」と明言し，ソ連からの攻撃がないと想定しているようだが，との問いには，「われわれの目的は限定され，時間も長くないので(ソ連の対中攻撃の)リスクを完全に排除できるわけではないが，大体大丈夫だと思う」と述べている．また，「(このままにしておくと)中国人が軟弱に見られてしまう」という本音ももらした(『毎日新聞』1979年2月27日)．

　もう一つ，鄧小平の「生の声」を紹介しよう．中国の軍隊が引き揚げた直後，1979年3月16日の「中越辺境作戦状況報告会」の席で次のような講話をしている(鄧小平1979)．

- まず戦争するかしないかを決断するのが大変だった．彼は言う．「限定付の懲罰作戦をやろうと決意するのが大変だった．攻撃は浅く，時間は短く，目的は凶暴な東方のキューバに教訓を与え，中越国境に比較的安定的な国境を作ることだった．同時にカンボジアにベトナムの侵略に反対させることも目的だった．広い意味で言えば，反覇権の国際統一戦線を広げる重要な行動だった」と．
- 鄧小平は闘わなければならない理由を三つあげた．「一つは国際反覇権統一戦線に立ち，東方のキューバに必要な制裁を加えること．……第二はわれわれが四つの近代化建設を進めるには比較的に安定的な頼れる環境をつくらなければならなかった．……第三が30年間戦争をしていない解放軍が闘えるのかどうか，試す必要があった．その絶好のチャンスだった．……いまではこう言える．われわれの解放軍はやはり人民の解放軍だった」と．

　これで判断できるのは，まず中国の自衛反撃の目標が「懲罰を与える」というきわめて道義的なもので，かつ鄧小平の決意が固かったこと，次に米国の弱腰ぶりである．鄧の訪米中，首脳会談でカーターが鄧に反論していないだけでなく，鄧がテレビインタビューや上院議員との会談でもベトナム制裁について

再三公言しているのに，カーター政権からも米国上院からも批判を受けることはなかった．米国は中国の対ベトナム懲罰戦争を黙認した．もちろん米国が当時とっていた中米の対ソ対抗という大戦略のためである．
　チェンは，対ベトナム制裁戦争は「慎重な，段階を踏んだ」プロセスで決定され，鄧小平のリーダーシップが決定的だった，まさに「鄧小平の戦争」だったとする．その上で，限定的能力，限定戦争だった点で，1962年の中印紛争とよく似たパターンであり，「中国式危機管理」であるとともに，制裁戦争それ自体が，1949年以後の北京の外交政策の代表的事例だとする．中国軍はベトナムに「教訓」を与えるために国境を越えた(Chen 1987)．
　中国の戦略文化，軍/民関係文化，軍事組織文化から中国外交における軍事行為を分析したA. スコーベル(米国陸軍大学)は，制裁戦争それ自体を「強制力による外交(coercive diplomacy)」とみなし，「限定的に成功した」と見る．また，鄧小平のような最高指導者なしには起こり得なかった戦争，だが回想録などがこの戦争にほとんど触れていないことからも分かるように，朝鮮戦争とは違って，聖戦ではなく，あまり自慢できる戦いではない，とする．だが，権力の掌握と改革開放の推進を助けたという意味で，鄧小平にとっては失ったものより得たものの方が多い，というのがスコーベルの見方である(Scobell 2003)．
　また北京の戦略思考を「機会の窓」「脆弱性の窓」という視点から見たクリステンセンは，中越戦争は中国の武力行使のうち分析がもっともむずかしいとしながら，次のように言う．この戦争には多分，①強制力を示す政治的メッセージ，②ベトナムによるカンボジア侵攻の軍事的阻止，という二つの目的があった．だが要するに北京は，領土などの直接的目的のためではなく，むしろ政治的な理由から戦争というリスクを辞さないという象徴的事例を作った，という(Christensen 2006)．

「鄧小平の戦争」

　一方ジャンは，この「鄧小平の戦争」について，①中国リーダーは一般に軍事力の使用について慎重かつ十分に計量する，②だが事が国家利益にかかわると判断するや，戦争のリスクを躊躇しない，③彼らは「軍事的勝利」の意味を，戦場での作戦上の成果というより，地政学的結果から判断する，とまとめてい

る．中国からすれば，ベトナムへの政治的制裁ができたと判断できれば戦争は勝利した，ということになるのである(Zhang 2005)．

21世紀に入って世論，とくにネット世論は，過去の中国の戦争戦略，戦後処理の「間違い」を厳しく批判するものが多い．江程浩の議論だけ紹介する．

1979年の中越戦争はベトナムを懲らしめるというまったく非軍事的意図で戦端が開かれ，半月後に「勝利した」中国はすべての軍隊を引き揚げた．「鄧小平の戦争」である．江によれば，中国は何の条件もつけず撤退し，戦略要地である高山，老山地区などをベトナムに奪われ，結局それを取り戻すために数年後に再び戦わなければならなかった．「中国のベトナム出兵の目的はきわめて曖昧で，きわめて限定的だった．しかも当時のリーダー(鄧小平)の対外戦争観の影響を強く受けたものだった」というのが江の結論である(江程浩 2004)．

第4節　第三次台湾海峡危機　1995-96年

台湾海峡に向けた軍事演習

まず何が起こったのか．1979年1月，中国は「台湾の解放」ではなく「平和的統一」を第一にする政策に転換した．1月1日全人代常務委員会の名前で発せられた「台湾同胞に告げる書」は，台湾との間の通航・通郵および経済関係(三通)を呼びかけた．また同日，徐向前国防部長は，1958年から続いている金門・馬祖島などへの砲撃を停止する，と発表した．この新台湾政策は，1978年末からの四つの近代化政策に呼応するものだった．

1995年まで中台関係は基本的に前記の「平和的統一」政策を基礎に比較的安定したものだった．1992年の南巡談話を機に鄧小平時代から江沢民時代に入るが，1995年1月30日の江沢民講話「祖国統一事業の完成のために奮闘せよ」は，平和的統一，経済などの交流，平和的統一のための交渉，「中国人は中国人と戦わない」ことなど温和な方針を打ち出した(江沢民八項目提案)．

だが，台湾内部の状況は流動的で，1994年以来「中華民国台湾」の国際的認知のための李登輝「実務外交」が盛んになっていた．中台関係を変えたのは1995年6月，李登輝が母校コーネル大学を私的に訪問するという名目で訪米したことである．これに強く反発した中国は，7月21-28日，東シナ海公海上

で地対地ミサイル6発の実弾発射訓練を実施，圧力をかけた．

　1996年3月23日の台湾での総統公選に照準を合わせ，3月8-25日には，解放軍が前後して東海南海海域と空域でミサイル発射訓練，海陸軍の実弾演習，台湾海峡での陸海空軍連合軍事演習を行った．中央軍事委員会副主席の張万年は軍事演習を参観，次のように激励している．「われわれは一貫して平和的統一に努力するが，武力使用を放棄するという約束は絶対にしない．もし外国勢力が中国の統一と台湾独立に干渉するなら，われわれは軍事手段を含む一切の手段を使って，断固として祖国統一を守り，国家主権と領土保全を守り抜く」と(陳文斌主編1999)．

　これに対して台湾側は澎湖諸島，馬祖島，東引島にミサイルを緊急配備，他方米国が3月11日に第七艦隊の二艦船を緊急派遣したことで，一時台湾海峡はかなり緊張した(第三次台湾海峡危機)．中国は，「一つの中国，一つの台湾」で実質的な独立を進める李登輝が高い得票率を得ることを阻むために軍事演習で台湾を威嚇した．だが結果は，2人の親統一派候補が10%，15%の票しかとれなかったのに対し，李登輝の得票率は54%と予想を超える高率となった．この点では威嚇作戦は失敗したのである．

軍の圧力はあったのか

　1995-96年の中国の台湾威嚇決定のプロセスは謎だが，その目的が何だったのか，決定プロセスで党と軍の間に対立があったのではないか，などについてさまざまな見方がある．主に香港情報に依拠したJ.ビー(Bi 2002)は，当時軍と党(ないし政府・外交部)の間で分岐があり，まだ権力基盤が不安定な江沢民が，軍の支持をとりつけるために，軍が求める対台湾強硬政策を採用した，という観点に立っている．

　まず，ポスト鄧小平時代に移行しつつあった1990年代前半，解放軍は対外政策や予算の配分をめぐって政治にかなり介入したようである．1994年3月の全人代の際には，100名の「軍代表」が「国防費をGDPの一定の比率に固定するよう」求める文書を提出，またとくに外交部(台湾問題弁公室)の台湾政策や対米政策が宥和的だとしばしば批判，銭其琛外相の罷免まで求めたという(陳情はSwaine 1996，『解放軍報』(1994年3月17日)，銭其琛批判は(Bi 2002, 羅冰

1994 など参照).

　1995年には，1月江沢民八項目提案と同時に軍が台湾海峡軍区にミサイル戦力を配備，5月クリントン政権が李登輝へのビザ発給を決定すると，国防相などが中央軍事委員会宛てに「米国の挑発に対して断固たる対応を，台湾への決定的手段をとる」よう求める書簡を出すなど，センシティブな反応をしたという(Bi 2002, 羅冰 1994, あるいは羅冰 1995b)．また軍関係者が開いた抗日戦争勝利50周年記念シンポジウム(1995年6月20日)では，退役軍人が江沢民の対米国・対台湾弱腰を批判，中共中央・国務院・中央軍事委員会宛てに，「台湾と米国に強硬姿勢を採用し，台湾問題を力で処理する(settle)」よう求めた書簡を提出したと伝えられる(沙明 1995, 羅冰 1995b).

　以上のような動きから，ビーは，1995年から軍は世論の動員，中央への直接働きかけなどの方法で，対台湾・対米国によりハードな政策をとるよう圧力をかけた，そして核心の人物は劉華清(海軍大将，中央軍事委員会副主席)だったとする(Bi 2002).

　現在までの資料状況ではこれらの点を検証することはできない．だが，鄧小平体制から江沢民体制への力の移行期であること，1995-96年，台湾内でこれまでにない新しい動きが生じていたことなどを考え合わせると，ビーが主張するように軍が動いた，ということはあり得ることである．しかし，M. スウェインはこれとは違った見解をもつ．彼の基本的論点は，次のようなものである (Swaine 2001).

- 1980年代末までは，台湾政策は毛沢東・鄧小平など絶対的リーダーの手で完全にコントロールされていた．
- 台湾についての政策の内容や決定構造が変わってくるのは1993-94年，つまり鄧小平から江沢民への権力移行期である．政策決定の主体も，かつての台湾問題領導小組から政治局常務委員会，中央軍事委員会に移っていく．
- 党・軍・政府のリーダー間では台湾政策について基本的合意があった．軍と江沢民・外交部の間に原則的対立があったと見るのは正しくないし，1994年以後の江沢民の権力掌握の事実を過小評価している．

一つの教訓――国防法へ

資料がまったく公開されていない以上，以上の議論に決着はつけられない．ただ，海峡でのミサイル演習で台湾を威嚇する戦略は 1995 年 1 月の江沢民八項目提案とは異なること，1994-95 年，軍が政治的ロビーイングを派手に行っていることは事実で，1996 年演習について軍もしくは一部軍人がコミットしている可能性は否定できない．軍は国防予算が増えないことにも不満だったようで，すでに述べたように，1994 年には国防費を GDP の一定の比率に固定するよう求めた．

なお，海峡危機の翌年 1997 年 3 月の全人代で採択された国防法は，「中国の武装力は中国共産党の領導を受け」るとはっきり規定した．国法のなかに党の指導を規定することに慎重だった中央が，なぜ軍隊に対する党の指導を赤裸々に規定したのか．「ポスト鄧小平」に党・軍関係に不安があったことが推察できるし，1996 年の「危機」にそれが顕在化したのかも知れない．

軍事演習で台湾住民の李登輝支持率はむしろ高まったし，日中関係で言えば，日本の対中世論の急激な悪化をもたらした(親しみをもつ者，対中関係を良好と思う者が 20% 台に激減した(第 4 章第 4 節図 4-3 参照))．だが逆に，スコーベルが言うように，実際の戦闘なしに台湾の独立への動きを強く牽制した，台湾有事の際の中国軍のミサイル使用の可能性と用意を示したことなど，「強制外交(coercive diplomacy)」「先制外交(preemptive diplomacy)」の効果を顕示した点も指摘しておかなければならない(Scobell 2003)．

第5節　外交としての対外軍事行動

政治的行為

本章では三つの「国境を越えた軍事行動」を検討した．立てた問いは，対外軍事行動の意図はどこにあったのか，共通する特徴は何か，意図は実現できたのか，党・軍部も含めた中国のリーダーが「力の行使」をどのように認識しているのか，などである．

朝鮮戦争で，中国のリーダーは再三躊躇した末，鴨緑江を越えた．軍事的決定について長い経験をもつ毛沢東自身，これほど迷い抜いた決断はなかったに

違いない．大きな犠牲を払っても軍事介入したのは，第一に，兄弟国である朝鮮に対する「国際的義務」，第二に，米国が朝鮮半島を制覇すれば中国の安全が根本から脅かされるという安全保障上の懸念からだった．軍事戦略的には，初期段階で軍事的「決意」を示すことで後の大規模な戦いを未然に防ぐ，というものだったろう．

しかし，この戦争で中国のリーダーは決定的なことを学んだに違いない．米国との直接対峙は絶対に回避する，米軍の全面介入を招くような戦略決定は絶対にしない，ということである．1954年，徹底抗戦を主張するベトナムを押し切ってジュネーブ会談でベトナムが南北分断のまま休戦協定を実現させたのは，インドシナ紛争の「朝鮮戦争化」はどうしても避けたいという強い決意だったと思われる．1958年の金門・馬祖島砲撃も，対米直接対決はしないという政治的メッセージであったろう．さらに1965年，北爆でベトナムの状況が最大の危機に陥った時でさえ，中国のリーダーは決してベトナムに正規軍を出兵させなかった．朝鮮戦争の経験は中国のその後の対外軍事行動の枠組みを決めた．

「鄧小平の戦争」と呼ばれる1979年のベトナム制裁のための「自衛反撃戦争」は，当初から地域的・戦略的・空間的・時間的にきわめて限定されていた．この戦争の目的は，「裏切ったベトナム」への懲罰であり，ソ越による中国包囲を先制抑止することだった．軍事的目的よりも政治的・道義的目標によって戦われたのである．中華セントリックな伝統的国際秩序観を見てとることもできる．

1995-96年，台湾に対する武力威嚇を北京のリーダーは軍事行動と考えて行ったわけではない．独立へと動く台湾，それを支持する米国に対して，中国の「断固たる決意」を示す政治的行為だった．ポスト鄧小平への権力移行期だったことも手伝って，現代中国の軍事的決定において，例外的に軍がイニシアティブをとった形跡が伺える．

朝鮮戦争とベトナム戦争への中国の「介入」を分析した朱建栄が「中国外交の特色」として4点を指摘している．興味深いので紹介しておく（朱建栄2001）．

第一：公式の言辞と実際の行動の間に乖離がある．三つの世界論など中国外交は華麗な言辞で攻撃的であったが，じつは国威発揚，米国を攪乱するための

「空砲」が多かった．朱建栄によれば，「外部の研究者にとって，中国外交の建前と本音を見分けることが永久の課題」だそうである．

　第二：中国外交は個人・民間のレベルでは古い友人を大事にする．だが国家間関係では永遠の敵も永遠の友人も信じないプラグマティズムに徹することが多い．

　第三：中国外交はまず自国が戦争に巻き込まれないようにすることを最優先課題とする．被侵略の歴史，国内安定の最重視などが根底にある．「小規模な軍事行動をもって，逆に大規模な戦争，本土への戦争拡大を回避できるという発想もある」などという朱の指摘には賛同したい．

　第四：本質的に言えば中国外交は保守的なものである．強い言辞は「攻めをもって守りとする」陽動作戦だという．「毛沢東時代の中国はまさに華麗な外交を展開して国力上の弱さをカバーし」てきたのである．

二つの神話

　クリステンセンは，朝鮮戦争，第一次台湾海峡危機，第二次台湾海峡危機，中印紛争，ベトナム戦争(1964-75年)，1969年中ソ国境紛争，1974年西沙諸島紛争，1979年中越戦争という八つの「戦争」をケースに「北京の力の行使」を分析した．彼は，これらについて，「機会の窓」「脆弱性の窓」というロジック，および予防戦争・先制戦争の戦略理論を援用している．その結果，北京の戦略的思考を，①もし力が近い将来行使されなければ，脆弱性という危険な窓が開かれ，ある目的達成のための機会の窓は永久に閉じられてしまう，という信念，②もし力が用いられなければ優越的敵はますます優越的になるという認識，③力の行使は，戦略問題の解決のためというより，戦略政策の長期設計のために行われる，対症療法というよりセラピーと言える，とまとめている．「多くの場合，脆弱性の窓が開かれ，機会の窓が閉じられてしまうと北京が考えたとき，中国の"力の行使"は行われた」，というのが彼の結論である(Christensen 2006)．クリステンセンの言う「先制戦争」は，中国の研究者の言い方を借りれば「積極防御」でもある．「中国革命は終始，敵が強く味方が弱い状況で戦われた．消極防御をやれば，革命勢力を大きくできないどころか，勢力維持さえおぼつかなくなる．多年の戦争経験をもつ将軍たちの脳裏には積

極防御の観念が深く染みついている」(劉国新 2004)という性向は，鄧小平までの第一世代のリーダーに共通している．

　一方スコーベルは，現代中国のリーダーは平和的で防御的だ，穏健な文人政治家がタカ派の軍からたえず圧力を受けている，文人が優位で武人が劣位にある，また武力によらずに国体問題を解決するという中国史の伝統はいまも生き続けている，という「通説」に果敢に挑戦する．彼が選んだケースは，朝鮮戦争，文化大革命への軍の介入，1979 年中越戦争，天安門事件と軍，そして 1995-96 年の台湾海峡危機の五つ，用いたのは「戦略文化」論からのアプローチである．結論として彼は，軍事に関する二つの神話(長城が象徴する，中国は平和的・防御的だという神話，長征が象徴する，軍人は文人に従属的だという神話)はあくまで神話にすぎず，現代中国が採った軍事行動を見ると，現実政治と儒教的伝統の結合であり，それが生み出す「防御崇拝(中国文明はつねに防御的だとする信念)」に他ならない，とする．自分にとっては防御的でも，攻撃を受けるものからすれば決して防御的ではない，という事実を受け入れようとしない，という(Scobell 2003)．

　本章で分析したケースから言えるのは，第一に，中国は対外軍事行動をかなり多くの場合，軍事的目標や領土拡張的目的のために行うわけではなく，つねに政治や道義(もちろん中国にとっての道義)が先行すること，第二に，軍事戦略的には，先制戦争(積極防御)戦略の発想が強い，第三に，ある政治的目的物を手に入れるために軍事的手段を使った方がより有効だと判断すれば，軍事的手段の採用を辞さない，ということである．端的に言えば，現代中国では「国境を越えた軍事行動」はあくまで外交の延長，政治の延長なのである．

　最後に，言うまでもないことだが，筆者は，中国が好戦的だと考えているわけではない．むしろ，軍事力の軍事的使用には中国は抑制的だ，ということを指摘したいのである．もっとも五代目のリーダー習近平がこれを継承するかどうかは定かではない．

　(本章は拙著『日中漂流』(岩波新書．毛里和子 2017)の第 8 章を土台にしている．)

第4章　対日関係
──ライバルかパートナーか

第1節　日中国交正常化から45年のプロセス

現代日中関係の四つの段階

　この章では，日本と中国が国交を正常化した1972年からスタートさせ，主に21世紀の両国関係に焦点を当てる．筆者の考えでは，両国関係は1990年代半ばに1回目の，2010年前後に2回目の構造変動が起きている．今日までを四つの時期に区切ってみてみよう．

　【第1期　1972年—70年代】「戦略的友好期」と名付けておく．国交正常化は文字どおり異常だった戦後25年に区切りをつけた．たとえ，この正常化が中米の「和解」の一つの副産物にすぎなかったにせよ，新しい，よりよい時代が始まったことは事実だ．双方とも「友好」を意識的に語り，一種のフィーバーが覆った．とくに日本は1960年代後半から国民運動が盛り上がり，中国との国交正常化の背中を押した．他方中国側には対ソ，対米関係を考えた「戦略的判断」が強かった．

　【第2期　1980-90年代半ば】「ハネムーンの15年」と名付ける．中国のリーダーが近代化へと180度の戦略転換を行い，経済成長と「普通の国」をめざしたことが経済好調期にあった日本と中国のバラ色の15年をもたらした．この15年間，日本も米国も「安定した中国」「強い中国」を歓迎し，そのための手助けもした．大平政権がはじめたODA支援は，宝山製鉄所の建設などを通じて30年以上続く中国の超高度成長を牽引した．「援助する国，される国」の構図を中国自身も歓迎した．中国によるプラント契約キャンセル事件(1981年)，教科書問題(1982, 86年)などいくつかの摩擦はあったが，良好な関係が続いた．

　【第3期　1990年代半ばから2010年】「構造変動期」と呼ぶ．第一の転換は1990年代半ばにきた．この時期，日本と中国は対照的な道をたどる．戦後50年たち，多くの日本人が「戦後は終わった」と感じた．政治家小沢一郎は「普通の国」を提唱し，憲法9条改正を訴えた．自由民主党の一党優位体制(55年体制)が崩れた．ところが中国では，経済成長と社会的開放が進み，ごく少数の軍国主義者と犠牲になった一般国民を分ける「二分論」という公式イデオロギー(第3節参照)に公然と不満が出てきた．中国では「戦後が始まった」ので

ある．他方，日本経済が低迷し「失われた20年」に入るのとは対照的に，中国では世界史上でも空前の高度成長期に入った．「台湾海峡の危機」もあり日本で中国への警戒心，脅威感が生まれ，「友好」の引力は急激に減じた．東アジアが新時代に入ったのである．

【第4期　2010年以降】現在へと続くこの時期，日中は新たな対抗に向かう危機の中にある．2005年の大規模な反日デモが新時代への踏み台となった．2010年に尖閣諸島(釣魚島)海域で中国漁船が日本の海上保安庁巡視船と衝突する事件後，海や領土をめぐって対決する時代に入ってしまった．「固有の領土」「主権は絶対不可侵」と双方が旗を立て続けるかぎり，緊張が緩和する可能性は乏しい．2010年が両国の2回目の重大転換点である．

1972年から両国をつないだ原理は何だったのだろうか．それは，道義をもとにした絆(中国は日本の侵略を赦す，日本は歴史を心に刻み侵略を謝罪し続ける)と，リーダー間の人格的つながりが支える関係(名宰相周恩来，対中国交正常化を実現した「辣腕」田中角栄のように)だった．

最大の問題は正常化から今日までの間に日中関係をつなぐ組織や制度を作り上げることができなかったことである．そのため関係は不安定で脆く，1990年代半ば以降の二国間の構造変動に耐えられなかった．いわばこれが1970年代から40年以上続いた「72年体制」と言えるものなのだろう．すでに新時代に入ったいま，72年体制に代わる新しい原理と骨格を双方で探し出し，構築しなければならない．

三つのレベルのイシュー

では，この四十数年間，両国は何をめぐって交渉したり，対抗したり，対決したりしているのだろうか．図4-1を見てほしい．第一の，基礎のレベルにあるのは歴史問題である．この問題は論理や利益で処理するわけにはいかない．情に関わるイシューであり，公教育と社会・文化を通じて国民のアイデンティティに深く関わるものだけに，もっとも敏感で厄介な部分である．

第二のレベルがパワーをめぐる問題である．地域の覇権，リーダーシップをめぐる抗争や競争で，2005年の反日デモで最大のイシューだった日本の国連安全保障理事会常任理事国入りの問題などもここに入る．

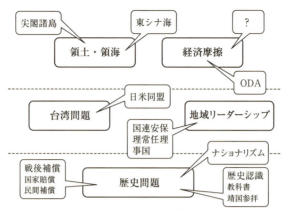

図 4-1　日中間のイシュー（利益・パワー・価値）の 3 層構造
出典：筆者作成.

　第三のレベルは具体的な利益，領土・領海，資源をめぐる争いなどである．知的財産権をめぐる問題もあるし，「固有の領土」をめぐる紛争などはこの分野のもっともはっきりしたイシューと言えよう．

　現代日中両国関係は，第 3 期「構造変動期」までは，この三レベルの問題がそれぞれに個別に紛争化するケースが多かった．しかし第 4 期に入ってからは，三つのレベルのイシューが相互に絡み合い，深く関係し合ってもつれてしまっている．それを痛感したのは，2012 年，尖閣諸島を日本が「国有」化し，中国が猛反発して出した『釣魚島白書』を読んだ時である．同白書は，釣魚島が日清戦争で台湾などと一緒に日本に「窃取された」と述べ，そもそも 1970 年代になって初めてイシューになった尖閣の問題をあえて 19 世紀に引き戻し，「歴史化」したのである．

第 2 節　1972 年体制

日中交渉にのぞむ日本側の目標

　まずは日中国交正常化交渉について振り返る必要がある．今日のような両国関係悪化の要因の一つは，1972 年の国交正常化の不完全性にあるのかもしれないからだ．

本節では日中国交正常化のプロセスそのものは論述しない(詳しくは拙著『日中関係』(毛里和子 2006)参照)．1972 年の交渉でのイシューが何だったのかを再考してみたい．主に二つのことがあった．一つは台湾問題である．中華人民共和国を承認するとして，では台湾をどうするか．もう一つは戦争状態をいかに終結させるかだった．1952 年の日華平和条約で台湾と日本との間では戦争状態は終結していたが，大陸中国との間では終結していなかったのである．
　まず日中国交正常化交渉が行われた 5 日間の議事次第を示しておこう．

【日中 1972 年交渉会談次第】
　9 月 25 日　第 1 回首脳会談，歓迎宴
　9 月 26 日　第 1 回外相会談，第 2 回首脳会談，第 2 回外相会談
　9 月 27 日　第 3 回首脳会談，毛沢東―田中・大平会談，第 3 回外相会談
　9 月 28 日　第 4 回首脳会談
　9 月 29 日　共同声明調印，発表

　交渉は 1972 年の 9 月 25 日から 29 日までのたった 5 日間だったが，内容はきわめて濃いものであった．新たに開示された日本の外交文書などにより，この交渉でどちらが何を譲り，何を手に入れたのかがかなり分かるようになった．
　第一に，日本側の狙いを代表するのは田中角栄総理の決意である．1983 年のインタビューで彼は次のように述懐している．

　　日中問題は外交問題であるよりも国内問題だ．明治百年の歴史を見ると，いかなる内閣においても，最大の難関だった．日中問題が国内問題として大きなガンとなっているのは，日本にとってもよいことじゃない．日中問題がおさまると，国内のゴタゴタは 3 分の 2 はなくなる(柳田邦男 1983)．

　彼は日中関係と日本政治の関係についてこのように判断していた．多くの日本人にとって，日中関係はかなりの部分が日本問題であった．それだけに厄介だった．
　第二に，高島益郎外務省条約局長の当時の発言から交渉者の決意が分かる．彼は，最初の外相会談(9 月 26 日)で「戦争を含む過去の日中間の不正常な関係の清算に関連した問題は，今回の話し合いとその結果である共同声明によってすべて処理し，今後にかかる後ろ向きの仕事を一切残さないようにしたい」と述べている(石井明ほか編 2003)．複雑な戦争処理の問題を，5 日間の日程で後顧

の憂いなくすべて片づけるというのである．

では，当時日本側はこの交渉をどう評価していたのか．法眼晋作外務次官の米国駐日大使に対する交渉成功直後のレポートでは，日本政府は立派に自己の立場を維持することができた，と述べているという．なお井上正也は，外務省主流で反共主義の法眼次官が1971-72年に中国に急接近していくプロセスに言及している (井上正也 2010)．

中国側の条件

次の問題は，日中交渉で二つのメイン・イシューがどう提案され，どう合意に至ったかということだ．第一段階の提案は，1971年6月末，公明党訪中団と周恩来首相との間でできた合意，復交三原則である (①中国は一つ，中華人民共和国は中国人民を代表する唯一の合法政府である，②台湾は中国の一省であり，中国領土の不可分の一部である，③1952年の日華平和条約は不法であり，廃棄されなければならない)．この時周恩来は，日本側にこれを認めて欲しいと考えていた．

しかし，翌年になると，これにあまりこだわらなくてよいという意思表示を別ルートでした．それが第二の提案であり，1972年7月27日から29日，竹入義勝公明党委員長の訪中の際に，周恩来総理と行った3回の会談で出てきた8項目である．その詳細は「竹入メモ」として知られている．このとき，周恩来は共同声明の中国側原案を示している．整理された，ソフトな提案だった．

周恩来には，対日交渉を完成させるという強い決意があった．要するに，7月末の段階ですでに日本に大きく譲っていたのである．第一に，中国は日米安保と1969年の佐藤・ニクソン会談に触れないことを約束する．第二に，戦争の賠償請求の「権利」を放棄する．第三に，1952年の日華平和条約についても，共同声明ではこれについて触れない，とした．これを聞いた日本側は大変安堵し，田中首相は8月初めに訪中を決意した．

最難関の賠償を中国側が請求しないことが明らかになってから，日本側の最大の関心事は，周恩来が提案してきた復交三原則と日華平和条約，つまり台湾との関係をどうするか，サンフランシスコ体制と日中国交正常化の整合性をどうつけるか，の二つであった．

つまり，台湾，中華民国だけを中国の正統政府と見なす「虚構」の対中政策と，大陸政府を承認するという「実際」を認める1972年の日中国交正常化をどう整合させるのか，だった．外交当局も自民党主流も，1972年の交渉で52年の選択は間違っていた，と言うわけには行かなかったのである．

交渉のプロセス

交渉プロセスを辿ると次の3点が指摘できる．

第一に，1972年9月の交渉（以下，72年交渉と略）直前に，周恩来の柔軟な「7月新提案」で，中国側はほとんどの持ち札を切っており，イシューのほとんどで譲っていた．第二に，日中首脳会談，外相会談の本交渉で残った課題とは，どういう表現で，どの時点で戦争を終えるのか，また，日本が台湾との関係にどう決着をつけるかという問題である．第三に，中国側は，台湾問題の決着，つまり日本と台湾との政治的な関係を切り，日華条約を廃棄することを最大かつほとんど唯一の目標に設定して交渉に臨んだ．

結局，共同声明では以下のように確定された．復交三原則については，日本は声明前文に「理解する」という文言を入れた．また，声明前文は「中国国民に重大な損害を与えたことについての責任を痛感し，深く反省する」という表現となり，謝罪という言葉は入らなかった．「戦争状態の終結」をめぐっては紛糾した．高島益郎条約局長は，台湾との間で戦争状態は終結済みだと見なしていたが，周恩来はこれに激怒した．前文に「戦争状態の終結」という文言は含めたが，曖昧な表現となった．また第1項に「不正常な状態」という言葉を入れて代替した．

中国の賠償請求権問題については，第5項において，「中華人民共和国政府は，中日両国国民の友好のために，日本国に対する戦争賠償の請求を放棄する」と宣言することとなった．

最後に日華平和条約について，共同声明では触れずに，事後記者会見で大平正芳外相が，日華平和条約は日中国交正常化と同時に「存在の意義を失い，終了したものと認められる」と述べて決着させた．

どう評価するか

72年交渉は，結局のところどう評価できるだろうか．

第一に，事前に賠償問題や日米安保問題はクリアしていたので，日本の外交当局にとっては台湾との関係が最大の問題だった．第二に，戦争責任の問題，賠償の問題がある．72年交渉で最低限次のようにしておくべきだったと筆者は考えている．一つに中国の賠償請求放棄に対する謝辞を共同声明に含めること．田中首相は会談の途中で，感謝の言葉を述べているが，なぜそれを外交文書に入れて残さなかったのか．もう一つ，賠償の代替となりうるような中国を支援する日本の新規事業を公式に提起すること，である．

なお，ある日本の若い研究者は日中交渉について次のように指摘する．賠償請求放棄は戦争についての反省とセットだったが，この中国側の考え方は日中で共有されてはいなかったとした上で，「国交正常化における賠償請求放棄は，日本の巨額の財政負担を避け，日本人の対中感情を好転させた反面，長期的にみれば，日本の「戦後処理」をあいまいな形にし，日中両国の歴史認識にねじれをもたらす結果になったと言えよう」(井上正也2012)．

中国側の問題も指摘しておこう．第一に，中国の対日正常化決定は戦略性の強いものだった．少なくとも1971年秋まで周恩来首相は日本への強い警戒心と不信を抱いていた．秘密訪中したキッシンジャーとの会談中，周恩来が，米軍が台湾から撤退すれば，日本軍が空白を埋めるのではないか，日本の軍事的膨張は止めるよう米国が約束することを執拗に求めた(毛里和子・増田弘監訳2004)．周恩来がいつ日本との即時，一気呵成の正常化を決断したのか．

次のデータ(図4-2)も中国の対日正常化決定が戦略的だったことを裏付けている．1970-71年，日本軍国主義，日本反動派，中国敵視，侵略などの反日表現が『人民日報』紙面を賑わしていたのに，1971年11月から突如減り始め，1972年2月には激減している(衛藤瀋吉1972)．

第二に，賠償請求放棄の提案が，結果として日台断絶との「取引」の条件となり，日中交渉はゲーム的になされた．

第三に，この重大な問題に中国の国民がまったく参画できなかった．決定のすべてが毛沢東，周恩来によって決められ，実行され，幹部も国民もまったく知らないなかで行われた．国民不在，世論不在のなかで日中間の非常に大事な

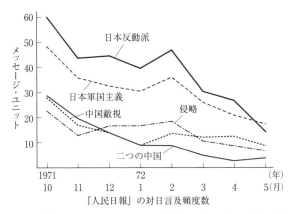

図 4-2 『人民日報』での日本言及頻度数(1971 年 10 月—72 年 5 月)
出典：衛藤瀋吉 1972.
注：メッセージ・ユニットは，記事出現の頻度に記事の大きさのウェイトをかけたもの．

ポイントが決められた．当然，その後にさまざまな問題を残した．

サクセス・ストーリー

国交正常化交渉は日本のサクセス・ストーリーとして語られる．首相，外相，チャイナ・スクールではない外務省主流の間の共同作業がうまくいったからだ．確かに得たものは大きい．ただ服部龍二が指摘するように，最大の問題は，「国交正常化で置き去りにされたのは，未曾有の戦禍を強いられた中国人の心」であったことだ（服部龍二 2011）．日本がそれに十分に対応できたとは言い難い．

「72 年体制」は日中間の高次の戦略的取引によってできたものだ．そして「72 年体制」は，法よりも道義，理（理性，条理）よりも感情，制度よりも人が優先した．つまり，新関係を作るための制度を欠いており，予想される紛争を抑止，処理するメカニズムを欠いていた．ために 21 世紀になって大きな綻びが出てくるのである．中国側の公式見解によると「72 年体制」は永遠だ．例えばその代表である金熙徳(もと日本研究所)は，「現在および相当長きにわたる将来，「72 年体制」に代わる二国間枠組みは成立しないだろうし，決してこの体制を超えるなどと軽々しく言ってはならない」と述べる（金熙徳 2002）．

この見解は二つのフィクションの上に作られている．一つは中国側の二分論であり，もう一つは，内戦に敗れて大陸から逃げた蔣介石国民党政権を正統政権とみなし，圧倒的領域と人口を支配した中華人民共和国を認めないとする，日本側のフィクションである．21世紀に入ってからの日中関係の根本的悪化は，このフィクションが二つとも壊れたということに他ならない．

　最近の中国には「歴史修正主義者」が出てきており，正統派の見方は批判されている．世論レベルでは1990年代後半から，周恩来，毛沢東の対日基本原則についての不満が出てきた．第1章でも触れたが，トップリーダーが長らく語ってきた「対日二分論」，つまり少数の軍国主義者とその犠牲となった一般の日本人民を区別するという議論は誤りで，72年交渉は中国外交の失敗，敗北だと指摘する研究も出てきた（劉建平は，従来の友好と道義の情的な関係から制度と理性の関係への転換が日中関係にとって緊急の課題だ，としている（劉建平2014））．

虚構の終焉

　結論を述べよう．第一に，普通の日本国民にとって72年正常化は大変喜ばしく，その後の「日中友好」運動を駆動した．だが，72年交渉それ自体は決して完璧ではなく，不備と瑕疵をもつものだった．1972年はスタートであって，ゴールではない．最大の問題は，和解への「見取り図」を欠いたままのスタートだったことだろう（日本の外交当局はゴールと考えたのかも知れない）．

　第二に，日本も中国も相手に対する虚構の政策の上に，1972年まで隣り合ってきた．日本は台湾だけを正統と見なし，中国は「二分論」で道徳的に日本に処してきた．これらの虚構は冷戦のなかで，両者ともやむを得ず採用したものである．日本の場合，このフィクションによって多くの難題をやり過ごすことができた．この日本側フィクションについては，日本は1972年段階で承認を切り替えたのだから，虚構は終わった．中国はどうか．中国でも近年「二分論」への懐疑や批判が高まり，虚構が崩壊し始めている（公式ラインは変わらないが）．

　第三に，「72年体制」それ自体，制度を欠く，脆弱で不安定なものであった．とくに中国側に戦略的であると同時に非常に強い道義主義があった．日本側にも贖罪意識があり，関係はウェットになる．制度化と理性化が何より求められる．

第3節 「二分論」再検討

二分論の出自

「72年体制」を支えた「二分論」の意味を考えよう．2012年，ある論文に衝撃を受けた．1980年から88年まで社会科学院日本研究所の所長を務めた日本研究の重鎮で，リベラルな学者である何方の論文である（何方 2012）．何方は，1950年代から半世紀以上にわたって中国の日本政策の基本だった「ごく少数の軍国主義者と犠牲になった一般国民を二つに分ける」二分論は，まったく間違っていた，と告白したのである．次のように言う．

> 日本の対外侵略を民族全体の犯罪とみなさず，階級闘争の観点に立って，ごく少数の軍国主義分子にだけ罪を着せ，とくに日本人民をわれわれと同じ被害者とみなしたこと．これは是非を混淆するものだ．……中国に攻め入って強奪し，欺瞞し，蹂躙した日本兵と中国の人民を一緒に論ずることなどできるわけがない．

中国侵略戦争を「全民族的犯罪」とみなすべきだというのが何方論文のポイントである．何方はウルトラ民族主義が吹き荒れる2010年代前半の中国でなぜ敢えてこのような「変心」を公にしたのだろうか．

1950年代から国交正常化までの20年間，中国の対日外交の基本は，一つは社会主義陣営の一翼を担う中国と資本主義の日本との間にある東西の対立を原理的な対立軸とするイデオロギー的アプローチである．もう一つは，戦争の問題について，「ごく少数の軍国主義者と犠牲になった一般国民」という二分論が象徴する「道徳的アプローチ」である．中米接近が中国のイデオロギー外交に楔を打ち，対ソ対抗を第一に据えた中国は，イデオロギーの呪縛から基本的に脱け出した．だが，日中戦争の戦後処理についてとってきた道徳的アプローチは21世紀に入っても公式アプローチである．

軍国主義者と人民を分ける

中国が「二分論」を，いつどのような場で確定したのかをはっきり摑むのはむずかしい．冷戦のさなか，米国追随の日本政府との関係を変えるのはむずか

しいと見た周恩来は，1953年ごろから「民間外交」を推進する．新華社記者だった呉学文は，そのころ，「中央領導同志がこの民間交流の状況，日本への一般的反発の状況を見て，政策上二つに区分する教育を指摘」，①日本軍国主義者と日本人民を区別する（中国侵略の責任は日本政府にあり，日本人民にはない），②日本政府内でも，政策を決定するリーダーと一般公務員を区別し，大きな悪と一般的誤りを区別すること，を指示したと伝えている（呉学文2002）．対日大原則である二分論，対日公式イデオロギーの誕生である．

ジュネーブ会談（1954年4-7月）で周恩来外交が花開いたが，このころから対日政策のアプローチがソフトになる．対米自主外交をかかげた鳩山内閣が1954年12月に成立すると中国は即座に反応，対日正常化の意思をはじめて公にした（『人民日報』社説1954年12月30日）．

翌年1月に村田省蔵会長を団長とする日本国際貿易促進協会メンバーと会見した周恩来は，対日戦略を説明，「中国人民は日本軍国主義者と日本人民は区別する．また中日両国人民の長期的利益と一時的な不和を区別することもできる」と述べ，平和共存五原則，平等互恵など対日政策三原則を提示した（『周恩来年譜』上，羅平漢2000）．このときはじめて「二分論」という対日基本原則が日本側に伝わったのだろう．

1955年の「対日工作方針と計画」

最初の対日基本政策（1955年3月中共中央文書）は，ソ連・中国との国交正常化を目標にした鳩山内閣のときに生まれた．中共中央対外連絡部で対日責任者を長く務めた張香山によれば，1955年3月1日に中共中央政治局は「中央の対日政策活動についての方針と計画」という文書を採択し，建国後初めて総合的対日方針を打ち出した．リードしたのは周恩来，張聞天・外務次官，王稼祥・駐ソ連大使である．

張香山が伝える「対日工作方針」の柱は，①吉田内閣が倒れた原因の解明，②鳩山内閣と吉田内閣の対外政策における相違点と共通点の分析，③中国の対日政策の基本原則設定，④これからの対日政策と対日活動の方針と計画立案，⑤中日関係の将来についての予測，である．

うち対日政策基本原則は次の5点である．①米軍が日本から撤退することを

主張するとともに，米国が日本に軍事基地を建設するのに反対する．日本の再軍備と軍国主義の復活に反対する．②平等互恵の原則に基づいて中日関係を改善し，段階的に外交関係正常化を実現させる．③日本人民を味方に入れ，中日両国の国民の間に友情を打ち立て，日本国民の処遇に同情を表明する．④日本政府に圧力を加え，米国を孤立させ，日本政府に中国との関係を見直させる．⑤日本人民の反米と日本の独立，平和，民主を求める運動に間接的影響を与え，これを支持する(張香山 2002)．

対日接近の動き

なお張香山は，当時，「賠償問題，戦争状態の終了問題については，この段階では確定しにくいため，両国関係が正常化したときにこの二つの問題を解決するということとした」と補足している(張香山 2002)．

つまり 1950 年代半ば，戦争や歴史問題については道徳的アプローチを，国家関係は日米間の分断をはかり日本人民を中国に引きつけるイデオロギー外交を採用した．1955-56 年，毛沢東も周恩来も，国交正常化を含めて中国と日本の新関係を構築しようとしたと思える．中国は，鳩山内閣の誕生以来，1955 年 8 月，11 月，56 年 1 月の 3 回にわたって，さまざまな方式，ルートを通じて対日国交正常化への積極的アプローチをした．

まず 1955 年 3 月，第三次民間貿易協定の協議のため来日したのは雷任民対外貿易部副部長が団長を務め，中国では初めての 38 名の正式代表団である．2 カ月後には貿易協定が調印された．この交渉で中国は，通商代表部の相互設置，メンバーへの外交官待遇の付与，両国通貨による直接決済方式など，しきりに日本政府を取り込もうとした．だが鳩山内閣は「支持と協力」は約束したが実際には動かなかった．

興味深いのは，毛沢東が対日国交正常化に意欲的だったことだ．1955 年 9 月，初の日本の国会議員代表団(上林山栄吉団長)が国慶節祝賀のため全人代の招聘で訪中した．中国はこの代表団を最大限の儀礼で接遇した．10 月 15 日周恩来，劉少奇，陳毅，彭真などととともに代表団を接見した毛沢東は，「われわれは同じ有色人種です」と切り出し，日中間に歴史の問題はあるが「過去のことは過ぎたこと，主要なのは将来の問題です」と語りかけた．また「両国は

社会制度は一致しないが，日中間の障害にはなりません」，「人民の利益からいってできるだけ早く正常な外交関係を作るべきです」と語っているのである（『毛沢東外交文選』）．ちなみに，毛沢東が日本の国会議員とこれほど長時間，上機嫌で面談するのは珍しく，通訳した劉徳有が3時間の会談を証言している（劉徳有2002上）．会談最後の段の毛沢東の次の言葉はとくに印象的だ．

　　今の日本は楽になりました．第二次世界大戦中とまったく違う，今の日本には道理があります．そうでしょう？　これ以上日本に過去の"借り"を求めることは筋に合いません．あなた方はすでに謝りました．ずっと謝り続けることはないでしょう．

またこの代表団と彭真・全人代秘書長との間で，「国交正常化促進および貿易促進に関する共同声明」が合意された．だが，1958年5月の長崎国旗事件（日中友好協会長崎支部が開いたデパートでの切り絵展で右翼の青年が中国の五星紅旗を引き下ろした）でこのような試みは頓挫し，関係は一気に暗転する．

対日賠償請求問題

ところで，1972年国交正常化交渉の最重要ポイントの一つは，中国が日中戦争の賠償請求を放棄したことである．1972年共同声明は「中華人民共和国政府は，中日両国国民の友好のために，日本国に対する戦争賠償の請求を放棄する」こととなった．この情報は直前の1972年7月末に訪中した竹入公明党委員長に周恩来が伝えた．「500億ドル程度払わなければならないと思っていた」竹入は，「まったく予想もしない回答にからだが震えた」と述懐する（竹入訪中の全記録は石井明ほか編2003）．

では，賠償請求放棄はいつ，どこで決まったのだろうか．ちなみに当初，中国側の損害総額（台湾と旧満州は除く）は終戦当時の価格で500億ドルと算出されていた．なお1952年の日華平和条約の際，台湾は最後の土壇場になって請求権を放棄した．

1955年頃には，毛沢東・周恩来らトップの賠償請求はしないとの意向は固まっていたようだが，対外的に示されることはなかった．中央の方針が固まったのは大躍進運動後の経済危機を乗り切った1964年1月のことだったという（朱建栄1992）．1950年代半ばから周恩来の指揮で対日政策の立案と実行を担当

する日本チームが生まれていた．責任者は廖承志である．外交部，党中央対外連絡部，中日友好協会，対外経済貿易部，新華社などから 20 名が加わった．当初メンバーの間では，対日賠償問題を審議し，賠償請求を行うべきだという議論が強かったが，周恩来が説得し，請求権を放棄するという結論に達した．最後に毛沢東の同意を得て，1964 年 1 月頃正式に決定したという．

　決定の根拠になったのは，①台湾も米国も賠償を請求しておらず，米国の対日政策を重視しなければならない，②東南アジアのケースで見ても賠償金で経済が飛躍的に発展するわけではない．まして社会主義の中国が賠償を頼りにするわけにはいかない，③日本軍国主義者と人民を区別する毛沢東の思想に反する，④高額の賠償請求をすれば正常化交渉が長引く，というものである（朱建栄 1992）．

賠償請求放棄を中国国民は知らなかった
　この政策は中国国民には知らされなかったが，日本の一部には婉曲に伝えられた．1964 年 6 月に訪中した東京放送報道局長（橋本博）の「日中国交回復時には当然賠償問題が出てくるが，どう考えているか？」という問いに，陳毅外相はこう答えた．
　　中国人民は軍国主義者の中国侵略の間，巨大な損害を受けた．これについ
　　て中国人民には賠償を要求する権利がある．だが，戦争がすぎてもう 20
　　年になろうとしている．中日両国ではまだ平和条約も結ばれていない．
　　……中日両国政府が共同努力して解決すべきなのは，まずいかに両国関係
　　の正常化を促すかである．……国交回復がなったときに，その他の具体的
　　問題は友好的協議を通じて容易に解決することができよう（李正堂 1999）．
　翌 1965 年 5 月，党中央対外連絡部の対日責任者趙安博は訪中した宇都宮徳馬代議士に，①中国は他国の賠償によって自国の建設をしようとは思っていない，②巨大な戦争賠償を敗戦国に科するのは第一次大戦後のドイツの例で明らかなように，平和のために有害である，③戦争賠償はその戦争に責任のない世代にも支払わせることになるので不合理である，と賠償問題についての中国の基本的立場を説明している．
　対日賠償について決定する際に中国政府を拘束したのは，第一に，サンフラ

ンシスコ講和条約に示される，連合国が戦敗国に対してとったきわめて寛容な態度である．第二が，1952年の日華平和条約交渉で蔣介石・台湾政権が日本への賠償請求をあきらめた先例だ．第三が，賠償放棄をすることで，日中国交正常化を早く実現できるし，なにより日本に台湾との国家関係を断たせることができる，との戦略的判断もあっただろう．

問題は，実際に戦争の被害を被った国民である．人々はこの決定をいつ知ったのだろうか？　党は賠償放棄について自国民に対しては1972年国交正常化の直前まで説明をしていなかった．説明・教育文書を幹部が目にするのは田中首相訪中の直前，9月中旬のことである(以上，朱建栄 1992)．

思えば二分論は「虚構」だ．何方の提起を，「虚構」をやめて関係を作り直そうというメッセージだと読みとるべきだろう．中国は二分論を公式アプローチとして維持していくだろうが，新時期の課題に合わせた二国間関係の核心を探り出す必要がある．

日中関係二つの転機——1990年代半ばと2010年

1980年代からの日中関係は，歴史認識・戦後処理についての道徳的アプローチと日本が援助し中国が援助される経済関係が双方の利にかなっているとする利益アプローチの二つを土台にしてきた．「ハネムーンの15年間」だった．中国の近代化建設を軸に，日米中三国関係はきわめて順調に推移した．だがこの日中関係も，1990年代半ばに重大な転機を迎える．日本では「戦後」が終わり，「普通の国」(小沢一郎 1993)を求める保守勢力が強まる．1995年8月15日の村山富市首相の談話は「戦後に告別する宣言」と言えるかも知れない．

> わが国は，遠くない過去の一時期，国策を誤り，戦争への道を歩んで国民を存亡の危機に陥れ，植民地支配と侵略によって，多くの国々，とりわけアジア諸国の人々に対して多大の損害と苦痛を与えました．私は，未来に誤ち無からしめんとするが故に，疑うべくもないこの歴史の事実を謙虚に受け止め，ここにあらためて痛切な反省の意を表し，心からのお詫びの気持ちを表明いたします．また，この歴史がもたらした内外すべての犠牲者に深い哀悼の念を捧げます．

他方，中国ではこの時期，「怒れる青年たち(憤青)」が民族主義的な「ノー」

を言い始めた．これまで閉じ込められてきた歴史に関する日本批判が噴出してくる．「中国の生存空間がこんなに汚く狭いのは，毛沢東の人口政策のせいではない，近代以降，グローバルな戦いにいつも負けてきたからだ」，あるいは「国際関係には永遠の友はいない，あるのは永遠の利益だけだ」という王小東の議論(王小東 2000)が喝采を浴びる時代になった．対日民間賠償と尖閣諸島防衛を主張する NGO が動き始めた(童増の釣魚島保衛連合会など)．中国でようやく「戦後が始まった」のである．

　第二の転機が 2010-12 年である．2005 年の反日デモをきっかけに日中関係の土台そのものを揺るがす大転換が起こっている．2010 年秋の尖閣諸島海域での中国漁船拿捕事件，とくに 2012 年 9 月，日本が島を国有化したことに抗議する中国の暴力的な反日デモと激しい外交攻勢で，日中間には「友好」どころか，隣国に対する最低限の敬意すらなくなってしまった．事件の背景には日中関係の構造変動がある．第一に，日本を追い越す中国の経済成長で，東アジアで本格的なパワー・シフトが始まった．第二に，両国ともに権力基盤の不安定という重大な内政問題を抱えており，これがポピュリズム的な民族主義を喚起しやすい．求心力の回復にナショナリズムにまさる特効薬はないからである．

第 4 節　2005 年反日デモ

愛国無罪

　2005 年 4 月の週末に繰り返された反日デモは衝撃的だった．あっと言う間に群衆の反日運動になってしまい，彼らが「日貨ボイコット」という 80 年前のスローガンを叫び，さらに日本の国連安保理常任理事国入り反対という歴史問題とは別の新イシューを登場させたからである．この反日デモは，①教科書検定や小泉純一郎首相の靖国神社参拝を契機にした歴史問題，②この年 2 月の日米安保協議が防衛の範囲に台湾を含めると示したことに起因する台湾問題，③東シナ海の領海での海底資源をめぐる紛争，という予測できたイシューに加えて，④国連常任理事国入りを試みる日本を阻む動きのように，「政治大国日本」への反感が噴き出した点で，両国関係が新しい段階に入ったことを告げた．

　3 月はじめからさまざまな反日の動きがあったが，4 月 2 日，四川省成都で

日系スーパー・イトーヨーカ堂が襲われ，南方でも深圳から反日デモが広がった．彼らは，日本の常任理事国入り反対，靖国神社や教科書問題，日本商品ボイコット，尖閣諸島問題など日中間のあらゆる争点を挙げて激しく日本を非難した．4月9日には北京で1万人の反日デモとなり，1週間後には上海に波及，インターネットと携帯電話による連絡で5-6万人規模に膨れ上がった．ほとんどのデモで若者たちは「愛国無罪」を叫んだ．暴力と破壊を伴う行為は動機は何であれ犯罪なのに，愛国ならば何でも許されるという風潮が蔓延していった．

中国指導部内の不一致

事態の拡大や混乱を懸念した中国政府が規制に転じたのは4月17日からである．中国政府のなかに対日意見の相違が垣間見えた．そもそも2003年3月に発足した胡錦濤政権は，江沢民政権とはちがって，対日関係で歴史問題をあまり取り上げない新アプローチをとった．だが同年末，唐家璇国務委員が主宰した対日関係工作会議では，対日強硬派の江沢民前主席につらなるグループからの圧力で，「歴史問題をおろそかにしない」というラインにシフトしたと言われる(清水美和 2006)．2005年3月，反日デモ直前に，政治局常務委員を集めた，対日政策の重要会議が2回開かれ，「三つの判断」が決まったという．①日中関係に当面好転の兆しはない．悪化する要素が強く，それに対して「思想的・心理的準備をする」こと，②日本が強硬に出るなら中国も柔軟にはなれない，だが日本が関係改善に前向きになるなら中国も前向きに対応する，③日中間の政府レベルの対話は行き詰まる可能性があるので，民間のチャネルを太く強くすること，などである(清水美和 2006)．

ネット民族主義

当時，日本のメディアでは多くの論者が，「中国政府がやらせている」，「中央内部の権力闘争が対日関係に現れた」，「1990年代半ばからの"愛国主義教育"の結果で，中国側に問題がある」という見方で解説した．だがそうだろうか．

もちろん「愛国主義教育」が影響しているのは言うまでもないが，根底には，改革開放以後の中国社会の多元化状況，自由な空間の拡大がある．とくに注意しなければならないのは，突然の大国化で若者や中間層に，排外的で「大国主

義」的民族主義が蔓延し始めたことだろう．それらがインターネットと SNS というまったく新しい情報手段によって相互に増幅しあうようになり，突然肥大化した，と見た方がよい．

　ラディカルな民族主義の論調はネットに接する若者に大人気だという．第 3 節で紹介した王小東は，民族主義者の仕事は中国を超大国にするために奮闘することだ，と断言する．彼によれば，「1990 年代末からの中国でのインターネットの猛烈な発展で，民族主義がこれまでのメディアの封鎖とタブーから脱し，民間における民族主義の迅速かつ広範な伝播を可能にした」のである（王小東 2005）．

　また林治波（軍出身の『人民日報』論説委員）の対日外交論は挑発的だ．彼は，民族の自発的感情の発露だと民族主義を持ち上げ，「日本に対してもっと強硬になれ，"友好交流病"にかかるな」と叱咤する．なぜなら，いまの両国間の矛盾は「台頭する中国，それを見たくない日本」という構図にあり，経済関係は相互補完性が弱まり，競争関係が強くなっているからだという．日本の国連常任理事国入り問題では，「せっかく拒否権をもっているのにこんな時使わないでいつ使うのか」とまで言い切る（林治波 2005）．

　こうした排外的なラディカルな民族主義や，それに拍手喝采する「怒れる青年たち」．他方で，中国のネット人口の大衆化，若年化が進んでいるという．2005 年のある調査では，1 億人を超えるネット利用者のうち，月収 500 元（7500 円）以下が 65％，中卒以下の学歴が 30％，18 歳未満が 17％ である（田島英一 2005）．

　もちろん，こうした傾向を批判する動きもある．任丙強（じんへいきょう）は，彼らはなんでもかんでも反対する，一種の「排泄行為」，精神的奴隷化現象だと突き放してとらえる．そして，「憤青文化」のなかで，極端なことを言う学者ほど歓迎され，言論がいよいよ極端になり，世論全体が「非理性的」になっていくと強い懸念を示す（任丙強 2005）．しかし，彼らの言説はとにかく明快だ．断言し，人を納得させる．

　昨今同じような状況が日本にも見られる．単純明快なもの，理性ではなく感情に訴えかけるものほど歓迎される．脅威と不安をもっぱら煽る情緒的な中国論が，論壇やメディアでもてはやされる．情緒的なものほど伝染しやすく，共

振しやすい．

悪くなる相互イメージ

2005年反日デモは，インターネットや携帯電話という新情報手段で若者たちにあっと言う間に広がり，コントロールできなかった点で新しい．またデモの発生が日本社会に過激な中国脅威論をはびこらせた．日中関係は政府間の関係から国民間の直の関係に移っている．背後には，2000年代に入って悪化した中国国民の対日感情があり，そのまた背後には，既述したように大国中国を振りかざす極端な民族主義の潮流と，それに口実を与える日本政府の対応がある．そうしたなかで相互イメージの悪化がとても顕著になった．2004年秋に中国社会科学院日本研究所が実施した世論調査(調査対象3300人)の結果によると「親近感を感じない」人が53.6％と過半数になっている(『日本学刊』第6期)．

日本でも1989年の天安門事件以来対中イメージが急激に悪くなってきている．図4-3は，内閣府(前総理府)が1978年から毎年10月ごろ，2000人前後を対象に行っている「外交に関する世論調査」の一部である．サッカーのワールドカップ共催，映画や音楽などの流入(韓流)で好転していた対韓イメージと比べてみよう．

もう一つの世論調査は，2006年と2008年に行われた中国における対日感情調査である(図4-4)．2008年に「まったく親近感を覚えない」というのが激増しているのが気にかかる．

対中イメージの悪化は，①1989年の天安門事件，②1996年の台湾海峡でのミサイル演習，そして③2004-05年，④2010年の尖閣諸島をめぐる衝突，の四つにはっきり見てとれる．イメージは相互に影響し合う．一方が悪くなれば他方も悪くなる．世論はしばしば感情的になりがちだ．

国連安保理常任理事国入り問題

2005年の反日デモが日本にとって衝撃的なのは，歴史問題をめぐってあっと言う間に大規模デモになったということだけではない．日本の国連安保理常任理事国入りに反対する中国人の署名運動が世界を駆けめぐったことの方が，ショックが大きい．

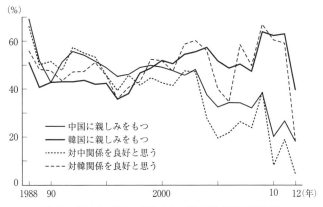

図 4-3　日本人の対中・対韓イメージの変化 (1988-2012 年)
出典：内閣府「国民の外交に関する世論調査」．
注：毎年 9-10 月実施．2000 人前後の回答．

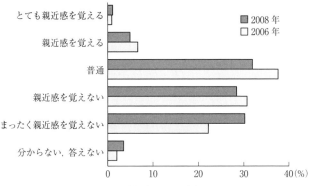

図 4-4　中国人の対日感情 (2006, 08 年)
出典：社会科学院日本研究所 2008 年 9 月調査 (王偉 2008)．

　2005 年 3 月 21 日，アナン国連事務総長は，総会に安保理事会の拡大を勧告し，記者会見で，「常任理事国増加の合意がなれば，アジア地域の割り当ての一つは日本に行く」と発言した．これが中国民衆の反発を呼んだ．この頃，中国の反日ネットである「918 愛国網」の呉祖康や，対日民間賠償請求運動，「釣魚島保衛連合会」の主宰者である童増，またサンフランシスコの在米中国人団体などが，全世界の中国人に反対署名を呼びかけた．署名はまたたく間に 1000 万を超え，3 月 30 日までに 2200 万となった．署名が中国の三大ポータル

サイト(新浪網SINA, 搜狐SOHU, 網易NETEASE)を通じて大々的に行われたことからすると，中国政府の間接的支持があったとも推察できる．

この問題での中国政府の公的な立場はどうか．たしかに中国政府はそれまで，日本の安保理常任理事国入りについて公式には反対だとも賛成だとも明言していない．だが否定的な態度は示唆してきた．2004年9月，外交部の孔泉スポークスマンは，「安保理は会社の役員会ではない．拠出金の多寡によってメンバーを決めるわけにはいかない」と述べ，安保理改革の原則として「途上国の意見を反映させる，作業の効率化をはかる，共通の認識をもつ」の三つを提示した．日本への否定的態度が伺える．またインターネットで署名運動が始まると，外交部スポークスマンが，これは「反日感情ではなく，日本に対し歴史問題で正確かつ責任ある態度を取るように求めているものだ」として，理解と共感を示した(人民網2005年3月25日)．この署名運動の直後，凌青・前国連大使（りょうせい）はある雑誌で，首相がA級戦犯を祀った靖国神社参拝をしていることが示すように，歴史問題で「心からの謝罪」をしていない日本の常任理事国入りに強い反対を表明している(凌青2005)．また7月になると，中国政府は日本・インド・ドイツ・ブラジルの安保理拡大のための「4カ国提案」にはっきり反対を表明，それを葬るためにアジア・アフリカ諸国などに働きかけた．ちなみに，4カ国提案の共同提案国になったアジアの国はブータン，モルディブの他はアフガニスタンだけだった．ヨーロッパでは，ドイツのためにフランスなど11カ国が共同提案国になっている．

台湾問題と日米安保

さらに，「日米防衛協力のための指針(ガイドライン)」や台湾をめぐる日米安保の強化の動きに中国は反発した．2004年12月，小泉内閣が閣議決定した「新防衛大綱」は「中国軍の近代化や海洋活動範囲の拡大には注目する必要がある」と初めて中国の防衛力への警戒に言及した．その背後に中国潜水艦の日本領海侵犯事件があった．

2005年2月には，外交防衛閣僚による日米安全保障協議委員会(SCC．いわゆる2＋2)がワシントンで開かれ，日米軍事協力と在日米軍再編の基本となる共通戦略目標で合意し，共同声明を発表した．

共同声明には，北朝鮮の核問題，中国の台湾海峡問題と軍事力近代化が，日米両国が対応すべき共通戦略の対象に明記された．共同声明第10項の「地域における共通の戦略目標」には，「台湾海峡をめぐる問題の対話を通じた平和的解決を促す」，「中国が軍事分野における透明性を高めるよう促す」との文言が入った．安保関係の文書に中国が日米安保の対象として明記されたのは初めてのことだ．日本政府は，1996年の日米安保の再定義，防衛協力新指針，周辺事態法などでは，「周辺事態は地理的概念ではない」などとして，自衛隊が米軍に協力する事態に台湾海峡が含まれるか終始明言を避けてきたのである．
　中国外交部スポークスマンは即座に，「日米軍事同盟は冷戦という特殊な歴史的条件でつくられた二国間関係であり，二国の範囲を出るべきではない．共同声明に中国の国家主権，領土保全，国家の安全にかかわる台湾問題が入っていることに対して，中国は断固反対する」と激しく反発した(『人民日報』2005年2月21日)．
　中国の反発は米国に対してよりも日本に集中した．『人民日報』系のメディアは，台湾問題はこれまでアメリカ問題だったが，いまや日本問題ともなった，"中国封じ込め"に日本は米国より熱心だと日本の立場の変化に強い懸念を示した(『環球時報』2005年2月21, 23, 25日)．
　日中間にはODAをめぐる摩擦もある．中国の急速な台頭と日本経済の低迷で，2000年ごろから日本では中国への援助を見直す動きが出てくる．首相の靖国神社参拝がきっかけで関係が悪化すると，2005年3月小泉内閣は，北京オリンピックが開かれる2008年度をめどに対中円借款を終了させる方針を閣議決定した．1980年代には日中の良好な関係のシンボルだったODAが，日中間のあらたな争点になってきた．

第5節　日中衝突？──領土・領海をめぐるパワー・ゲーム

尖閣諸島問題の歴史的経緯

　2012年，国交正常化40周年の記念すべき年に，尖閣諸島をめぐる「固有の領土」紛争で日中関係は危険な水域に入った．
　尖閣諸島問題の歴史的経過に最小限触れておこう．明治政府が日本・清国に

二重朝貢していた琉球王国を沖縄県として統合したのは1879年(琉球処分)，1885年には沖縄県が尖閣諸島に国標を立てようと政府にお伺いを立てたが，外務卿井上馨は「清国にいらざる疑念を抱かせてはならない」と却下，結局，1895年1月，日清戦争の帰趨が決まりかけたころ，国標建立を認める閣議決定を行った．尖閣取得と台湾割譲とは違うコンテキストでの動きにもかかわらず，今日の中国は台湾割譲の一部として尖閣「窃取」があったと非難するわけだから，国標設置をしなかった明治政府の優柔不断が100年近く後に大きな禍根を残したと言える．

その後1896年に商人・古賀辰四郎が政府から魚釣島など四島の無償貸与を受けた．羽毛の採取や鰹節工場の経営で一時は200人近くが島に居住したという．1932年には息子の古賀善次が政府から有償払い下げを受けたが，1940年戦時態勢下の燃料不足で鰹節工場を閉鎖，島は無人になる．戦後，日米協定で1972年に沖縄の施政権が日本に返還されると，尖閣諸島の領有権は別人の手にわたった．

周知のように，尖閣が領有権をめぐる国際イシューになるのは1969年5月国連アジア極東経済委員会(ECAFE)の調査団が尖閣の周辺海域に石油埋蔵資源が豊富だとの報告書を出してからである．1970年7月に台湾で石油開発の動きが出てくると，8月琉球立法院は「尖閣諸島は石垣市登野城の行政区域に属しており，同島の領有権については疑問の余地はない」との決議を採択した．対して1971年6月には台湾外交部が尖閣領有権を主張する声明を発表，ついで同年12月30日中国外交部が建国以来はじめて領有を主張する声明を出した．

中国の領有権主張

中国の主張は次のとおりである．
- 尖閣諸島は明清時代から台湾の付属諸島である．
- 1895年1月，日清戦争の帰趨が明らかになった時点で日本が尖閣領有を閣議決定したのは実質的に日清戦争の結果台湾・澎湖諸島を盗取したのと同じである．
- 釣魚島，黄尾嶼，赤尾嶼，南小島，北小島等島嶼は台湾の付属島嶼であり，台湾と同様，ずっと昔から中国領土の不可分の一部である(1971年12月30

日「釣魚島所有権問題についての中国外交部の声明」).

　要するに，1971年まで中国・台湾が領有を主張していないこと，カイロ宣言には，台湾・澎湖諸島の返還は明記してあるが沖縄については何も記載がないこと，1951年8月のサンフランシスコ講和条約についての周恩来声明でも，尖閣については一切触れていないこと，1950年代以来，中国は沖縄住民の米軍政への抵抗や日本復帰運動を支持してきたこと，台湾も，サンフランシスコ講和条約を追認する形で日華平和条約を結んだこと，などから，中国の「ずっと昔からの領有権」という主張は説得力を欠く．

　日中はともに「固有の領土」として譲らない．日本は加えて，日中間には領土紛争はない，棚上げの事実もない，としている．他方中国は，尖閣諸島問題は1972年の日中国交正常化交渉，1978年の平和友好条約批准時の日中対話の際に「棚上げ」され，共同開発の協議で合意されている，とする．72年交渉でも，78年交渉でも中国側が棚上げ提起をした記録は残っており，それを聞き置いたことを「外交交渉」「合意」と見るかどうかにかかっている．

　中国の「領海法」制定に触れておくべきだろう．すでに述べたように，1992年2月25日全人代は「領海および接続水域法」を採択した．同法第2条は次のように言う．

　　中国の領土は，中華人民共和国大陸およびその沿海島嶼——台湾および釣魚島を含む付属各島，澎湖諸島，東沙，西沙，中沙，南沙諸島，および中華人民共和国に属する一切の島嶼である．

　尖閣の名を入れて法で画定，海外にもその意思を表明したのである．

　なお，同法作成時に議論が白熱し，軍部，一部地方の強硬派の主張が採用されたらしい．尖閣を領海法に明記することを主張したのは，中央軍事委員会法制局，総参謀部弁公庁，海軍司令部，広州軍区，国家測量製図局，上海（一部），天津（一部），山西，海南で，外交部は「外交上の摩擦をできるだけ避けなければならない」と主張したが，軍部などに屈伏したという（西倉一喜1994）．

尖閣諸島「国有化」をめぐって

　2010年9月，尖閣諸島海域に中国漁船が入り込み，日本の海上保安庁巡視船が拿捕，拘留したことで日中関係は一気に緊張した．これまで同種のことが

起きたとき，日本側はすぐに強制送還措置をとっていたが，政権についたばかりの民主党の菅直人政権は，拿捕，拘留，日本の法律による処罰という方法を選んだ．中国側は強く反発した．民主党新政権に中国側は当初期待をもったが，民主党政権は不安定，不慣れで期待を裏切った．

　9月7日の中国漁船と日本の巡視船の衝突をきっかけに尖閣海域は緊張が走った．とくに9月19日漁船の船長を10日間拘置延長すると，中国側は，①閣僚級以上の交流停止，②航空機増便交渉の停止，③石炭関係会議の延期，などの「強烈な対抗措置」(外交部の言)をとる，と表明，9月25日には中国外交部が日本に謝罪と賠償を請求するまでになった．

　2012年9月の反日暴動は，4月16日石原慎太郎都知事がヘリテージ財団(ワシントン)の講演で，東京都が尖閣諸島を地権者から購入すると表明したのがきっかけになった．石原知事の動きを危ぶんだ野田佳彦首相は7月7日東京都に国有化方針を伝達，翌日にはそれを公表し，地権者との契約交渉に入った．日本政府は国有化を急いだ．9月3日，地権者から20億5000万円で購入，9月11日には関係閣僚会議が国有化を正式決定し，売買契約が完了した．中国が強く反発したのは，国有化には断固反対という胡錦濤主席の強い意思表示(9月9日APEC会合での立ち話)にもかかわらず，2日後の11日，日本政府が国有化を正式決定したからだという．

　すでに8月19日から国有化に反発する反日デモが起こっていたが，閣議決定があった9月11日から大規模で暴力的になり，全国に広がった．9月15日には日系企業や日系スーパーが多数襲われた．とくに湖南長沙市のスーパー平和堂では，1階から4階のほとんどが破壊された．デモは9月18日(1931年柳条湖事変，いわゆる満州事変の記念日)にはなんとかおさまった．当局がコントロールしたのである．2012年の衝突は2005年とは様相がかなり違う．

　第一が，対立の要因が2005年はもっぱら歴史問題だったのに対して，2012年は，領土，領海という具体的利益から発して，パワーの争い，歴史問題にまで全面化した．第一レベル(歴史や価値の問題)，第二レベル(地域のパワーをめぐる問題)，第三レベル(領土や資源など具体的利益をめぐる問題)に分かれていた日中の紛争がトータルなものへと転換してしまった．

　第二に，今回は，とくに中国側に，大衆的ナショナリズム，ポピュリズムの

傾向が濃厚である．インターネットの影響もあろう．中国社会の最強のアイデンティティは反日にあり，反日が強硬であればあるほど大衆は政権を支持する構図になっていることが露呈された．

中国の粗暴な反日ナショナリズムは，日本における対抗ナショナリズムを呼び起こす．対抗ナショナリズムは日本の武装化，日米軍事同盟強化の方向と結びついている．日本の戦争犯罪を糾弾する中国人の反日行為自体が，日本の軍事化，東アジアの軍事的緊張を新たに生むというのは歴史的皮肉だろう．

第三に，中国も日本も権力の空白，統治の衰退が生じているなかで事件は起こった．日本では2009年に民主党政権がスタートしたが，鳩山政権，菅政権，野田政権ともにあらゆる面で期待を裏切った．官邸の決定能力，交渉能力，官僚を動かす能力ともに失策を重ねた．とくに2010年から政府の対中外交や国有化措置が慎重さを欠き，漁船衝突事件の処理も「国有化」の決定もタイミングが最悪で，リーダーシップ不足，外交の機能不全が紛争を大きくした．6月7日に丹羽宇一郎大使が『フィナンシャル・タイムズ』のインタビューで，「都知事が言うようなことをやろうとすれば，日中関係は重大な危機に遭遇する」と明言し，年末に更迭されるが，日本外交の混乱を見せつけた．他方，18回党大会を前に中国の政情不安も深刻だった．3月の薄熙来(はくきらい)(中共中央政治局委員)解任事件は，根源にはリーダーシップ内の激しい権力闘争がある．

日本の公式ライン

ところで，両国とも尖閣諸島は固有の領土だ，と主張しているが，それぞれの主張を簡単に整理しておこう．

- 日本は尖閣諸島を，1885年以来沖縄県を通ずるなどの方法で何回も現地調査をした上で，1895年1月に国標設置などを閣議決定，正式に日本領土に編入した．
- 尖閣諸島は，1895年5月発効の日清戦争の戦後処理(下関条約)で日本に割譲された台湾，澎湖諸島には含まれていない．
- 第二次世界大戦後サンフランシスコ講和条約で日本が放棄した領土には含まれていない．同条約第3条で米国の施政権下に入り，1971年6月，日米の沖縄返還協定で正式に日本の施政権下に入った．以後日本の実効支配

下にある.
- 中国は一貫して尖閣諸島についての領土要求をしてこなかった. 自分の領土だと主張し始めたのは 1971 年 12 月のことである.
- 日中間に領土問題はない.
- 1972 年, 1978 年に, 中国側が, 尖閣問題は議論しない(1972 年周恩来首相・田中角栄首相), あるいは棚上げ, 共同開発(1978 年鄧小平主任. 記者会見)を提起したと聞いてはいるが, 棚上げにするという合意はない.

なお, 棚上げはない, 日中に領土問題はない, と日本が言い出したのはそれほど昔のことではない. 1979 年 5 月 31 日の『読売新聞』社説「尖閣問題を紛争のタネにするな」は, はっきり棚上げ論の立場に立ち, それが「政府間の約束事」であり, 守るべきだとしているのである. はっきり「中国との間に領有権問題はない」と言い出しているのは, 1996 年 2 月池田行彦外相の国会答弁であり(第 136 回国会衆議院予算委員会議事録第 15 号), 2010 年 10 月の国会衆議院安全保障委員会での前原誠司外相の答弁は, 平和条約交渉の際鄧小平が一時棚上げ, 10 年棚上げについて述べたが,「結論としては棚上げ論について中国側と合意したという事実はありません」, と棚上げ論を改めて否定している(2010 年 10 月 21 日第 176 回国会安全保障委員会議事録第 2 号).

中国の公式ライン

台湾(中華民国)と中華人民共和国が釣魚島の領有権を正式に主張するのは, 1970 年後半から 71 年のことだ. 1895 年から 1970 年まで中国は一度も尖閣諸島の領有権を主張したり, 日本の領有に抗議したりしてはいない. だが, 1971 年に「固有の領土」だと主張しはじめ, 前述のようにその後領海法で「中国の領土は, 中華人民共和国大陸およびその沿海島嶼——台湾および釣魚島を含む付属各島, 澎湖諸島, 東沙, 西沙, 中沙, 南沙諸島, および中華人民共和国に属する一切の島嶼」として尖閣諸島を初めて法律上中国領土に組み込んだ.

2012 年夏, 日本の国有化方針が公になると, 中国は対日強硬姿勢を強めた. 9 月 25 日付『釣魚島白書』では中国の強硬で原理的主張がよく表れている(『釣魚島是中国的固有領土——白皮書』2012 年 9 月 25 日).

- 釣魚島は 14 世紀, 中国がもっとも早く発見し, 命名したもので, 以後長

らく管轄し，1797年の地図以来中国領と明記している，中国固有の領土である．
- 日本は1895年日清戦争に乗じて台湾，澎湖諸島と釣魚島を「窃取」した．
- 1943年カイロ宣言は「日本が窃取した中国の領土」の中国への返還を指示したが，日本はそれに違反し，返すべき釣魚島を返していない．
- 1951, 71年の講和条約締結交渉，沖縄返還交渉の際の日米間釣魚島接受は不法で無効だ．
- よって，日本の主張はまったく根拠がなく，「カイロ宣言などで確立された国際秩序に対する挑戦，国際法の義務に甚だしく背くもの」だ．
- 国交正常化時，平和条約締結時，両国リーダーは「釣魚島問題を棚上げし，将来の解決にゆだねる」との了解に達した．それに反する「国有化」措置は，中国の主権に対する重大な侵犯であり，「世界反ファシズム戦争の勝利の成果に対する否定と挑戦である」．

なぜ，この白書はこれほど強硬で原理的なのか．二つの理由があると思う．

第一に，1990年代後半以来の国家利益絶対の国際政治観である．中国が国家利益を正面から肯定するのは天安門事件直後からだが，1996年の閻学通（清華大学）の『中国国家利益分析』は，①国家利益に階級性はない，②国際利益と国家利益は共存できる，③国家利益は変化し，発展する，④渉外経済利益は経済活動の拡大につれ拡張すると断言する．この徹底したリアリズムを敷衍すれば，中国が経済規模を拡大し，世界に出て行けば行くほど国家利益は拡大する（第1章第3節参照）．

その後「核心的利益」論が登場した．2011年9月白書『中国の平和的発展』では「核心的利益」を次のように定義する．①国家主権，②国家安全，③領土保全，④国家統一，⑤国家の制度と社会大局の安定，⑥経済社会の持続的発展の基本保証（第1章第4節参照）．尖閣諸島など具体的地域を名指しで「核心的利益」とすることは避けているが，2013年4月26日に外交部の華春瑩副報道局長は尖閣を「核心的利益」だとした（『チャイナ・ウォッチ』2013年4月30日）．

『釣魚島白書』が原理的である第二の理由は，軍部や保守系軍人の政治的台頭が推測される．第2章第4節で見たように1990年代末から中国外交に顕著な変化がある．国有企業，金融資本，石油資本，経済官庁，地方政府，ネット

市民など，多くの「新たな関与者」が出てきた．羅援(少将，軍事科学学会副秘書長)という「理性的タカ派」を自称する軍人は，「今は自重し時期を待つ」という韜光養晦論を否定し，棚上げや共同開発に代わる「積極的紛争解決」と「中国を主とした共同開発」を主張する．彼は，①サンフランシスコ講和条約が合法か，②釣魚島が琉球諸島に属するか，③琉球諸島は日本のものか，④カイロ会談，ポツダム宣言では，日本の版図は，四国，九州，本州，北海道だけだ，というのが尖閣紛争についての主要論点だという．2012年の『釣魚島白書』の背後にはこうしたハードな軍人がいる．

交渉はリセットできるか——4項目の合意

2012年反日暴動の衝撃は大きい．漁船衝突事件以来，あらたに得られた両国間の合意はわずかに下記4項目である(2014年11月7日両国外務次官級——谷内正太郎国家安全保障局長・楊潔篪国務委員の合意)．

- 双方は，日中間の四つの基本文書の諸原則と精神を遵守し，日中の戦略的互恵関係を引き続き発展させていくことを確認した．
- 双方は，歴史を直視し，未来に向かうという精神に従い，両国関係に影響する政治的困難を克服することで若干の認識の一致をみた．
- 双方は，尖閣諸島等東シナ海の海域で近年緊張状態が生じていることについて異なる見解を有していると認識し，対話と協議を通じて情勢の悪化を防ぐとともに，危機管理メカニズムを構築し，不測の事態の発生を回避することで意見の一致をみた．
- 双方は，様々な多国間・二国間のチャネルを活用して政治・外交・安保対話を徐々に再開し，政治的相互信頼関係の構築に努めることにつき意見の一致をみた．

この合意からどのような未来が描けるか．

まず，交渉の可能性，つまり領土をめぐる紛争が交渉のテーブルに載るかどうか，である．楽観的にはなれないが，中国の場合，外交政策を突然変更するのは珍しくない．「調整」という言葉で政策転換を行う．「君子は豹変する」のである．中国が第一に追求するのは「利益」である．領土がネックになって，日中経済関係が停頓し，それが国内経済に強いマイナス影響をもたらせば，原

理を引っ込めて，実利へと舵を切ることはあり得る．

　問題は日本だ．日本の対中外交に顕著な特徴は一貫性だ．72年交渉で日本の外務当局がもっとも気にかけたのは台湾を正統中国とする，1950年代からの「虚構」の対中政策との整合性を守ることだった．中国外交とは違って日本は豹変できない．

　もっと深刻な問題がある．尖閣をめぐる衝突は双方に国民レベルの嫌悪感を生み，日本の今後を決めそうである．中国のすさまじい日本批判，暴力的な反日デモで日本の対中イメージは最悪になった．図4-5, 図4-6 は2016年，言論NPO東京―北京フォーラムの例年の世論調査から好感度と両国関係の重要性認識を取り上げた．日本側1000人，中国側1500人のデータである．日本側で好感をもつ人は8％(もたない人91％)，中国側は好感をもつ人は21.7％(もたない人76.7％)で歴史上最悪である．ただ，互いの関係は大事だと考える人は多く，日本で70.6％，中国で70.4％となっており，3分の2以上の国民が両国関係を危惧していると言える．

力と力の対抗

　巨大な中国，居丈高な中国に対する嫌悪と脅威感が国民各層に広がっている．政治家の安全保障観は防衛力強化，軍事的準備へと急旋回しつつある．米CIA系の民間シンクタンクは，中国の大国化，尖閣反日デモなどで，「日本は第二次大戦終了時からの長年の消極的平和主義の姿勢の放棄を迫られるだろう」，憲法改定，自力防衛強化へと動き出すだろうと分析しているが(http://www.lignet.com/SpecialPages/)，保守化，軍事化が日本を広く覆いつつある．歴史をさかのぼって日本の軍国主義を非難すればするほど，日本の世論の保守化，軍事化が進み，両国関係に緊張をもたらす．なぜこの捩れた構造を中国は認識しないのだろうか．なぜ戦後日本が消極的平和主義をとってきたか，保守政治家たちがなぜ今それを捨てようとしているのか，転換期日本についての客観的分析を中国に求めたい．

　2013年12月26日安倍首相が急遽靖国神社を参拝した．米国務省のサキ報道官が「近隣国との緊張を高めるような行動をとったことに失望している」と異例のコメントをしたが，EUはアシュトン外交安全保障上級代表の報道官が

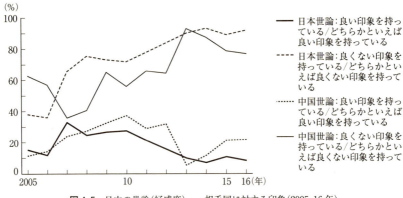

図4-5 日中の世論(好感度)――相手国に対する印象(2005-16年)
出典：言論NPO調査(2016年8-9月).

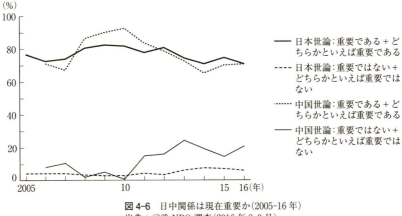

図4-6 日中関係は現在重要か(2005-16年)
出典：言論NPO調査(2016年8-9月).

声明を出した．英国BBC放送も，安倍首相の参拝には憲法改正を実現しようとする「政治的計算」があると批判的コメントをした(『チャイナ・ウォッチ』2013年12月27日)．

　心配なのは，日中関係の途絶が経済にもたらす深刻なインパクトだ．世界経済はグローバルに問題を抱えて，中国経済も減速期に入ったと言われる．2006年に経済同友会が小泉首相に靖国参拝を止めて対中関係を改善するよう直接迫ったように，あの時は，日本の対中経済依存が政治的妥協への圧力になった．

今回利にさとい中国が，経済へのマイナスインパクトを抑えようと，外交的イニシアティブをとるだろうか．

「強軍」へ突っ走る中国

懸念されるのは両国とも力で現状を変えたいと思っていることだ．中国では，軍事力が世界第2位の経済大国にそぐわないという議論を軍などが熱心に主張する．中共中央・国務院「経済建設と国防建設を融合的に発展させることについての意見」(2016年7月)は，なんの衒いもなく「富国と強軍」を進め海洋強国化戦略を構築しようと拳をあげる．19回党大会(2017年11月)の基調は「強国強軍」だ．

核戦力の強化が公然と言われる．保守系の『環球時報』は「中国の核兵力は国連常任理事国5カ国の中でも小さい．経済第2位にふさわしくない．中国の戦略的リスクが大きくなっているのだからそれに見合う核兵力の増強が必要だ」とあからさまに言う(『環球時報』社評2016年12月14日)．

空軍出身の劉亜洲(国防大学)は露骨である．「将来，中国に影響する大事件は三つだ．第一が台湾との戦争，第二が中日戦争(台海戦争は中日戦争をもたらす．東シナ海衝突も日中戦争へ)．東シナ海の領土画定は中日間の調和できない分岐だ．中国が強硬すぎると戦争になるし，中国が弱すぎるとこれも戦争になる．第三が辺境での(少数民族の)動乱だ，という(劉亜洲2016)．あまりに平然とおおっぴらに戦争が語られる現状は，平和憲法下で育ってきた日本のわれわれ世代にはとても恐ろしい．

中国は軍事力の伸びも大きい．英国の『ディフェンス・ウィークリー』によれば，2016年中国の国防支出は1917億米ドル，2020年には2330億米ドル(なお中国側発表では国防支出は2016年9540億元，1460億ドル)で，2010年の2倍となる，と予測する(米国，中国，英国，インド，サウジアラビア，ロシアの順．日本は8位)．国防費は2016年に7.6％，2017年に8.1％成長したと公式数字は言う(第1章図1-1参照)．

安倍政権の安保関連法案強行採決(2015年9月)に合わせるかのように，中国でも安全保障に関わるハードな法制化が進んでいる．2015年7月1日には国家安全法が採択され，1993年に制定された旧国家安全法は反スパイ法の部分

だけ残った．新安全法では，国家の安全を，「国家政権，主権，統一および領土保全，人民福祉，経済社会の持続可能な発展と国家のその他の重大利益に相対的に危険がなく，内外の脅威にさらされていない状態，および，安全状態を持続させる能力が保証されていることを指す」としている(同法，第2条総則)．

国家の安全はどこがマネージするのか．2014年1月に中央国家安全委員会(CNSC)が「国家の安全と危機処理の常設機構」として新設された．外交部，公安部，安全部，総参謀部，対外経済貿易部などの責任者がメンバーである(主席習近平，副主席李克強，副主席張徳江)．だが，この委員会が党・国家・軍の三者を横断する巨大な権力をもつ機構として機能するのか，米国の国家安全保障会議(NSC)のような機能をもつのかは不透明である(第2章第2節参照)．

力を行使したい日本

日本にも懸念材料が多い．2012年12月に発足した安倍政権(第二次)も「力」で中国を圧倒しようと意気盛んだ．安倍首相は2013年はじめに上梓した『新しい国へ』で，次のように安全保障政策での突破を訴える．

民主党時代3年間は「外交の敗北」だった，それを取り戻さなければならないとした上で，安倍首相は，尖閣諸島問題につき，中国が日本の実効支配に挑戦しているのだからと，「外交交渉の余地などありません」，「尖閣海域で求められているのは，交渉ではなく，誤解を恐れずに言えば物理的な力です」とはっきり言う(安倍晋三2013)．

2015年は首相の「戦後70周年記念談話」が注目されたが，安保法制をめぐって激しい攻防があったせいか，1995年の村山談話を基本的に踏襲するものとなった．だが問題もいくつかある．「事変，侵略，戦争．いかなる武力の威嚇や行使も，国際紛争を解決する手段としては，もう二度と用いてはならない」という一般化された表現や，「戦場の陰には，深く名誉と尊厳を傷つけられた女性たちがいたことも，忘れてはなりません」という文章のように，主語をぼかした曖昧なものが多く，今後の日本についても「積極的平和主義」を説明抜きで提起するだけに終わった．ちなみに，積極的平和主義については，す

でに，戦争がない状態が消極的平和主義だとすれば，貧困などの「構造的暴力」を「世界の国々の力あるいは合意によって取り除くのが積極的平和主義」だと平和研究のヨハン・ガルトゥングが定義しているが（ガルトゥング1991），安倍首相は，武力放棄が消極的平和主義，力を行使する安全保障が「積極的平和主義」だと考えているようである．

安倍政権とネオ・ナショナリズム

　保守ナショナリストの任意団体に「日本会議」がある（現会長・田久保忠衛）．1997年1月に保守系議員などが中心になって「新しい歴史教科書をつくる会」がスタート，以後，政界の保守化，ナショナリスト化が進むが，1997年2月に中川昭一・安倍晋三・衛藤晟一議員などによって「日本の前途と歴史教育を考える若手議員の会」ができた．日本会議自体は1997年5月30日に右翼組織と言われる「日本を守る国民会議」と宗教法人である「日本を守る会」が合体して成立するが，肝心なのはその前日に生まれた「日本会議国会議員懇談会」である．小渕恵三（1998-2000年首相），森喜朗（2000-01年首相）などが発起人を務めた．結成時，同懇談会のメンバーは衆議院・参議院を含めて189人，2015年には281人と伝えられる（俵義文2016）．

　『毎日新聞』2016年5月4日によれば，日本会議の会員数は約3万8000人，同懇談会には党派を超えて300人の国会議員が所属しているという．これは全国会議員717人の42％である（山崎雅弘2016）．驚かされるのは，日本会議の特別顧問と言われる安倍首相をはじめ安倍内閣（第三次）閣僚の4分の3近くが同懇談会のメンバーであることだ．国民全体のなかでたった4万人の会員しかいない日本会議という特異なイデオロギー集団のメンバーが閣僚の4分の3を占めるなどというのは正常ではない．内閣は一つの主義・主張に偏った人々のサロン化している．

　東京裁判を批判し，憲法改定を主張する同集団は日本の政治・社会・教育の「保守化」，バックラッシュに「貢献」してきた．元号法制化，国旗国歌法の制定，中学校教科書から「慰安婦」記述の削除，教育基本法の大改定，外国人地方参政権法阻止，道徳の教科化，女系女性天皇容認の皇室典範改定の阻止，などである．

この日本会議と浅からぬ因縁をもつ安倍首相の歴史認識の一端を見てみよう.
　彼の思想の核心にあるのは,「戦後レジームからの脱却」である. 2012年総選挙の際に,「戦後の歴史から日本という国を日本国民の手に取り戻す」, これが「日本にとって最大のテーマ」だと訴えた. 安倍首相の言う「戦後レジーム」とはまずは憲法だろう. 筆者は,「戦後レジームを構成する」のは, 憲法が代表する平和主義, 民主主義, 人権思想の三つだと考えている. では安倍首相にとって民主主義, 人権も脱却すべき「戦後レジーム」なのか.
　安倍政権のアジア外交はどうか. 2013年の『新しい国へ』で安倍首相は, 日米印豪4カ国の連携,「アジア・太平洋デモクラティックG3＋米国」の連携を強調した. どうやらこれで, 東アジアの面倒で, だが隣人でもっとも肝心な相手である中国, 韓国に対抗したいようだ(安倍晋三 2013). 正面からの対応を明らかに避けているが, それでいいのだろうか.
　安倍政権の2015年までのアジア外交を, あるASEAN研究者は次のように評する.
　「まず地域というものが見えてこない. 地域共同体はもちろん, 地域制度によって地域を構想する視点がまったくない. また中国がほとんど登場しない」. 要するに,「隣国である中国・韓国を含む地域の中に日本を置くことを嫌い, アジアの陸塊から目を背けて, インド洋・太平洋といった海洋におけるつながりに日本の将来をかけようとしている」と(山影進 2016). 残念ながら, 筆者もこの評価に賛成する.

安保法制――物理的力, 戦う国家

　日本会議のような特異な集団を母胎とする安倍政権が課題とするのは, 第一が自衛隊の海外出兵を制度化し, 軍隊に変えること, 第二が平和憲法を改定すること, だろう. 内閣への高い支持率と議会での絶対多数に乗じて, 国論が分断しているなか, 安保関連法案が2015年7月16日に衆議院, 9月19日深夜に参議院で強行採択された.
　国際的に軍事力で貢献したいとする安倍政権の欲望と北朝鮮などから作られる核の脅威などが追い風となって, 日本を「国防軍をもつ」「戦争のできる」「普通の国」にするための条件があっと言う間に作られてしまった. 政権の動

きは迅速だった．2014年7月1日に集団的自衛権の行使を容認する閣議決定をして1年で日本の安全保障体制と戦略の根本を変える新法制まで持って行ったのである．

なお，安保法制について中国の新華社は即座に次のように反応した．

> 安保法案は日本の行く方向を変えるだろう．日本の平和憲法前文および第9条の平和主義，武力不行使の内容に違反する．これで平和憲法は空洞化し有名無実になるだろう．……安保法案はさらに日本の海外派兵の衝動を刺激する．専守防衛の日本の戦後安保政策に重大な変化が生じ，……戦後国際秩序配置が揺らぎ蹂躙され，アジアの将来の安全に潜在的脅威をもたらすだろう(「日"安保法案"是百年一遇之悪法」新華社2015年9月13日).

安保法制は日本の未来を大きく左右する．日中の間に「力で対抗する」新関係が生まれるかも知れない．日中ともに力をコントロールし，外交と交渉と法律で東アジアの新秩序を作り，相手と自身を拘束するルールを作っていくべきだろう．

第6節　制度化の始まり

安倍首相・温家宝首相の相互訪問

21世紀早々の日中関係は，6回にわたる小泉首相の靖国神社参拝でハイレベルの接触はすべて途絶えた．だが，外交当局の水面下の努力があったのだろう，2005年から「両国の実務的接触」が静かに始まった．外務次官レベルの日中総合政策対話(「日中戦略対話」)，財務相レベルの経済対話，外務省局長レベルの東シナ海問題協議などである．

2005年反日デモで緊張したが，2006年から首脳往来がようやく回復し一息ついた．安倍首相はアジア外交への意欲を示し，靖国神社参拝については「行く，行かないを明らかにしない」と曖昧戦略をとった．中国側はこうした新政権に積極的にアプローチをし，2006年10月8日，中国共産党16期6中全会の開幕日に安倍首相を迎えた．

この背後には経済界の強い働きかけがあったと思われる．2006年5月9日，経済同友会(中国委員会)の「今後の日中関係への提言——日中両国政府へのメ

ッセージ」が発表された．メッセージは，「（日中の経済関係は発展しているのに）……政治面および両国の国民感情という面に於いては，極めて憂慮すべき情勢にあり，深刻に受け止めねばならない」とし，日中間の「大きな障害」が「総理の靖国神社参拝問題である」として参拝再考を求めたのである．さらに靖国神社に替わる，「戦争による犠牲者すべてを慰霊し，不戦の誓いを行う（国立の）追悼碑」の建設を訴えた（『日本経済新聞』2006 年 5 月 10 日．同友会の提言全文 https://www.doyukai.or.jp/policyproposals/articles/2006/060509a.html 参照）．なお「今年は靖国神社への参拝をとりやめる」という中曽根康弘首相の胡耀邦総書記宛て書簡（1986 年 8 月 15 日付）がメッセージに添付された．

　安倍・胡錦濤両首脳はいくつかの対話をスタートさせることで合意した．①東シナ海問題の協議，②安全対話と防衛交流，③資源・環境などでの協力，④経済分野での閣僚レベルの対話，⑤学術界の歴史共同研究の開始，⑥正常化 35 周年の 2007 年を日中交流年にする，などだ．

　コミュニケにある「戦略的互恵関係」という用語は，2005 年 2 月に外交ルートを通じて中国が「中日戦略対話」を提起し，日本側が「総合政策対話」として受け入れたという経緯がある．「戦略的互恵関係」へのレベルアップ，さまざまな対話の開始，相手に対する相互の積極評価など，少なくとも安倍訪中は，1998 年の江沢民訪日より成果を上げた．

　温家宝首相が 2007 年 4 月に訪日した．両首脳は「戦略的互恵関係」を次のように確定した．

- 首脳往来，政策の透明化，政府・議会・政党交流を進めることで政治的信頼関係を作ること．
- 資源・環境・金融・通信・知的所有権問題で互恵的協力を進め，協力メカニズムを改善すること．
- 防衛問題での対話・交流を進め，地域の安定維持をはかること．
- 青少年，メディア，都市間，民間の交流を強化し，人文交流をはかること．
- 朝鮮半島核問題，国連安保理改革，ASEAN との連携など，地域および地球的課題に共同で対処するよう協力を深めること．

　また，次のような対話メカニズムを作ることで合意した．①経済ハイレベル対話，②戦略対話，③安全対話，④国連改革問題協議（磋商），⑤外務省スポー

クスマン協議などである．

温訪日の成果は4月12日，日本国会での演説である．彼の次のような温和な国会演説は全国に放映され，日本国民に好意的に受け止められた．

【歴史認識】「中日国交正常化以来，日本政府と日本の指導者は何回も歴史問題について態度を表明し，侵略を公に認め，そして被害国に対して深い反省とお詫びを表明しました．これを，中国政府と人民は積極的に評価しています」．

さらに，「日本は戦後平和的発展の道を選び，世界の主要な経済大国となり，国際社会で重要な影響力をもつ国になりました」と戦後日本の歩みを評価した．

【援助問題】「中日友好関係の発展は，両国人民に確実な利益をもたらしました．中国の改革開放と近代化建設は日本政府と国民から支持と支援を頂きました．これを中国人民はいつまでも忘れません」．

はっきり言って温演説は，中国トップリーダーが初めて示した日本への「和解」提案である．これを土台に政府間・国民間の和解が進めば両国は明るい21世紀を迎えることができただろうが，領土をめぐる衝突などがその芽をつんでしまった．

福田首相・胡錦濤主席の相互訪問と東シナ海油田共同開発

日本の政情はきわめて流動的だ．安倍首相は体調不良のため1年で退任した．代わって2007年9月に登場したのが福田康夫内閣である．自民党内の穏健派として福田首相は，アジア外交の建て直し，「日米同盟とアジア外交の共鳴（シナジー）」を志向した．

12月27-30日，福田新首相の訪中が慌ただしく行われたが，中国側は，初の共同記者会見，胡錦濤主席主催の夕食会，北京大学での福田首相講演の生中継などで厚遇した．

この訪中で注目されるのは東シナ海ガス田をめぐる協議のレベルアップと加速化が合意された点だ．「必要に応じ引き続き次官級の協議を行い，日中関係の大局の観点から，国際法にのっとり，これまでの進展を踏まえてともに努力し，できるだけ早期に解決策について合意をめざす」という「共通認識」が示され，2008年の基本合意へのレールをしいた．

福田首相は北京大学で「ともに未来を創ろう」と題し演説，「日中の「戦略

的互恵関係」には次の三つの柱がある」と語った．①環境・省エネ分野，知的財産権保護などの分野での互恵協力，②テロリズムとの闘い，北朝鮮非核化や拉致，国連安保理改革，アフリカの貧困救済などでの国際貢献，③青少年交流・知的交流・安全保障分野の対話などを通じての相互理解と相互信頼，を提起した．さらに北京大学学生100名，付属高校50名の研修招待など「福田北京大学プラン」を紹介，「もともと地上には道はない，歩く人が多くなれば，それが道になる」という魯迅の言葉で締めくくった(福田首相のスピーチは http://www.mofa.go.jp/mofaj/press/enzetsu/19/efuk_1228.html)．

　2008年5月6-10日の胡錦濤主席の日本訪問当時，日中両国は，当面のイシューだけでも，東シナ海ガス田開発問題，中国製冷凍ギョーザ中毒事件，台湾問題と危うい課題をいくつも抱えていた．この訪日では，日中共同声明(1972年)，平和友好条約(1978年)，日中共同宣言(1998年)に続く「第四の基本文書」として「戦略的互恵関係の包括的推進に関する日中共同声明」が出された．中国は日本の戦後の平和発展をたたえ，戦略的互恵関係については，①首脳の相互訪問，安全保障対話，②人的・文化的交流の促進，③エネルギー，食品の安全，東シナ海資源開発などでの協力，④朝鮮半島六者協議などの東アジア地域協力，などの柱で関係を構築することを約した．

　温家宝，胡錦濤の来日ともに中国側の柔らかいアプローチが目立った．福田首相の対応も柔らかだった．胡錦濤来日の翌月18日，東シナ海の資源共同開発についての日中合意が発表された．この合意には対日関係をなんとか安定的，協調的なものにしたいという温・胡政権と福田首相の強い意思が感じられる．

　共同開発についての協議(中国の呼称は中日東海問題磋商)は2004年10月からスタート，日本は外務省アジア大洋州局の佐々江賢一郎局長，中国は外交部境界と海洋事務局の胡正躍局長が担当した．2007年12月まで7回の協議があったが，2008年6月18日になって突然「東シナ海における日中間の協力について」という共同プレス・コミュニケが発表されたのである(合意文書は霞山会編2008)．

　本合意は，「境界画定が実現するまでの過渡的期間に，双方の法的立場を損なわないことを前提にした政治的合意」(高村正彦外相の言)と評されるが，基本的に「等距離中間線」の立場で，日本にとっては受け入れられるものだった．

他方，中国では発表されるや，ウェブサイトなどで「売国条約への第一歩」，「中国外交部は人民を馬鹿にするな」などの書き込みが満ち，外務次官・武大偉が「双方の主権を棚上げにし，二国間の協定にもとづき開発する」のが共同開発で，日本に譲歩していない，と釈明して回った(『中国年鑑2009』).

今回中国は国際標準のルールにのっとって交渉や協力を進めることに合意したと考えられるが，その後中国側は協議の継続に不熱心となった．二つの事情があるという．第一に，中国で資源関連企業などの利益集団が反発している，第二に2008年12月に中国海監総隊が尖閣付近の日本領海を徘徊する「妨害行為」をしたように，国内で強硬派が動いていること，などである(阿南友亮2012).

総合政策対話(日中戦略対話)

首脳往来がようやく正常に戻るのと時を同じくして，さまざまなレベルの対話や協議メカニズムが動きはじめた．これまでの日中関係は非制度的でリーダーの個人的関係や性向に依存することが多く，とても脆弱だった．2005年からの「制度化」の動きは大きな変化と言ってよい．2005年の反日デモが日本・中国双方に制度化の必要性を痛感させたのだろう．

主な対話・協議のメカニズム(機制)は次のとおりである(章末の付録参照).

- 外務次官レベルの総合政策対話(日中戦略対話).
- 経済関連の全閣僚が集まる経済ハイレベル対話.
- 金融・財政を協議する財務相対話.
- 当面のイシューである東シナ海問題をもっぱら協議する外務省局長レベルの東シナ海問題協議(「東海問題磋商」).
- 海上での不測の事態を回避するための防衛局長級協議(日中防衛局長海上連絡メカニズム協議作業組).
- 軍事力と軍事戦略の透明化，信頼醸成を目標とする防衛次官級協議(「防務安全磋商」)，など.
- 2015年から始まったハイレベル政治対話

【総合政策対話】ポスト小泉時代でもっとも重要な日中間の定期チャネル(メカニズム・機制)は，外務次官級日中総合政策対話である．反日デモの直前2005

年2月に中国側が外交ルートを通じて，東アジアの安全保障体制の確立に向けて，台湾や北朝鮮などについても協議したいと提案してきた．日本側は当初「戦略」という言葉にこだわり，慎重に対応した．

中国は2004年11月米国に対してはすでに「戦略対話」を提起していた．米国ブッシュ政権は当初は警戒的だったが，2005年3月ライス国務長官が訪中，第1回対話をもつことになった．なお中米間の次官級「戦略経済対話」が正式にスタートするのは2006年12月である．中米間では戦略安全対話も2011年から毎年定期化されている．トランプ・習近平時代に入っても基本的にはこの枠組みは継承されている(第6章第5節参照)．

さて日中総合政策対話は小泉政権末期の2005年5月にスタートし，これまで章末の付録のように開かれてきた．だが，尖閣の衝突で2012年6月の第12回以来公式には閉ざされたままである．

2006年10月安倍首相が訪中するまで，この次官級戦略対話が唯一のチャネルとして重要な役割を果たした．また，首脳・外相レベルの往来が再開しても，「この戦略対話は中日両国の対話と協力メカニズム構築の上で重要なファクターである．対話と協力の制度化(機制化)の推進が今後の全般的方向だ」という楊伯江(社会科学院日本研究所)の指摘にあるように(新華社ネット2008年2月22日)，この戦略対話は，日中間の政治・安全保障・経済などすべての問題を協議する大事なチャネルのようである．

ちなみに中米戦略経済対話がスタートしたとき，ある中国の論者は，米国の対中戦略に不安定性が強く，台湾問題など敏感なイシューを抱えている対米関係では，政策決定者レベルでの意思の疎通・戦略対話によって「誤った政策判断を少なくさせる」ことができる，と論じている(「新浪国際問題専家龐中英就中美戦略対話連線」新浪ネット2005年8月1日)．

【経済ハイレベル対話】2007年4月の温家宝首相訪日に合わせて閣僚レベルの経済対話がスタートし，11月の東アジア・サミット(シンガポール)の際の福田・温家宝会談で設置が確認された．日中経済パートナーシップ協議が2002年10月から動いている．マクロ経済調整，環境保護協力，貿易投資協力，地域と国際経済問題の四つをテーマにし，出席者は，日本側が外相，財務相，経済産業相，経済財政相，環境相，農林水産相，中国側が外交部長，国家発展と

改革委員会主任，財政部長，農業部長，商務部副部長，環境総局局長，など．文字どおり，経済に関するハイレベル閣僚協議である．

　2007年12月1日に第1回が開かれた(北京，高村正彦外相・楊潔篪外相)．中国は対中資金協力など日本のこれまでの支援を高く評価，日本も中国経済の発展が日本経済の発展を促すと評価，中国は日本のバブル経済の経験と教訓を学びたい，などをもりこんだ「プレス・コミュニケ」が発表された．だが2011年から，尖閣諸島での漁船衝突事件などをきっかけにこの経済対話ですら閉ざされた．ようやく2015年6月に経済パートナーシップ協議が復活してきた．このハイレベル経済対話も，2018年4月16日，8年ぶりに再開している．

【東シナ海問題協議(中日東海問題磋商)】東シナ海の境界画定，共同開発についての意見交換，東シナ海問題の平和解決をめざす，外務省アジア大洋州局長レベルの対話メカニズムである．2008年6月ガス田共同開発の合意成立まで開かれた．

　なお，2007年12月の北京での日中外相会談(高村正彦・楊潔篪)で，東シナ海ガス田開発については，専門家による会合を新設し，危機管理など三分野の分科会で共同開発の道を探ることになったという．また，12月の福田・温家宝会談で，局長から次官へとレベルアップすることが合意されている．

　なおこの問題は，次官級の日中戦略対話での協議に回され，2008年2月の第8回戦略対話の主要議題はガス田開発問題だった．だが，双方に，2008年5月の胡錦濤国家主席の訪日の際にも共同開発の海域をめぐって合意に至らず，ようやく6月18日に合意ができた．

【防衛次官級協議(中日防務安全磋商)】日中の防衛対話は1997年の防衛次官級協議(「中日防務安全磋商」)から始まったようだ．次官レベル協議以外に国防部長(防衛庁長官・防衛相)の相互訪問のチャネルもある．

　このほかにも防衛責任者の相互訪問が1984年から始まっている．だが，1990年代後半からの日米安保の「再定義」問題，台湾海峡をめぐる緊張，「新ガイドライン」(1997年)，あるいは小泉首相の靖国神社参拝などで，1998年に遅浩田国防部長・久間章生防衛庁長官の相互往来があっただけで，順調ではない．2007年になってようやく，9年ぶりの国防部長の訪日(8月曹剛川・中央軍事委員会副主席)，中国海軍艦艇の日本寄港(12月)が実現した．曹国防部長訪

時の共同プレス・コミュニケでは，総参謀長・統合参謀長レベルの往来や次官レベル協議を進めること，日中間に防衛部門海上連絡メカニズムを設けるなどの危機管理措置が示されている(中新ネット 2007 年 8 月 30 日). その後，2009 年 3 月浜田靖一防衛相の訪中(梁光烈国防相との会談), 2009 年 11 月梁光烈国防相の来日(北沢俊美防衛相と会談), 2010 年 10 月ハノイでの両国防衛相の接触(北沢・梁光烈), などがあるだけで，2011 年からは防衛首脳の往来は中断された. だがようやく 2016 年 7 月に防衛次官級協議が復活している.

【歴史共同研究委員会など】小泉時代に揺れ続けた日中歴史認識問題については，2006 年 10 月の安倍訪中をへて，11 月の日中外相会談(麻生太郎・李肇星)で，「歴史を直視し，未来に向かうとの精神にもとづいて，日中歴史共同研究を実施する」ことで一致し，「共同研究」が行われることになった. 日本側は日本国際問題研究所，中国側は社会科学院近代史研究所が窓口となり，委員会が 2006 年 12 月からスタートした. 日本側代表は北岡伸一・東京大学教授，中国側代表は歩平・近代史研究所所長がつとめた. 第 2 回が 2007 年 3 月，第 3 回が 2008 年 1 月，第 4 回が 2009 年 12 月に開かれ，共同研究は区切りを迎えた. 2010 年 1 月に報告書が発表された. 第 1 巻古代・中近世史篇，第 2 巻近現代史篇の 2 冊でいずれも歩平・北岡伸一編である(勉誠出版). 合計 550 頁の共同研究の成果と銘打っているが，各執筆者がそれぞれに自己の見解を述べており，集約に成功せず，2005 年以来の最悪の日中政治関係を反映してしまった. 中国側の要求で非公表になった戦後・現代史部分の取り扱いは今後の課題に残された. また北岡・歩平両座長は 2010 年 12 月終了に当たって「第 2 期」の研究継続に意欲を示したと言われるが，その後の歩みは順調とは言えない.

【日中高級事務レベル海洋協議(中日海洋事務高級磋商機制)】2008 年 4 月, 福田首相時代にこのチャネルを作ることで合意. 2012 年 5 月にスタート. だが，2012 年 9 月の日本の尖閣国有化で開けず，結局 2014 年 9 月に再開. 2017 年 12 月の第 8 回で緊急連絡メカニズムをつくることでともかく基本合意に至った.

この海空連絡メカニズムは交渉開始から 11 年たった 2018 年 5 月 9 日の李克強訪日で合意ができ，6 月 8 日からスタートした. 艦船・航空機が接近した場合規定の周波数・英語で交信，ホットラインの開設，防衛局長レベルの年 1 回協議などを約束したが，①ホットラインは未開設で，②メカニズムの対象をは

っきりさせていない，③交信は自衛隊・中国軍の艦船・飛行機に限られる，などの問題を抱えており，まだ片肺飛行の段階である(『朝日新聞』2018年6月8日)．だが，2018年5月，8年ぶりの李克強首相訪日でなんとか日中関係のチャネルが動き出したようである．

その他両国間に政党間対話，議員間対話などがあるが，あまり規則的とは言えない．

情・人の関係から制度・公共利益の関係へ

国交正常化から今日まで，日中関係は好転，成熟するどころか，衝突と紛争に翻弄されている．次のような事情がある．

- 道義・情・人によって作られてきた関係は脆く，矛盾を処理できない．二分論やさまざまのフィクションが機能しなくなった．
- 日本と中国の力のバランスに大きな変化が生まれた．中国は圧倒的な経済力で日本の上位に立ち，「強国強軍」を目指しはじめた．日本は，「失われた20年」によって上昇に転ずることができない．
- 状況の大変化に照応する両国関係の新メカニズムを見つけ出すことができない．21世紀に入って日中が「漂流」している．

日中の思想的状況は21世紀に入って根本的に変わった．何方の痛烈な「対日二分論」批判は若い世代の新日本観への反応でもある．その一つを紹介しておこう．

林暁光(中央党校国際戦略研究センター)は，尖閣をめぐる紛争で日中関係が最悪の状況にある時，この40年間，国際構造，それぞれの国内事情，イデオロギー，歴史問題などが影響を与え続け，日中は安定→摩擦→悪化，安定→摩擦→悪化の周期的な循環を繰り返してきた，とする．根底には，日本の歴史認識に根本的問題があることに加え，中国側に階級史観，イデオロギー，革命戦争的観点がこびりついていて，国家利益的観点に立てなかったことがある，とする．対日工作面でも，人材の不足，社会科学的研究の弱さ，とくに対日外交人材の深刻な不足が日中関係を痩せたものにしたとし，その克服を強調している．彼によれば，「1972年の国交正常化の時，周恩来は日本の高島条約局長に大いに感心し，中国にもこのような訓練を受けた，外交実務能力のある外交官がほ

しい，と慨嘆していた」そうである(林暁光 2013).

　日中関係が情から理へ，人格的関係から制度的関係に移行しなければならないことは双方が痛感するところにちがいない．そのためのほとんど唯一の方策として考えられるのが，多様なチャネルの構築で制度化することである．2005年から動き出したチャネルは尖閣の衝突でほとんどが止まってしまった．早くそれらを回復して，ともかく対話を続けることだ．たとえどんなに衝突，利益の食い違いがあっても，紛争の抑止・安全保障・信頼醸成・善隣促進の多様なメカニズムを動かさなければならない．制度化がうまく行っている中米関係には学ぶべき点が数多い．

7 年ぶりの首相訪中と動き出した日中の対話

　尖閣諸島をめぐる衝突以来止まっていた日中のいくつかの対話チャネルが2017 年秋頃から動き出した．

　もっとも重要だとされている日中総合政策対話が，2012 年 6 月の第 12 回で止まっているように見えるが，実は次官級の接触は年に 1 回は開かれており，日本の外務事務次官と中国の外交部副部長の対話は実質的には行われているようである(日本：秋葉剛男次官，中国：楽玉成副部長).

　さらに，報道を注意深く追っていると，2015 年 7 月から，総合政策対話より高いランクの対話が継続的に行われていることが分かる．2014 年 11 月 7 日，最悪になった関係を緩和しようと，谷内正太郎安全保障局長と楊潔篪国務委員が協議し，「4 項目の合意」に達したが，この合意を基礎にしてだろう，翌年から谷内・楊潔篪対話がもたれている．中国はそれを「中日高級別政治対話」(ハイレベル政治対話)と呼んでいるが，日本側の呼称は分からない．本章末付録で，この政治対話を含めて現在行われている日中間の主要対話メカニズムを分かる限りで示しておこう．

　2018 年 10 月，日中平和友好条約 40 周年を記念して安倍首相が訪中，久方ぶりに実りある首脳会談，実務協議ができたように思う．ともかく対話を始めること，それを続けること，それ以外に善隣関係の良薬はない．世界がとてもギクシャクしている．米国のトランプ政権をはじめ不測要因も多い．日中両国とも外交の力，ソフトパワーで安定した関係を築き上げてほしい．

第 4 章付録　日中定期協議のリスト（1997-2018 年）

【日中ハイレベル政治対話】

開催年月日	回数	開催場所
2015 年　7 月 16 日	第 1 回	北京
10 月 13 日	第 2 回	東京
2016 年　8 月 25 日	第 3 回	北京
2017 年　5 月 29 日	第 4 回	東京
2018 年　9 月 25 日	第 5 回	蘇州

注：出席者はすべて谷内正太郎安全保障局長と楊潔篪国務委員．
出典：筆者作成，以下同．

【日中安保対話】

年月	回数・名称
2006 年　7 月	第 10 回日中安保対話 ＊外務防衛次官級
2009 年　3 月	第 11 回日中安保対話
2011 年　1 月	第 12 回日中安保対話
2015 年　3 月	第 13 回日中安保対話 ＊外務審議官・防衛局次長
2016 年　6 月	日中防衛次官級協議
2017 年 10 月 27 日	日中安保対話 （北京）

【日中総合政策対話】

開催年月	回数	出席者	開催場所
2005 年　5 月	第 1 回	谷内正太郎外務次官，戴秉国外務次官	北京
6 月	第 2 回	同	東京
10 月	第 3 回	同	北京
2006 年　2 月	第 4 回	同	東京，新潟
6 月	第 5 回	同	北京，貴陽
9 月	第 6 回	同	東京
2007 年　1 月	第 7 回　＊日中戦略対話に呼称変更	同	北京，杭州
2008 年　2 月	第 8 回	藪中三十二外務次官，王毅外務次官	北京
2009 年　1 月	第 9 回	藪中次官，王光亜次官	東京
6 月	第 10 回	同	北京
2011 年　2 月	第 11 回	佐々江賢一郎外務次官，張志軍外務次官	東京
2012 年　6 月	第 12 回　＊以後中断	佐々江次官，張志軍次官	東京

【経済パートナーシップ協議(ハイレベル経済対話)】

年月(日)	回数	名称	開催場所
2002年10月	第1回	日中経済パートナーシップ協議	北京
2003年10月	第2回	日中経済パートナーシップ協議	東京
2004年12月	第3回	日中経済パートナーシップ協議	北京
2005年12月	第4回	日中経済パートナーシップ協議	東京
2006年12月	第5回	日中経済パートナーシップ協議	北京
2007年12月	第1回	日中ハイレベル経済対話 ＊外相・経産相・財務相レベル	北京
2007年12月	第6回	日中経済パートナーシップ協議	
2008年10月	第7回	日中経済パートナーシップ協議	
2009年6月	第2回	日中ハイレベル経済対話	
2010年7月	第8回	日中経済パートナーシップ協議	
8月	第3回	日中ハイレベル経済対話	
2015年6月		日中経済パートナーシップ協議	
7月		日中財務対話　＊3年2カ月ぶりに再開	
12月		日中経済パートナーシップ協議	
2017年5月	第6回	日中財務対話	
11月		日中経済パートナーシップ協議	北京
2018年4月16日	第4回	日中ハイレベル経済対話 ＊8年ぶりに再開(河野外相、王毅国務委員兼外相)	
2018年8月31日	第7回	日中財務対話(麻生財務相・劉昆財務相)	北京

【日中高級事務レベル海洋協議(中日海洋事務高級磋商機制)】

年月(日)	回数・参加者ほか	開催場所
2012年5月	第1回	杭州
2014年9月	第2回	青島
2015年1月21-22日	第3回	横浜
2015年12月	第4回	厦門
2016年9月14日	第5回 日本：外務省アジア大洋州局四方敬之参事官をトップに、防衛省、海上保安庁などから参加 中国：外務、防衛両省、海警局などから参加	広島
2016年12月7-9日	第6回	海南
2017年6月29-30日	第7回 日本：四方外務省アジア大洋州局参事官 中国：蕭建国境界と海洋事務局副局長	福岡
2017年12月5-6日	第8回　＊不測の事態を回避するための連絡体制「海空連絡メカニズム」始動で合意(日本側出席者80名。日中・中国とも外交・防衛・海上・海洋官吏人員)	上海
2018年6月8日	日中海洋連絡メカニズムの運用開始(2007年首脳間で協議開始に合意してから8回、10年のプロセス)	

第5章　対ロシア関係
　　──同盟, 対立, そして准同盟

第1節　冷戦期の対ソ連関係 40 年

同盟から対決へ——冷戦期 40 年

この 70 年，中国とソ連，中国とロシアの関係ほど変転したものはない．強い軍事同盟，対立，不和，そして敵対，さらには 1989 年の関係正常化をへて，現在は「友好国」「戦略友好のパートナー」などが言われ，「准同盟」の声すら聞こえる．この変化は，両者関係自体の変化でもあるが，国際政治の構造的変化も反映している．中国の相手も，ソ連の解体でバルト諸国や中央アジア諸国を切り離したロシア連邦共和国に変わった．

そもそも中国とロシアは，19 世紀後半に「滅びゆく帝国」と「勃興する帝国」として相まみえて以来，7000 キロメートル以上の国境を接していることもあって，互いにライバルであり，顕在的もしくは潜在的脅威と感ずる関係が続いてきた．1950 年代に社会主義国同士としてはじめて同盟と友好の関係を築き上げたが，それもイデオロギーと戦略問題の対立で短命に終わった．1990 年代から善隣友好関係に入ったが，これが永久に続くかどうかは定かではない．

本章では，まず 1950 年代以来 40 年間，つまり①冷戦期の対ロシア関係の変転を概説し，②同盟と対決という両極端な関係を構造的に分析し，③皮肉にもソ連が崩壊した 1991 年末からこの二大国が「友好国」「パートナー」として再出発している状況を論述する．中国にとっては建国以来の対ソ連・ロシア関係は幸運と困難と代償と教訓の 70 年だった．

現代中国とソ連(1992 年からは，ロシア，および中央アジア 5 カ国)の関係は，中華人民共和国が成立した 1949 年にスタートしたが，それ以後現在にいたるまで，次のように 10 年サイクルで変転してきた．

- 友好と同盟の 1950 年代(向ソ一辺倒)．
- 相互不信，不和，イデオロギー対立の 1950 年代末から 60 年代半ばまで．
- 「敵国」同士として全面的な対決をした 1960 年代末から 70 年代まで(一条線戦略)．
- 国家間・共産党間の関係の正常化を模索した 1980 年代．
- 1991 年末に社会主義の連邦国家ソ連が崩壊しロシア連邦に変わってから

善隣友好関係を打ち立てようとしている1990年代からの26年間である．この26年間は三つの時期に区分できる．①1992-2001年，②2002-12年，③2013-18年．中ロ関係が近代以降もっとも落ち着いた友好的な関係が続いている．2013年からは一帯一路構想のようなグローバルな戦略に中ロ関係が微妙に交錯している．

　さて，生まれたばかりの新中国は，自らの安全と社会主義のためにソ連と同盟関係を結び，米国を中心とする西側陣営と対決する道を選んだ．朝鮮戦争をきっかけとする西側の対中封じ込めの中で，1950年から58年まで中ソの同盟関係はそれなりに十分機能した．だが1956年春にスターリン批判があってから，中ソの共産党間にイデオロギー面で不協和音が生まれ，「脱スターリン」「脱ソ連」をめざす実験である大躍進運動を契機に，1958年から不信と不和の状態に入った．またそのころ，フルシチョフと中国指導部(とくに毛沢東)の間に，核開発，共同防衛体制などをめぐって対立が生まれたことで，この同盟関係は有名無実となった．1960年4月中共理論誌『紅旗』の論文「レーニン主義万歳」がフルシチョフの対米平和共存路線を非難してから，両者のイデオロギー対立が世界にも明らかになった．1963年7月の中ソ両党会談は決裂，中ソ対立が世界の共産党を巻き込むことになった．

　その後対立は国家レベルにまでエスカレートした．毛沢東が1966年に反ソ「修正主義」を掲げて文化大革命を起こした時，ソ連は対中不信感をいっそう募らせ，他方1968年8月，「ある国の社会主義の事業，社会主義共同体の安全に対する脅威が生まれたとき，それはもはやその国人民の問題だけではなく，一般的問題，全国社会主義の心配のタネになる」というブレジネフ・ドクトリンでソ連軍・ワルシャワ条約機構軍がチェコスロバキアを侵攻したとき，中国の対ソ脅威感は極限に達した．ウスリー江上のダマンスキー島(珍宝島)で国境警備隊同士の武力衝突が起こり(1969年3月)，関係は最悪となった．中国はソ連を「社会帝国主義」，主要敵と見なし，他方ソ連も，1970年代全体を通じて，反中国包囲網の形成をアジア戦略の中心に据えて中国と対決した．ソ連と一体となった北ベトナムと中国が「戦争」したのは1979年のことである．

和解から新パートナーへ

　1980年代初めから正常化が模索され始める．ブレジネフ書記長のタシケント演説(1982年3月)を受けた中国は，同年9月の12回党大会で，米国との戦略関係を追求する戦略(一条線戦略．第1章参照)から「独立自主」(第1章参照)に「調整」し，ソ連とは「三大障害」(中ソ国境と中蒙国境のソ連軍，ベトナムのカンボジア侵攻に対するソ連の支持，ソ連軍のアフガニスタン侵攻)を設けることで逆に関係の修復があり得ることを示した(胡耀邦総書記の報告)．

　1982年10月から国境・領土をめぐる協議，外務次官級の政治協議，経済関係の拡大などが始まった．1986年からはソ連でのペレストロイカと「新思考外交」，中国での「改革開放」がそれを後押した．ゴルバチョフ書記長は，「善隣の関係を作り出すための補足措置をいつでも，あらゆるレベルで真剣に検討する用意がある」，「遠くない将来，われわれを隔てている——結びつけていると言いたい——国境が平和と友好の地帯となることを期待している」と中国に呼びかけ(1986年7月28日ウラジオストク演説)，「三大障害」がソ連の手で次々に除去されていった．結局1989年5月，ゴルバチョフが訪中して中ソ両国・両党は30年ぶりに和解した．ゴルバチョフと会った鄧小平は「過去に幕を下ろし，未来を切り開こう」と呼びかけた．

　しかし，「友好と善隣の関係」をめざしたとたん肝心のソ連が消滅してしまった．だがその混乱期にも中国は，旧ソ連の混迷をよそにロシア，中央アジアに対して，経済実務，国境地区の兵力削減，国境の画定，軍事協力など，現実外交を展開している．1990年4月，李鵬首相のソ連訪問では，「国境兵力削減の原則についての協定」を結び，1991年5月には江沢民党総書記がソ連を訪問，懸案の東部国境について国境協定を結ぶとともに，二国間の軍事交流を始めることを約束した．ソ連の崩壊を前提にしながら最悪の事態に備えて自国の安全と利益を確保しようという中国のしたたかさが見える．

　ソ連崩壊後，中国の相手はロシアになったが，1992年12月のエリツィン大統領の訪中に際しては，中ロは「友好国」となったし(「両国相互関係の基礎についての共同声明」)，軍事技術協力をいっそう進めることが約束された．ついで翌年11月グラチョフ国防相の訪中で「中ソ国防協力協議書」をまとめ，5年間の軍事交流の枠組みを作っている．

さらに1994年からは，「建設的パートナーシップ」(1月初めのエリツィン大統領の言葉)，「戦略的高さからの両国関係」(5月，チェルノムイルジン首相を迎えた江沢民総書記の言葉)を謳うようになっている．こうして，CIS(独立国家共同体．バルト3国を除く旧ソ連12カ国のゆるい連合)やロシアの状況が混迷したまま，中ロ関係をはじめとする中国・旧ソ連との関係は「友好国」としてかつてない安定が見られる．

関係の構造変化
　同盟，不和，敵対，そして善隣友好関係へとめまぐるしく変転したのは，一つは社会主義自体の変容と体制の消滅があったため，もう一つは両国を取り囲んだ国際環境が激変したためである．1980年代までは東西の冷戦構造という与件のなかでの中ソ関係であり，それ以後は東西の緊張が緩和し，解消していったなかでの両国関係である．
　1980年代までの中ソ二国間関係は三つの特徴をもっていた．①社会主義体制をとる国家同士だったこと，②水上・陸上合わせて7300キロメートル余りの国境を接していること，③それぞれが固有の歴史と文化をもつ，歴史的にライバル関係にある大国同士であること．これが，1990年代にソ連という国家が地球から姿を消して以来，中国とロシア・中央アジア5カ国を含むCISとの関係は，後者が社会主義を捨てたために脱イデオロギーの，普通の二国間の関係に変わった．
　別の見方をすれば，1970年代まで両者を拘束したのは，両国の対外政策，世界戦略というより，まずそれぞれの米国との関係だった．つまり，米国を中心にした米中ソの「大三角関係」のなかに(もしくはその下位に)中ソ二国間関係があった．あるいは日本を加えた四角関係のなかの二国間関係だったと言ってもよい．日本は中ソにとってつねに潜在的大国，ある種の脅威であった．
　1950年代の中ソ同盟は米国の「封じ込め」戦略に対抗したものだったし，1972年には米国は中国カードを活用した．ソ連に対抗するという中米の利益が合致したためである．「米国にとって，中ソの外交・経済関係の改善を妨げるいちばん効果的な政策は，自分から北京との関係改善をはかることであり，そうすれば中国も米国を不倶戴天の敵と見なさなくなるかも知れない」(D. S. ザ

ゴリアの1970年9月米国上院外交委員会での証言)と米国は考えたし,「ニクソン招請はソ連修正主義社会帝国主義を孤立させる重要な戦略配置である．現段階の中ソの矛盾は敵対的で,わが国の対外関係のなかでもっとも主要な矛盾である」(1971年7月の「ニクソンの北京訪問についての中共中央の通達」)と中国は判断した．中ソが米国と対決する構図から,中米がソ連に対抗する構図への劇的変化である．

ところが1990年代の中国・ロシア関係は質的に変わった．東西冷戦の終結,ソ連の消滅によって,中ロ関係ははじめて「大三角関係」にも,四角関係にも拘束されない自律的な二国間関係に変わっているからである．近代になって初めて「普通の」二国間善隣友好関係を両者はもつことになる．

第2節　中ソ友好同盟相互援助条約 —— 同盟の虚と実

同盟条約

1940年代のソ連と中国共産党の間にはいくつかの摩擦があった．中共はソ連の押しつけや中国革命に対する妨害などに不満で,ソ連は,毛沢東らに不信感をもち,ヤルタ協定が定めた戦後アジアの秩序を中共が攪乱するのではないかと懸念していた．新しい中ソ関係は,中国の内戦の帰趨がきまった1949年7月に始まった．

毛沢東は「人民民主独裁論」と題する論文で,新中国が社会主義をめざしソ連陣営に与することを明言して米国をはじめ世界を震撼させた．「"君たちは一方に偏っている"．まったくその通りだ．……中国人民は帝国主義の側に偏るか,社会主義の側に偏るのかのどっちかであり,絶対に例外はない．ふたまたをかけてはだめで,第三の道はない」と断言したのである．この「一辺倒宣言」を手に劉少奇が中共代表団を率いて密かにモスクワを訪れた(6月末—8月)．この時スターリンがソ連の中国革命指導の誤りにつき劉少奇に謝罪したのは有名な話だが,劉は新中国の国家構造や対外政策の概要を説明しソ連側の了解を得て,物資,技術者,資金(3億米ドル)の援助を求めた．建国後すぐに毛沢東がモスクワに行くことも決まった．

1950年2月14日モスクワでスターリンと毛沢東が見守るなか,中ソ友好同

盟相互援助条約が調印された．30年期限の条約は第1条で「日本および日本の同盟国」への共同防衛をはっきり謳った．「両締約国は，日本あるいは侵略行為において直接間接に日本と結託するその他の国の新たな侵略および平和の破壊を防止するため，あらゆる必要な措置をとるよう共同して努力することを保証する．締約国のいずれか一方が日本または日本の同盟国から攻撃を受けて戦争状態に入った場合は，他方の締約国は全力をあげて軍事上およびその他の援助を与える」．米国を頭の中枢におきながら，表面では日本を主敵に設定した強い軍事同盟である．なお，中ソ同盟については，第1章第1節も参照されたい．

明らかになった中ソ同盟の実像

1990年代後半から，ソ連崩壊によってソ連のアーカイブが一時かなり自由に見られるようになった．米国のウィルソンセンター，中国の華東師範大学（沈志華教授）などが機密文書を手に入れ，貯蔵し，翻訳し，ネットで公開を始めた．新史料のおかげで，1949年1-2月に訪中したミコヤン書記と中共との交渉，同7月劉少奇訪ソ時の中ソ交渉，1950年の毛沢東・スターリン交渉，1950年代前半の計画経済プランの作成とソ連の援助をめぐる諸交渉，1957-58年の毛沢東・フルシチョフの数回の対話などが明らかになり，中ソ関係の研究が格段に進んだ．その結果21世紀に入って次のようにさまざまな「中ソ同盟論」が出てきた．

① A. ウェスタッドは次のように中ソ同盟関係を性格づける（Westad ed. 1998）．
- 中ソ同盟は他の同盟関係とくらべて紛争が拡大していく傾向が強い．
- 中ソともにリーダー個人の性格，つまり両国の政治文化的要因が強く作用した．
- 1958年以後中ソリーダー間で対米認識のギャップが拡大したことが同盟の破綻につながった．
- 同盟は一般に，共通の敵，共通の目標を要件とするが，一番大事なのは「共通の枠組み」である．だが反世界システム同盟としての中ソ同盟には「共通の枠組み」がなく，「敵」についてのイメージや優先順位が食い違うと同盟自体が危機に陥った．

② S. ゴンチャレンコおよび C. プレシャコフは，中ソ同盟について次の諸点を指摘している (Goncharenko 1998, Pleshakov 1998)．
- フルシチョフが登場した 1954 年からソ連の対アジア政策は変わり出す．「核時代の現実主義と革命的理想主義のカクテル」とも言えるフルシチョフ外交は，米国が東南アジア条約機構 (SEATO)，米華相互防衛条約 (以下，米華条約) などアジア安全保障体制を構築するなかで，中ソ同盟をより高いレベル (共同防衛) に引き上げようと考えた．だがソ連リーダーシップ内部に対立があり，1954-57 年の間守勢派と攻勢派が抗争していた．
- 1957 年半ばからフルシチョフは，グローバルなソビエト陣営の樹立を土台にした対米デタントへと戦略を転換．その結果対中政策も，中国をソ連のアジア軍事戦略に組み込もうとするものに変わった．その一環が中国への核技術の供与 (1957 年 10 月) だった．
- 具体的な戦略上の協力がない同盟はイデオロギーを共有していても脆い．しかも中ソ同盟は真に価値を共有していたとは言えない．その面で，フルシチョフが 1958 年に同盟を保証する具体的な戦略協力 (共同艦隊構想など) を中国に提起したのは妥当だったが，やり方が拙劣で最悪だった．

③ ジャン・シュウグァン (張曙光) は，西側の対中経済封鎖から中ソ同盟を考えるユニークな視点を提起し，次のように指摘する (Zhang 2001)．
- 朝鮮戦争後の西側の全面的な経済封鎖のため中国は対ソ従属を深めていった．他方，対ソ依存が深まるほど中国の不安全感，ソ連に対するナショナリズムは高まっていった．
- フルシチョフは，中国に対する経済援助，軍事援助，核供与を外交上の武器として使った (economic weapon)．核供与の中止，専門家引き揚げはソ連に従わない中国への「経済制裁」だった．
- 経済関係と戦略関係で中ソ関係は，cost/benefit を比較考量した理性的な判断ではなく，リーダーの感情や両国の文化の差に強く影響された．

④ 戴超武は，1958 年下半期から始まる中ソ対立から同盟破綻に至るプロセスで，中国の核開発をめぐる中ソの利益対立が決定的要因になったという (戴超武 2001)．戴によれば，1954 年の台湾海峡危機で戦略調整した中国に

とって核開発は国家利益に関わる重大事だった．中国は 1957 年 10 月ソ連から核供与を受けてから「有限な核攻撃能力をもつ積極防御戦略」をとった．だが，1958 年後半からソ連の核政策が通常技術の移転のみに限定されるようになり，1959 年には援助の中止を通告してきた．中ソ分裂の最大の原因は，中国への核援助をソ連が停止したことにある．

中ソ同盟――二つの仮説

さて，以上のような新知見を踏まえて，本章ではとくに，同盟の核心――核兵器をめぐる両国関係に焦点を当て，中ソ同盟の核心部分を明らかにしたい．この問題についてはさすがに旧ソ連からも機密文書が出ず，今もクレムリンの書庫に眠ったままだ．研究者にとっては隔靴掻痒だが，ソ連による核兵器技術の供与が始まった 1957 年から，1959-60 年に軍事部門の協力体制が崩壊していくまでを見てみよう．核の移転という最高レベルの軍事協力がなぜあっと言う間に崩壊したのか．その複雑なプロセスを解明できれば，中ソ同盟とは何だったのかという問題に近づけるだろう．

結論を先取りして言えば，以下の二つの仮説が立てられる．第一に，核をめぐる対立，およびフルシチョフが進めようとした中ソ同盟体制の再構築をめぐる摩擦――この二つは同時に生じた――が両国の同盟を危機に追い込んだ．第二に，中ソそれぞれの国内政治闘争が 1957 年から 59 年にいたる中ソ同盟関係の変化に密接に関わった．具体的には，①ソ連（フルシチョフ）がなぜ中国に核を供与したのか，②1958 年の「共同艦隊」をめぐるフルシチョフ・毛沢東の間の紛争がなぜ生じたのか，を考えた時，そのいずれにおいてもソ連と中国それぞれの国内事情，リーダーシップ内部の抗争が決定的に影響していることが観察できる．以下，二つの仮説を検証してみよう．

1957 年の国防新技術協定は謎が多く，プロセスも内容もよく分からない．ましてや協定がどの程度実行され，中国に核兵器や核技術がどれほど移転したのかはますます分からない．おもに中国側当事者の聶栄臻（1957 年当時，国務院副総理，軍事工業・核開発の責任者）の『聶栄臻回顧録』(1984)，『聶栄臻年譜』(周均倫主編 1999 下) などにもとづいて検討してみよう．

核開発についての中ソ交渉

　そもそも核兵器開発に中国は早くから意欲的で，1954年秋のフルシチョフ訪中時に毛沢東が，「われわれは原子力，核兵器に大変興味をもっている．今日相談したいのは，この分野で援助を得たいという点だ」と要請している．驚いたフルシチョフは，「大変高くつく上に，食べられないし，使えない．わが社会主義大家庭の"核の傘"で十分だ」と応じ，もし真剣に考えているなら「まず小型原子炉の建設を援助することはできる」と答えたという（師哲1991）．

　1955年からソ連は，原子力の平和利用開発に中国を引き入れようとアプローチしてきた．他方中国もそれに応えたが，コストがかかる原子力の平和利用には関心が低く，軍事利用，核兵器，ミサイルおよびロケット兵器開発に意欲を燃やし，急いだ．とくに軍が動いた．彭徳懐国防相は1955年の軍事報告で核兵器の研究と生産の必要性を強調し，1956年4月には聶栄臻が「国防の必要に応じた12カ年研究計画についての意見」で小型核弾頭，原子力潜水艦，軍事用動力炉などの研究の必要性を強調した．この聶栄臻提案が「1956-67年科学技術発展長期計画要綱（12カ年計画）」の一部となった．そのころ張愛萍副総参謀長も「12カ年計画」のために，航空，ミサイル部門でソ連に代表団を派遣するよう提案している（戴超武2001）．もちろん毛沢東の強い意向が背景にあった．1956年4月の「十大関係論」で毛沢東は，「本当に原子爆弾がほしいのか．それならば軍政費の比重を下げて経済建設を多く行わなければならない．……これは戦略問題だ」と初めて核兵器開発の意欲を公にしている．

　その後，国防部に核兵器研究所とミサイル研究機構（いわゆる国防部第五研究院．1956年5月），国務院に核工業を主管する第三機械工業部を設置することが決まった（部長・宋任窮．1956年11月）．なお，核兵器・ミサイル・通常兵器の研究・開発を全面的に指導し調整する機関として国防科学技術委員会が動き出すのは，ソ連との国防新技術協定調印後の1958年9月である（主任・聶栄臻）．

　核兵器・ミサイルの技術援助を切望する中国は，聶栄臻を中心にソ連への交渉団派遣を急いだ．中国政府がソ連に公式にミサイル支援を要請したのは1956年8月17日，だがソ連の対応は当初は消極的で，まず専門人材養成が必要だとして50名の中国人を受け入れるとだけ答えたという．

　『聶栄臻年譜』などによれば，核兵器技術援助をめぐる直接の接触は1957年

6月からである．聶栄臻・李強(対外貿易部副部長)が中国駐在のソ連経済技術総顧問アルヒポフと会見し，原爆とミサイル生産のための技術援助についての政府間交渉を要請，モスクワに照会したアルヒポフが7月22日に中国代表団の訪ソを承諾した．8月6日周恩来首相は，原子力工業・核兵器・ミサイルの生産，航空事業などの援助交渉のため中国代表団をモスクワに派遣するとブルガーニン首相に公式に通知した．

モスクワでの本交渉は9月7日から10月15日まで続いた．中国側は，聶栄臻団長以下，陳賡(ちんこう)(解放軍副総参謀長，国防部副部長)，宋任窮(軍事工業を担当する第二機械工業部部長)など，ソ連側はペルブーヒン団長(閣僚会議第一副議長，新技術国家委員会議長．核部門の責任者)以下，コネフ元帥(国防省次官)，スラフスキー(中型機械工業相)などである．交渉は，軍事，原子力，ミサイル，航空機，ラジオステーションの5グループに分かれて行われた．10月15日には「新式兵器と軍事技術装備の生産，および中国に総合的な原子力工業を建設することについての中ソ政府間の協定」が結ばれた．

協定本文はもちろん機密だが，5章22条からなる協定でソ連は，「総合的な原子力工業，核兵器・ロケット兵器・戦闘機・ラジオステーション施設の生産と開発，およびロケット兵器・核兵器の実験発射場などで中国政府に技術援助を与えることを約した」．期間は1958年から64年までだった(周均倫主編1999上，戴超武2001)．

このプロセスで指摘しておくべきなのは，毛沢東をはじめ中国のリーダー全員が核兵器・ミサイル開発に熱心だったこと，とくに彭徳懐国防相，聶栄臻，張愛萍副総参謀長ら軍首脳がイニシアティブを取って進めていることである．中国が熱心に核兵器を求めたのは，一つには，核兵器がとくに台湾問題をめぐって対米，対台湾抑止力としてもっとも効果的で，相対的に安上がりだったためだろう．もう一つは，「国際的威信」である．核をもてば政治的交渉力が飛躍的に高まり，「大国」として国際的にも登場できる．

聶栄臻によれば，1957年協定は1年間は順調に実施された．1957年末にはミサイルが満州里に届き，発射実験場建設の専門家も到着した．また1959年の在北京ソ連大使館からモスクワへの報告では，1958年には原子力部門の専門家111名，核原材料採掘の地質専門家43名，国家保安委員会(KGB)の要員

13名，340名の軍事専門家などの核開発関係ソ連要員が中国に入った，と伝えている(Zubok and Pleshakov 1997)．

ソ連が核技術を中国に供与した理由

ところで，ソ連(フルシチョフ)が懸念をもちながら核供与を約束したのはなぜだろうか．

第一に，とくに1956年にスターリンを批判し「平和共存論」を提起してから57年にかけて，フルシチョフが，社会主義陣営の再編と強化によって対米デタントを実現しようという新戦略を模索し始めたことと関連している．社会主義陣営の強化は，1955年5月ワルシャワ条約機構(WATO)の創設によって着手された．経済共同体(COMECON)と軍事共同体(WATO)で基礎を固めて米国との平和共存ゲームに乗り出そうとしたのである．そのためには東の社会主義大国＝中国との関係の強化が不可欠だった．諸史料によれば，すでに1955年からフルシチョフは中国を含む極東の共同安全保障体制を考えていたようである．中国が求めている核の供与は，中国を引き込んだアジアでの安全保障体制の構築という自分の構想を進める上で絶好の「武器」になる，とフルシチョフは判断したにちがいない．

第二に，スターリン批判以後の国際社会でのソ連の不安定な位置，ソ連国内の激しい後継権力闘争である．社会主義圏内，国内ともに立場が不安定だったフルシチョフが，核技術を供与することで中国の支持を全面的にとりつけ，自分の権力基盤強化のための資産とした，と考えられる．

スターリン批判後東欧情勢は混迷し，ポーランド，ハンガリーでは反体制と反ソ連の動きが深刻化した．ポーランドの混乱に手を焼いたソ連共産党は1956年10月後半，中共中央宛て緊急通知で至急に中共代表団と協議したいと申し入れてきた．中共は劉少奇をモスクワに，周恩来を東欧諸国に急派するなど，窮状にあるソ連を助けた．ソ連は中国の「斡旋」があったからこそ対東欧関係の破綻を防ぐことができた．つまり，中ソ関係はこれまでの指導・被指導，援助・被援助の関係から対等な関係に移ったのである．ソ連およびフルシチョフは，中国の支持なしに「社会主義世界の盟主」の地位を保持することはできない．

一方ソ連国内では，1957年6月，フルシチョフに反対するマレンコフ，モロトフ，カガノビッチ，ブルガーニン，ヴォロシーロフらがソ連共産党中央幹部会会議を招集し，フルシチョフ第一書記を解任しようと画策していた．だがこの「クーデター」は失敗し，6月末のソ連共産党中央委員会全体会議は，逆に「マレンコフ，カガノビッチ，モロトフら反党集団に関する決議」を採択し，マレンコフらは失脚した．さらにフルシチョフは同年10月，この政変で鍵を握ったジューコフ国防相を解任した．1953年から続いていたスターリン後継をめぐる権力闘争は中国への核供与のとき，まさに最終局面を迎えていたのである．

　要するに，権力基盤が脆弱なフルシチョフにとって，中国に核を供与することは，巧妙だが，きわめて危険な「援助のえさ」だったと言える．核供与をめぐる中ソ交渉に当時の社会主義国際関係およびソ連の国内政治が濃厚に反映していたことは確かだ．あえて言えば，「(他国への核供与は)ソ連にとっては初めて」で(周均倫主編1999上)，国際的にも衝撃的な核技術の供与をめぐる決定の不自然さと軽率さこそが1年半後の「突然の中止」へとつながったのではないか．

　1959年6月20日ソ連は，核実験停止についての米英ソ三国交渉，米ソ首脳会談を前にして，「西側諸国が核兵器のサンプルと設計技術をソ連が中国に供与したことを知れば，国際緊張緩和についての社会主義諸国の努力が損なわれる」から，原爆サンプルと設計技術資料の中国への供与を停止し，「2年後，核実験禁止と国際緊張緩和についての西側諸国の態度がはっきりするのを待って再決定する」と通告してきたのである(周均倫主編1999下)．なお，核工業分野にいたソ連人専門家233名が重要な図面，データをもって2カ月後に全員帰国，また設備材料の供給も即時停止されたという(李覚ほか主編1987)．どうやら中国は核兵器についての重要データ，原爆サンプルをソ連から受け取ることはなかったようだ．中国が原爆の自力開発を決断するのは1961年7月のことである．

中ソ同盟とは

　中ソ同盟体制はさまざまな領域とレベルをもつトータルなものだった．第一

がイデオロギー，第二が安全保障，第三が利益，第四が社会主義建設のモデルである．中ソ同盟は平時に全面的な安全保障と協力を約した，世界に類を見ないシステムとしてスタートした．本章では，そのうち第二の安全保障をめぐって関係強化から紛争へと暗転した1957-59年に焦点を当てて中ソ同盟の一側面を分析してきた．ここで次の3点を指摘しておきたい．

第一に，1957-58年，中ソ軍事同盟は国際情勢の変化およびソ連対外戦略の変化を受けて，制度化と再編の時期を迎えていた．それを押し進めたのは積極的アジア戦略に転じたフルシチョフであり，それを支持するソ連軍部であり，彭徳懐ら中国の軍部もある程度それに呼応する動きを見せた．だが，対米および対ソの強烈なナショナリズムに駆られた毛沢東らの強い反発によって制度化，再編どころか，同盟の危機につながっていった．

第二に，中ソ同盟は恒久的・全面的なものとしてスタートしたが，以下のように非対称的で脆いものだった．①軍事力と経済力がいずれも非対称的だった，②戦略目標が，現状維持を志向するソ連に対して，台湾問題を抱える中国は現状の変更を求めていた，③ソ連は経済面，軍事面での「共同体」を長期目標としていたが，中国(毛沢東)は同盟を，ソ連からの安全保障と援助を獲得するための手段，二国間の限定的同盟として，きわめて機能的に考えていたこと，などである．

第三に，そもそも全面的同盟には，共通の目標，共通の利益，共通の戦略が最低限必要とされる．だがそれだけでなく，安定したリーダーシップ，安定した国内政治経済状況もまた同盟持続のために欠かせない要件である．1957年の同盟強化(核技術の対中供与)はソ連リーダーシップ内の熾烈な権力闘争とフルシチョフの国際的威信獲得をかけて実行された，不安定かつ危険な決断だった．この「脆い同盟」は当初から危機を孕んでいたが，とくにソ連が平和共存で現状維持志向をいっそう強めるなかで，中国(毛沢東)は秩序変革に駆られ，両者の目標そのものの一致さえ危うくなり，その上核と防衛体制をめぐる矛盾が顕在化したとき，同盟は破綻へと向かった．

第3節　中ソ対立 ── その要因と意味

対立の契機

1960年代からの20年間，世界の変革と国際主義を誓い合った両国，両党の間で深刻な対立，ひいては軍事的対決まで生まれ，一時は互いに「主要敵」とみなした．対立は，1956年に党の間のイデオロギーの不一致，正統性争いからスタートしたが，1958年からは，共同艦隊や海軍基地，核兵器の開発など同盟下の軍事協力体制をめぐって国家間の生臭い対立にいたる．フルシチョフの対米平和共存政策，中国を支配下におく共同防衛構想に中国の不満はつのった(1958年春から夏にかけてソ連は，ソ連人を司令官とする太平洋共同艦隊，モスクワに司令部をおく共同無線防衛体制，ソ連空軍の中国基地使用などを提案，毛沢東は中国の主権への侵害だとしてそれを斥けた)．当時フルシチョフは，アジアでもワルシャワ条約機構と同じようなソ連を盟主とする集団防衛体制を，中国との間に作り，米国と対抗し，あわせて中国を支配下におこうとしていたと考えられる．

中国から拒否されたソ連は，1959年夏，核開発についての国防新技術協定(1957年10月調印)の中止，専門家の引き揚げという強硬措置で対抗した．折からの中印紛争でも中立を決めこみ中国を刺激した．1960年からは，中ソ両党間のイデオロギー対立は深刻になり，1963年には論争はピークに達してもはや修復しがたくなった．しかも新疆地区の住民6万人がソ連領に脱走した事件(1962年4-5月)のように，国境や民族をめぐる紛争も多発する．

だが全面対決をもたらしたのは，1966年に始まる中国の文化大革命，そして1968年8月のチェコ事件である．ソ連は文化大革命を反ソ連の大政治運動だとみなして中ソ国境の兵力を大幅に増強，他方中国は，「社会主義大家庭論」「社会主義共同体論」を掲げて，ソ連の国益を同盟国や兄弟国に押しつけるソ連を実は「社会帝国主義」だと判断した．ダマンスキー島では国境警備隊同士が衝突，多数の死者を出した．中国は米国との接近をはかる一方，「戦後の一時期存在していた社会主義陣営は，社会帝国主義の出現ですでになくなった」(1974年4月国連資源特別総会での鄧小平演説)として，これまで拘束されてきた陣営から完全に離脱した．

対立の要因

20年間の対立には次の三つの要因が絡まっていた．第一は，党と党，ときには国家と国家の間のイデオロギー対立である．社会主義にどう近づくか，社会主義とはなにかをめぐるマルクス・レーニン主義の正統性を争う対立，核の時代の戦争と平和や革命の問題をどう認識するか，米国「帝国主義」とどう対決するかをめぐる理論と戦略の違い，社会主義の国家間関係はどうあるべきか，「国際主義」理念とそれぞれの国家利益をどう調整するかの問題など，イデオロギー対立は多岐にわたった．

第二の対立要因は，国家の具体的利益，国益をめぐる対立である．これもまた，中ソ同盟関係のもとでの安全保障にかかわるもの，領土・国境・民族をめぐる(多くの場合，深い歴史的な根をもつ)対立，さらに社会主義国同士の間では，ソ連の強要するように「共同体」の利益が優越するのか，あるいは中国が言うようにある一国の主権，国益が優先するのかなど，イシューはさまざまにあった．

第三の要因として，1950年代半ばから60年代の特殊な時代性も中ソ対立を促し，エスカレートさせた．スターリン批判は社会主義陣営内部でのソ連のリーダーシップを揺るがしたが，他方で世界は，ソ連の軍事能力の増大にともない，米ソの新しいパワー・バランス，米ソ二大国による世界管理へと動き始めた．だがこうした状況を，もうソ連とは対等だと自負し，世界の現状打破を狙い，脱スターリンの変革を志向し始めた毛沢東には認められず，それが中ソの対立の重要な契機になった．フルシチョフと毛沢東という，野心的で現状打破的なリーダーのライバル意識がぶつかり合ったことも，両国関係の悪化を助長した．

これら三つの要因は複雑に絡み，どれが主要だったかは特定しにくい．ただ言えるのは，中ソとも社会主義国だったからこそ20年の対立があり敵対に行き着いたことを考えれば，理念としての社会主義国際関係(矛盾のない，連帯と国際主義の関係)と現実の国家間関係には計り知れないギャップがあり，それをイデオロギーで覆い隠したこと，社会主義国家が現実政治ではきわめてナショナリスティックで，資本主義国よりもずっと「国家主義」的だったことこそが対立を生み，対決へと導いたということである．

対立の意味

1980年代，中国が「改革開放」，ソ連がペレストロイカを進め，1989年には東欧圏が瓦解，ついには1991年にソ連が社会主義国としても連邦国家としても忽然と姿を消した．これらは両者が命運をかけた中ソ論争，中ソ対立の虚しさを如実に示したが，中ソ対立を歴史の本からデリートしてしまうわけにはいかない．中国もソ連(ロシア)も20年間莫大な犠牲を払ったことを思えば，対立の意味を確認しなければならない．

中ソ対立の歴史的意味の第一は，社会主義国でも国家利益や安全保障が紛争のタネだったという厳しい現実をさらけ出したことである．中ソ関係が防衛体制をめぐってこじれ，領土・国境問題で爆発したことが何よりの証左である．しかもソ連が「国際主義」イデオロギーでその一国主義を覆い隠したために関係はいっそうこじれた．

第二に，両国間の相互脅威感の強さである．1960年代から中国にとってソ連は，外敵，軍事的脅威であるとともに，毛沢東が正統マルクス・レーニン主義だと考えるものを浸食する「内からの脅威」に他ならなかった．他方ソ連も，ブレジネフ時代に国境の兵力を増強し，モンゴルにもソ連軍を駐留させ，中国の「攻撃」に備え，一時は核兵器の使用すら考えた．

第三に，両者の脅威感の底に20世紀の社会主義イデオロギーがもつ「国家主義(エタティスム)」が窺える．中ソの対立，東欧圏の瓦解，COMECONやWATOの消滅は，社会主義が固有の国際関係を作り出せなかったことを意味する．そもそもレーニン後の国際情勢は「国際主義」や「国家の死滅」など社会主義理念を実現するにはあまりに過酷だった．スターリンは国際主義＝ソ連の防衛という論理でジレンマを解消しようとした．「一国社会主義論」である．しかもソ連国内では党＝国家体制が出来上がり，党国家権力を肥大させた．理念だった「国家は止揚される」どころか，「国家至上主義」がすべてを覆い尽くした．

アジアでは民族解放運動が社会主義と結びついたためこの傾向がより強かった．社会主義中国は民族解放，ナショナリズムを核に出発，ソ連モデルを導入し，そのため「国家至上主義」はソ連よりも強い．しかも，「国家」にかじりつく両者が「国際主義」イデオロギーで対外政策を飾り立てるから，紛争や対

立が生まれたときそれを処理する実務的措置がとれない．かくて社会主義国際関係はより歪んだものとなる．中ソ対立，あるいは1970年代後半からの中国とベトナムの対立はその醜さを遺憾なくさらけ出した．

中ソ対立の歴史に顧みて次の二つの点を改めて問いたい．一つは，なぜ社会主義の国家間関係が構築できなかったのか，もう一つは，なぜ両者は普通の二国間関係を作れなかったのか，である．

第一の点は，社会主義と国民国家という問題に行き着く．そもそもマルクス・レーニン主義が理念としていた国際主義は，既成の国民国家体系を否定することで提起された．マルクスの「第一インター宣言」は諸個人の「道徳と正義の関係」をそのまま諸国民の関係に援用しようとし，レーニンも「死滅する国家」のシナリオを描いた．ロシア革命は，理念的には，階級と搾取，戦争の否定を，世界革命と国家の死滅によって実現しようとした．だがすでに述べたように，ロシア革命後の国際情勢はきわめて過酷であり，世界革命どころかソ連の維持すら危ぶまれる状況で，ソ連の防衛だけが国際主義の現実の内容になっていった．しかも社会主義はもっぱら民族解放闘争の手段，方法としての有効性だけが発揮されるようになった．そもそも国民国家およびそれからなる国際システムを否定するなかで出てきた社会主義が，皮肉にも，国民国家を実現するための手段，方法となっていったのである．旧ロシア帝国をひきずったソ連，中華帝国をひきずった新中国が，社会主義によって新国民国家に変身していくことになる．社会主義国際関係は完全に夢と化し，生まれてきた「新国民国家」の赤裸々な国益のぶつかり合いだけが残った．

第二の点，中ソが普通の二国間関係を作れなかったのは，イデオロギー要素に加えて，両者の関係がグローバルな戦略関係の中に組み込まれてしまったからでもある．米中ソの三国関係で考えると，相対的に脆弱な中国は一貫して米ソ対抗の大きな枠組みのなかで一つのコマであり続けた．ソ連は1950年代に対米対抗のために中国というコマを使ったし，1970年代初めに米国は対ソ対抗のために中国をコマとして使った．1970年代末には中国が米国との戦略関係を追求したが，中国のパワーは米国，ソ連に比べてずっと劣位にあった．しかし，米国が作った「中国＝潜在大国」イメージにソ連も，ひいては中国自身も幻惑され，結果として中国は米ソ間でも弄ばれることになったと言えよう．

1970年代のことである．1982年の「独立自主」外交の選択は，米ソ間のコマである状態から脱したいという中国の意思表明であった．両者が普通の二国間関係を探り始めるのはそれ以後のことである．

中国にとっての「教訓」

対立は両者にさまざまの悲劇をもたらした．対ソ対決路線抜きに文化大革命はあり得なかったし，1979年アフガニスタン侵攻が示すように，中国との対決がアジアでソ連に膨大な軍事負担を強い，経済の崩壊，ひいてはソ連そのものの消滅につながったとさえ言える．だが，1980年代に入ってからの中国は，不毛だった対ソ対決からそれなりの教訓を得，それを対外戦略，対外政策の策定に生かしてきたようである．

中国にとって第一の「教訓」は，国家関係にイデオロギーを持ち込むことはマイナスでこそあれ，なんのプラスにもならないという「真理」にたどり着いたことである．社会主義の「国際主義」「社会主義共同体」のイデオロギーでソ連が追求したのは国益以外のなにものでもなかったことが，中ソ関係でもチェコ事件でも余すところなく示された．1980年代から中国はどの国に対してもまず平和共存五原則を求め，対ソ正常化に際しても平和共存五原則，とくに「平和共存」を強硬に求めた．

第二の「教訓」は，大国とは同盟，戦略関係を結ばないという「不同盟」政策こそ，自国の行動の自由を保障すると認識するにいたったことである．対ソ同盟が中国の行動をがんじがらめに縛った苦い経験から得た結論である．中国は決して抽象的に「独立自主」を言っているのではなく，米ソという二つの大国からの「独立自主」なのである．

中国が対外開放政策に転じたのは1978年末だが，対外戦略の本格的転換は1982年9月の12回党大会で表明された．大会で胡耀邦主席は，「建国以来33年，中国はいかなる大国，いかなる国家集団にも決して依存せず，いかなる大国の圧力にも決して屈服しないということを実際の行動で全世界に示してきた」として「独立自主」を訴え，具体的には，ソ連との関係修復（ソ連が「三大障害」を除去するという条件がついていた），日本との持続的関係の発展，米国との「健全な」関係を提起した．1979年から進めてきた米国との戦略関係から

後退したのである．中米間には台湾問題という難関があることに改めて目を向けたためでもある．ちなみに 1985 年 5-6 月の中央軍事委員会拡大会議で鄧小平主任は，中国が国際問題で重大な二つの転換をしたと述べたが，一つは「戦争は不可避である」との観点を改めたこと，もう一つは，日本，ヨーロッパ，米国をつなぐ「一本線」で「ソ連覇権主義の脅威」に対抗する戦略を転換したことである．

　1986 年には「独立自主」外交の中身が固まった．3-4 月の全人代で趙紫陽首相は，中国外交の 10 項目の基本原則を示したが，その中心は「中国はいかなる超大国ともくっつかないし，どちらの一方とも同盟を結んだり，戦略関係を持ったりしない」，「すべての国際問題について，世界の平和，各国との友好協力，世界の経済発展の観点から理非曲直を決めて対処する」というものである．

　中国外交史の研究者謝益顕(外交学院)は，この戦略転換の意義を次のように強調する．「対外政策の重大な調整の一つは，米ソ二つの超大国に対する，一方と連合して他方に反対する戦略をめぐっていた．1970 年代の中国対外関係の核心は二つの覇権国に反対することだったが，ソ連覇権主義に重点があった．1970 年代末，中国は米国，西欧，日本と中国が共同でソ連覇権主義に反対する主張を出したが，これが根本だった．……だがこれは 1980 年代に改められた」．その理由を謝はこう述べている．「具体的な国家関係で，中国と米ソ二大国の間で絶対的等距離ということはあり得ない．ただ，一方の超大国と連合して他方の超大国に反対するというのは客観的な根拠に乏しいとだけは言える」(謝益顕 1989)．対ソ同盟の失敗，米国との戦略関係が中国の行動の自由を奪ってしまったこと，中国の動きが米ソの戦略バランスを崩したことなどから，「大国中国」は自らの理非曲直で国際社会で行動すべきこと，こうした認識が，大国との同盟・戦略関係を取らない道を選択させた．

　さて，天安門事件と西側の対中制裁，ついで東欧に始まる社会主義の崩壊，ソ連国家の消滅を通じて，中国は第三の「教訓」を得た．社会制度の違いが国際関係，二国間関係に影響すべきではなく，「内政干渉反対」の原則を再確認したのである．

　1990 年 9 月(ペレストロイカは危機のさなかにあった)，国連総会で銭其琛外相は，中国のめざす「新国際政治秩序」を次のように説明した．

- 各国は，その国情に基づき政治・経済・社会体制を選ぶ権利をもつ．
- 各国，とくに大国は他国の内政に干渉しない．
- 相互に尊重し，小異を残して大同を求める．
- 国は大小，貧富を問わず，すべて国際実務に平等に参加する権利をもつ．

さらに，1991年3月の全人代7期4回会議で李鵬首相は，上の四原則のうち，各国の体制選択の権利，内政干渉反対を強調し，とくに自国の価値観やイデオロギー，発展モデルを他国に押しつけることを強く批判した．1990年代からはこの四原則が中国外交の基本である．

こうして中国はソ連との40年余の「つき合い」で得た「教訓」をもとに対外戦略を構築している．1990年代に新中ロ関係のイニシアティブをとったのは中国である．

第4節　ポスト冷戦の対ロシア関係
―― 戦略友好パートナーシップ

ソ連崩壊と中国

ゴルバチョフが訪中して中ソが和解した後，ソ連情勢は混迷した．そのなかで中国はソ連の動きに動揺しながらも，国境の兵力削減，7300キロメートルの国境の画定など，ともかく対ソ安全の確保に意を注いだ．1990年4月の李鵬首相の訪ソで，国境兵力の削減・信頼醸成措置の原則についての協定のほか，2000年までの経済・科学技術協力の要綱，外務省間の定期協議の議定書など実務文書が交わされた．1991年5月には江沢民主席がモスクワに行き，長らく懸案だった東部地区国境画定協定に調印した．注目されるのは，このときの共同コミュニケが，「双方の軍隊は正常な友好往来を進める」とさりげなく軍事交流に触れていることである（第6項）．

だが，1991年末のソ連の崩壊で中国は改めて新関係を作らなければならなくなった．ソ連崩壊のインパクトはきわめて深刻だった．1991年8月の保守派の軍事クーデターに際して『人民日報』がクーデター派の動きだけ報道したように，中国の一部（胡耀邦・趙紫陽・鄧小平の改革開放に批判的な保守派――鄧力群党中央宣伝部長など）はソ連での「逆転」に一縷の望みをもっていた．また連

邦国家が瓦解したため，国境は安全か，「ロシア膨張主義」が甦るのではないか，と中国は強い不安を抱いた．

だが，あるいはだからこそ，ソ連崩壊後の中国の対応は敏速で実務的だった．崩壊と同時に李嵐清対外貿易部長と田曽佩外務次官を，ウクライナ，ロシア，ベラルーシ，中央アジア諸国に送って新国家を承認し，12月末から翌年1月初めにかけて次々に外交関係を樹立した．ロシアとの協議で，旧ソ連の中国に対する関係すべてをロシアが引き継ぐことになり，王尽卿大使が駐ロシア大使に留任した．こうして中国は，旧ソ連時代と断絶なく，ロシアを初めとする新しい共和国との関係を続けることになった．

また，ソ連崩壊は戦略的には不都合なことばかりではなかった．長く北からの脅威だったソ連が無くなることで中国の安全保障上の負担は激減する．何方（国務院国際問題研究センター副総幹事）は1992年6月のある内部報告で次のように言う．「ソ連の解体はわれわれの北からの直接的な脅威を取り除いた．……中国の30年にわたる反覇権の闘いは基本的に終わった．ソ連の解体で……われわれの安全は根本的に改善され，すべての力を経済に集中できる」と（何方1992）．

初めて自由に動ける広い空間を得た中国は，中央アジア・東南アジアなどの周辺諸国と積極外交を展開し，ASEAN地域フォーラム(1994年)，上海協力機構(SCO.2001年)などの多国間安保対話にも関わるようになる．

以後，ロシアに対して中国は，以下の四つのアプローチで対応した．中ロ関係は三段階の変転をするが，基本的には安定的に推移した．後に述べるように双方が関係の制度化を進めたことが安定に寄与した．

- 信頼醸成措置と東と西の国境画定でなにより安全を保障すること．
- 新しい普通の二国間関係の方式を構築すること．
- ソ連を離脱した中央アジア諸国を含むユーラシアの多国間地域関係を作ること(2001年の上海協力機構の結成でスタートした)．
- 国内では，ソ連崩壊の轍を踏まないために，経済成長で国民の支持を取り戻そうと「改革開放政策」を加速させた(1992年1-2月鄧小平「南巡談話」)．

ポスト冷戦の中ロ関係，三つの段階

　中ロ関係は以後，次のような変転をした．中国が対ロシア関係を，1992 年には「友好国」，1994 年には「新型の戦略的パートナー」，1996 年には「戦略協力パートナー」と格上げしていった．2001 年の善隣友好協力条約では戦略協力パートナーシップ，そして 2015 年に習近平が訪ロして発表した第二次大戦勝利 70 周年を記念する中ロ共同声明では，「全面的戦略協力パートナーシップ」に更に格上げされた．2016 年には「特権的な戦略的パートナーシップ」との表現も使われ始めた(2016 年 10 月，プーチン演説)．昨今では，中国の国際政治学者の一部に「准同盟国」の関係にすべきだ，という意見すら出ている．たとえばリアリストの 1 人閻学通(清華大学)は「中国は自身の利益のために盟友とみなす国家内に軍事基地を作るべきだ」とはっきり主張する．また「中国はなぜ同盟関係を結ばないのか？」という問いに次のように答える．「自分の考えでは，中国が実事求是を行っていないからだと思う．中国政府は 1982 年に不同盟原則を採用した．当時としては正しかった．なぜなら，当時中国のパワーは非常に弱く，この原則は以後 26 年間中国の利益に符合したから．だが，その後，中国は第二のグローバル国家になった．不同盟の原則は中国の利益に合わない．中国がこの原則を放棄する上での主な障害は，長らく，政府が宣伝工作で同盟を一種の冷戦思考だと批判してきたからである」．彼によれば，経済援助より軍事援助の方が効果的で効率的なのだ．この同盟戦略論はだが，いまのところまだ中国の主流の議論にはなっていない(閻学通 2016)．

　ポスト冷戦の 26 年の中ロ関係を次のように時期区分して考えることができる．

- 第 1 期：1992-97 年　新関係の模索から善隣の友好国へ．新型の戦略友好パートナーシップ．国境兵力削減などの信頼醸成，東と西の国境画定，さまざまな軍事協力で，中国はとくに対ロ安全保障の構築に腐心した．
- 第 2 期：1997-2001 年　新型友好パートナーから善隣友好協力条約を結び，中国にとって最大の友好国，善隣関係に入った．
- 第 3 期：2002-18 年　全面的戦略パートナーとして強固な二国間関係を築き，利益をめぐる関係も強化されている．資源・エネルギーをめぐる経済関係，二国間・上海協力機構を通じた多国間の共同軍事演習や武器売買な

どの軍事協力も進んでいる．

東部・西部国境の画定

ソ連で共産党の一党独裁放棄，多党制への移行が決まったとき（1990年2月），中国指導部はゴルバチョフのペレストロイカ，新思考外交がブルジョワ議会主義，社会民主主義であり，「諸悪の根源」だとし，今後西側の主要目標が中国社会主義の「平和的転覆（和平演変）」に移るだろうと強い警戒心を抱いた．当時の中共中央の秘密文書は，「ソ連・東欧でどんなことが起ころうが，国際的な風雲がどんなに変わろうが，中国は社会主義の信念を保持し，改革開放政策を守り，断固として自分の道を歩む」と決意を新たにしている（「ソ連共産党2月中央委員会総会についての参考資料」）．

中国はソ連の危機に対してイデオロギー的危機感を強め，ソ連の危機がかつての「大ロシア主義」の復活につながるという不安感も抱いた．だが外交面では，起こり得る危機に備えて着々と手を打った．1990年4月の李鵬首相の訪ソで，国境兵力の削減，信頼醸成措置の原則についての協定，2000年までの経済・科学技術協力についての要綱などをまとめ，経済危機のソ連への商品借款も決めた．とくに，国境兵力削減についての合意は両国間の危機防止に大きな意味をもった．

次いで，1991年5月，江沢民主席の訪ソで東部地区国境についての協定が調印され，国境河川の一部川中島を除いて，4000キロメートル余の東部国境が画定された．1965年以来の懸案が片づいたのである．江沢民は，ソ連について改めて「レーニンの事業への崇高なる敬意」を表明したが，共同コミュニケは，経済協力の促進，国境の兵力削減，信頼醸成措置の強化，軍事交流の推進をうたう，実務一辺倒のものだった．

中ロの東西国境の画定は1991年5月の協定で重大突破があった．なお，中央アジア諸国のソ連からの離脱後，中国とロシア・中央アジアの国境は次のようになっている——かつての対ソ連国境：7300キロメートル，対ロシア：4300キロメートル，対カザフスタン：1700キロメートル，対キルギス：1000キロメートル，対タジキスタン：400キロメートル．

1991年協定後国境交渉は次のようなプロセスを辿る．

- 1994年5月チェルノムイルジン首相訪中．国境管理制度についての協定調印．
- 1994年9月江沢民主席訪ロ．西部国境協定調印．95％の境界を画定．
- 1998年11月江沢民訪ロ．一部の国境河川内島嶼での共同開発の協議が残っているが，東部・西部の国境の測量終了(共同声明)．
- 2004年10月プーチン訪中．「東部国境補充協定」調印．国境河川内の三つの島(アルグン河のボリショイ島，アムール河とウスリー河の交差点ボリショイ・ウスリースキー島(中国名黒瞎子島)，タラバロフ島(中国名銀龍島))の帰属確定．黒瞎子島は西部を中国領(171平方キロメートル)，東部はロシア領(164平方キロメートル)とすることで合意(井出敬二 2017)．
- 2008年7月．「中ロ国境に関する追加議定書」，黒瞎子島の境界画定除幕式(『中国年鑑2009』)．

こうして国境をめぐる中ロ間の懸案は2008年に最終決着をみた．なおタジキスタンとの国境は，2008年10月にようやく決着，2010年に国境画定議定書にサインした．中国は割譲を求めていた3万平方キロメートル弱を放棄する一方，タジキスタンがパミール地域1000平方キロメートルを中国に割譲した(『中国年鑑2011』)．

国境の信頼醸成──1996年4月上海協定

1996年4月26日，上海で「中国─ロシア・カザフスタン・キルギス・タジキスタンの国境地区軍事領域での信頼醸成についての協定」が5カ国元首の間で調印された．そもそも中ロ間の信頼醸成措置交渉はソ連崩壊前に始まっており，1989年11月に「国境兵力相互削減と信頼醸成についての指導原則を協議する」中ソ外交・軍事専門家グループ交渉第1ラウンドがモスクワで始まった．ソ連が崩壊してからは，ロシア・カザフスタンなど中国が国境を接する4カ国との交渉に移ったが，実質は中国・ロシア間の交渉である．1995年の第17ラウンドで基本合意ができた．なお，今回の信頼醸成につながる「危険軍事活動予防協定」が1994年7月に遅浩田・グラチョフ両国防相の間で結ばれ，さらに同年8月には核ミサイルの照準を相手方に向けないことを合意している．

1996年協定は公表されていない．中国メディアは次のように伝える．「協定

図5-1 中央アジアとの国境

に基づいて、国境地区に双方が配備している軍事力は相互に攻撃し合わない、双方は相手方を目標とする軍事演習を行わない、軍事演習の規模・範囲・回数を制限する、国境から100キロメートル以内での重要な軍事活動状況は相互に通報する、危険な軍事活動を予防する、双方の国境地区の軍事力と辺境防衛部隊の間で友好往来を進める」(『人民日報』1996年4月27日).

4月27日の『人民日報』評論員論文「世界が刮目する協定」は、この政治軍事文書が、関係国間だけでなく、アジア太平洋地域の平和と安定にきわめて多くの影響を与え、諸国間の相互信頼と善隣友好を発展させる試みであり、壮挙であること、「中国脅威論」への手痛い反証になるだろうと述べ、協定の意義を高く評価した。他方、中国への武器移転が中国の脅威を増大させるという対中警戒心も強いロシアでは、協定の重点は力の行使や威嚇を拒否した点にあること、同種の協定がいずれロシアとモンゴル、中国とインドの間で結ばれるだろうという論調も見られた(岩下明裕未定稿).

いずれにせよ、かつてソ連との国境紛争、軍事対決に苦しんだ中国からすれば7300キロメートルの国境が制度化された意味は大きい(図5-1).

信頼醸成の進展——1997年4月モスクワ協定

ついで1997年4月(江沢民訪ロ)には中ロ「新関係」を支える「国境地区での軍事力の相互削減についての協定(モスクワ協定)」が、上海協定の時と同じく、

江沢民・エリツィン・ナザルバエフ・アカエフ・ラフモノフの5元首の間で調印された．前年に信頼醸成措置交渉が合意してからも国境地区の兵力削減交渉は難航した．ロシア側情報では，国境線100キロメートル以遠に相互の兵力を引き離すという中国の提案に対して，100キロメートル以内に兵力を展開しているロシアが拒んでいたためという．1996年は5ラウンドの交渉が行われ，年末の最終ラウンドで完全な合意に達した(『人民日報』1996年12月27日)．交渉開始後7年かかった．

協定は未公表だが，中国外交部の沈国放新聞司司長は次のように説明している(『人民日報』1997年4月27日)．

- 中国とロシアなど4カ国のいずれも，国境地区の軍事力を善隣友好にふさわしい最低限のレベルまで削減し，もっぱら防御性の兵力にする．
- 武力の使用もしくは武力による威嚇を行わず，一方だけの軍事的優位を求めない．
- 国境地区に配備している武力は相互に攻撃し合わない．
- 国境の両側それぞれ100キロメートル以内の陸軍・空軍・防空軍航空兵・辺境防衛部隊の兵員，主要武器の数量を削減・制限し，削減後の最大限の兵力，削減方式，期限を確定した(それぞれ総計13万400人を超えない)．
- 国境地区の軍事力に関する資料を交換し，協定執行状況を監督する．
- 協定の有効期限は2020年12月31日とし，双方が同意すれば延長できる．

4月25日『人民日報』評論員論文は，1996年上海協定と1997年モスクワ協定が，相互信頼を基礎に対話協議を通じて国境地区兵力と軍事活動を最大限に縮小し，透明度を増やし，友好往来を進める，「まったく新しい安全保障観」にもとづいた「安全保障の新しいモデル」であることを強調した．14カ国と国境を接する中国からすれば，境界の安寧こそ第一の安全保障である．中国は北方諸国との好ましい関係構築にどうにか成功したと言える．

第5節　21世紀——全面的戦略協力パートナー

戦略協力パートナー関係

1990年代末から中ロ関係は新段階に入った．この時期のキーワードは「戦

略協力のパートナーシップ」(1996年4月共同声明)である．その後1997年10月29日の中米共同声明にも「中米の建設的戦略パートナーシップの確立にともに力を注ぐ」という1項が入った．

「戦略協力のパートナーシップ」とは何だろうか．1997年4月ロシア連邦議会講演での江沢民の説明では，①二国間の長期の協力，②国際事務での協議と協調，③国際情勢の緩和と安定，新国際秩序構築での協力，の三つの内容をもつ(『人民日報』1997年4月24日)．

だがそれだけではないようだ．中国のある文献は，中ロ戦略協力の第一の目的は国内建設に有利な外部環境を作ることにあるとして，その中に西側諸国に対するバランス作用，西側の「冷戦思考」に対抗する有効な協力，安全保障領域での国際的地位の向上を挙げており，対米戦略性を強くにじませている(李靖宇ほか1997)．

注目されるのは「新しい安全保障観」というキーワードが「戦略協力関係」とともに出てきたことである．国境相互兵力削減協定調印の際の中ロ共同声明には「新しい，普遍的意味をもつ安全保障観」が謳われ，4月25日『人民日報』評論員論文も，この協定が安全保障の新しいモデルであり他の地域にも適用できること，軍事集団を強化し制裁を強行して一極世界を作ろうとする「冷戦思考」は時代の流れに逆らうと強調した．さらに1997年末ASEAN創立30周年大会で銭其琛外相は，「冷戦期，軍事同盟を基礎に軍備強化を手段とした安全保障観やレジームでは平和を構築できないことが証明された．まして新情勢のもとでは，軍事集団の拡大や同盟強化はますます時代に合わなくなっており，新しい安全保障観を作っていくべきだ」と述べている(『人民日報』1997年12月16日)．

中国はロシアとの「戦略協力関係」を通じて，中国自身の安全の確保に加えて，グローバルな影響力を拡大し，米国の「覇権」を牽制しながらアジア太平洋における米中ロ日の新四角関係の構築を狙っている．

2001年中ロ善隣友好協力条約

1996-97年の中ロ関係のピークを経て，両国は2001年7月，善隣友好協力条約を締結した．形式上は1980年まで存続した中ソ友好同盟相互援助条約

(1950年2月)が失効しているなかで，20年ぶりにしっかりした条約体制を作り上げた．善隣条約，安全保障・経済・軍事など張りめぐらされ制度化されたチャネルなどによって，2015年には「全面的戦略協力パートナー関係」を誇り，中ロ関係は新段階に入った．

2001年善隣条約は20年有効，異議がなければ5年間自動延長となっている．第1条で，主権と領土保全の尊重，相互不可侵，内政不干渉，平等互恵，平和共存の五原則を約し，善隣，友好，協力，平等，信頼の「戦略協力パートナーシップ」をうたった．第2条では武力不行使，武力による威嚇や経済などの制裁手段をとらない，国際法の原則と平和方式によって分岐を解決する，と約した．

注目されるのは第5条で，ロシアは1992年以来のロシアの立場「一つの中国，共和国政府が全中国を代表する唯一の合法政府であり，台湾は中国の不可分の一部，ロシアはいかなる形式の台湾独立をも支持しない，ということが明記された．なお，1998年の江沢民訪ロの際の共同声明では，ロシアは台湾に武器を供与しない，と明記，他方中国は，チェチェンについては国家主権と領土保全を守るロシアの努力に対して完全な支持を表明する，と約した．なお，台湾について中国は1992年以来，常にロシアに「四つの不」(①いかなる形式の台湾独立の構想も支持しない，②「二つの中国」「一中一台」は認めない，③主権国家が構成する国際組織への台湾の加盟を認めない，④台湾に武器を輸出しないこと)を約束させている．

善隣のなかの課題——中国人流入問題など

基調は善隣でも，課題，懸念，紛争を中ロは抱えている．まず，中国人の大量流入問題である．ロシア経済が混乱するなかで1992年の「南巡談話」以降，中国東北部では財と仕事を求めて多数の中国人労働者が国境を越えた．中国からロシア極東地域に「人とモノと財」が大量に流れこんだ．1994年4月，ロシア上下両院のロ中関係に関する公聴会は，ロシア極東地域に入った中国人と国境貿易の問題を取り上げ，中国人の不法滞在が激増し，沿海地方の一部ではロシア人と中国人の数がほぼ同数になった，と注意を促した(中野潤三 1994)．

100万—200万人とも言われるこの中国人流入問題は1994年9月の江沢民の

訪ロでも取り上げられ，国境貿易整理についての協議書がまとまった．ロシア側がビザ制限をすればロ中国境貿易が停滞するし（国境貿易は1992年58億ドル，1993年76億ドル，1994年51億ドル弱），とくにロシア側にとって頭が痛い問題になっている．なお，ロシア国境警備当局は1995年に入って770人の中国人を沿海地方から強制退去させた．ほとんどがビザの滞在期限が切れたり，偽造パスポートをもつ不法滞在者だという（『日本経済新聞』1995年1月30日）．

1995年5月中国人流入問題についての措置がとられた．両国外務省の領事局長を団長とする視察団が，中国人の流入・不法滞在が多い，満州里，ハイラル，ハルビン，ウラジオストクなどの状況を調査，6月李鵬首相の訪ロ時のコミュニケで次のように確認した．

> （国境地区の）人員の往来，労務輸出状況を整理する必要性，および両国の公安機関がこのための密接な協力をする必要性について相互にコンセンサスがあり，相手国における領事機構を増設する措置をとる．

もう一つ注目されるのは，東部国境協定に不満な沿海地区や極東地区から国境測量に強い抵抗があったことである．国境測量委員会のロゾフ議長自身，東部国境協定はロシア領土を不当に譲渡するものだと1996年4月8日に辞任を表明，前途多難を思わせた．

とくにハバロフスク州の抵抗は強く，イシャーエフ知事は11月から12月にかけて国境協定反対を改めて表明，ロシア議会に圧力をかけた．12月初旬の極東軍管区司令部と地方指導部の会議では，中国人「移民」への警戒，国境防衛についてのロシア政府の無関心が議論され，大統領宛てアピールが採択されているという（岩下明裕未定稿）．

中国人商人の無秩序な「移住」が続き，ロシア側をいらだたせた．1997年2月20日の『ウラジオストク』紙は，1993-96年に沿海の国境を越えた外国人48万人のうち8割以上が中国人で，ほとんどが不法滞在，今では100万人以上の中国人がロシアに住み着いたらしい，と伝えている．さらに地方のナショナリズムを自己の政治資本にしたい沿海地方長官ナズドラチェンコや知事イシャーエフなど地方リーダーの政治的計算もある．結局，1997年8月プリマコフ外相が，国境測量は1997年以内に終了する，地方的利益は捨てようと呼びかけ，11月の江沢民・エリツィン共同声明では「国境問題を解決した」と政

治的決着を図った(岩下明裕未定稿).

　2000年代に入ってもロシアで合法, 非合法で働く中国人にとって厳しい状況が続いた. 2007年4月1日から12月31日, 外国公民はロシアで小売業に携われなくなった. また, 同年ロシア政府は正常なビザが必要な場合が30万8000人, ビザ不要の場合は外国人労働者600万人を受け入れる, と決定し, その制限を厳しくした. なお, ロシア移民局の統計によれば, ロシアで就労している外国人は1000万—1200万人, そのうち, 2006年ロシアに登録した中国人労働者はのべ18万人, モスクワで労働許可証をもらっている者は4万5000人だという(蕭方2013). このデータがどれくらい実際を反映しているかどうかは分からない.

エネルギー資源をめぐる関係強化

　資源以外のロシア経済に問題があるのだろう, 中ロ貿易は21世紀に入っても思うように拡大せず, 2016年段階で695億ドルに止まり, 目標の1000億ドルにはなかなか届かない. だが, 石油, 天然ガスなど資源エネルギーをめぐる対ロシア, 対中央アジア諸国関係は極めて熱い. とくに習近平主席が一帯一路構想を打ち出した2013年ごろからはブームになっている.

　1999年2月朱鎔基首相が率いる大型訪ロ団は, プリマコフ首相と東シベリア・イルクーツクの天然ガス田市場化調査についての合意書, 中国向けパイプライン提供などの契約など11文書をまとめた(『朝日新聞』1999年2月26, 27日).

　石油開発の合弁企業も設置された. エネルギー協力プロジェクトの立ち上げは2005年7月, ロシア石油会社RPと中国石油化工集団公司CINOPECとの間で石油・天然ガス・電力での協力取り決めに調印した. またRPと中国石油天然ガス集団公司CNPCが資源探査についての取り決めにサインし, 資源エネルギーでの大規模協力がスタートした. 2006年10月, ロシアのロスネフチと中国のCNPCの間でロシア領の鉱物資源試掘についての合弁企業を作ることで合意した. この両社は中国の石油精錬, ガソリンスタンド建設のための合弁企業の設立にも合意した.

　2008年10月にはロシアのパイプライン企業トランスネフチと中国のCNPCが中国向けパイプライン付設で合意, 2009年には1日60万バレルが輸送され

る見込みだという．なお，CNPC は同時にウズベキスタンの国営石油公社ウズベクネフチガス (UNC) とウズベキスタンの油田共同開発もまとめているが，中国は石油・エネルギーをめぐる関係をロシア・中央アジア諸国とくまなく進めている．中国のエネルギー外交は破竹の勢いと言ってよい（資源をめぐる協力については『中国年鑑』各年版参照）．

第 6 節　中央アジア地域への視線

中央アジアの「地域化」——SCO 創設

1990 年代後半から中国は「地域主義」に目覚め始める．もっとも積極的にアプローチしているのが中央アジアである．上海協力機構 (Shanghai Cooperative Organization; SCO. 以下 SCO) が正式に成立するのは 2001 年 6 月だが，すでに 1996 年から「上海ファイブ」の動きが始まっていた．ソ連崩壊後中国は，直ちにカザフスタン，キルギス，タジキスタンなどの新国家を承認するとともに，力の空白による地域の混乱を恐れ，国境の安定のために国境兵力の削減と信頼醸成をはかった．1996 年 4 月 26 日，中国・ロシア・カザフスタン・キルギス・タジキスタンの 5 カ国首脳が初めて一堂に会し，「国境地区軍事領域での信頼醸成についての協定（上海協定）」を締結した．この協定は，国境地区の軍事力による侵攻の相互抑止のほか，軍事演習の回数・規模・範囲の制限，国境 100 キロメートル内での重大な軍事活動についての通報，などを約束した．また 1997 年 4 月には同じ 5 カ国首脳がモスクワに集まり，「国境地区での軍事力の相互削減についての協定（モスクワ協定）」に調印した．善隣友好関係にふさわしい最低限に国境地区軍事力を削減する，国境から 100 キロメートル内での兵員・兵器を削減もしくは制限する，削減後の 100 キロメートル内兵員数は 13 万 400 人を超えてはならない，などを定めた．

1998 年から 99 年までは首脳会議で政治協力が話し合われ，中東地域でのイスラム原理主義武装勢力の動きが活発化した 2000 年からは，その中央アジアへの波及を恐れて 5 カ国間で反テロ・反分裂主義の軍事協力の可能性が模索される．

2001 年 6 月，上海で開かれた「上海ファイブ」第 6 回首脳会議に新たにウ

ズベキスタンも加わり，6カ国による「上海協力機構」が正式にスタートした．地域機構の公式呼称に特定の地名がつくのは珍しいが，この地域機構創設に中国のイニシアティブが決定的だったことを物語っている．「成立宣言」によれば，①諸国間の相互信頼・善隣友好・あらゆる領域での有効な協力，②地域の平和・安全・安定，③民主・公正・合理的な国際政治経済の新秩序の構築，④開放的で，第三国や集団に対抗する同盟ではない(不同盟)，を趣旨に掲げ，年1回の元首会議と外相会議，国防相会議，国家調整官理事会の設置などを制度化した．

また，この機構は当初からウズベキスタンに「反テロ・センター」の設置を計画した．同時に，イスラム原理主義を中心に，テロリズム，分裂主義，極端主義を地域の安全と安定を損なう「三つの勢力」とみなして，それに対する共同攻撃を約束した．さらに，「新しい安全保障観」にもとづく「新型の地域軍事協力のモデル」(6カ国国防相会議の共同コミュニケ)を謳った．

2001年の9.11事件は中央アジア情勢を大きく変えた．ソ連崩壊後遠心力が働いていたこの地域で反テロリズムを契機とする地域主義の動きが出てきたこと，ロシア・中国および米国の戦略的角逐が始まったこと，米国が進める民主化の波がここをも襲っていること，などである．イスラム原理主義に対する共同行動の必要性が地域安定のためには不可欠となり，その分野でのSCOの役割が期待されることとなった．米国によるアフガニスタン爆撃，イラク砲撃など，これまでロシアのほとんど独壇場だった中央アジアで米国の軍事的プレゼンスが俄然大きくなった．

この状況でSCOのレジーム化，制度化が着実に進んでいる．「憲章」(2002年6月)，「地域の反テロ機構についての協定」(同)，「多国間経済貿易協力綱要」(2003年9月)などが合意され，2004年1月には事務局が北京に設置され，タシケントの地域反テロ機構執行委員会も活動を始めた．また，後述するように，2002年から対イスラム原理主義のテロを想定したメンバー国間の二国間・多国間合同軍事演習も行われている(付録：SCO合同軍事演習)．

SCOには，①年1回の元首会議(最高意思決定機関)，総理会議，外相会議，国防相理事会，公安・文化・検察・税関などの各部門責任者会議，資源・エネルギー担当者会議，経済・貿易担当者会議などの定例会議，②基本組織として

の国家調整官管理事会，③地域反テロ機構，および常設・執行機構として，④部門別専門家グループ，⑤信頼醸成5カ国連合監督グループなどができているが，今後その制度はより精緻化され，メンバーも拡大中である．2017年にはインド，パキスタンがこの機構に加わり，8カ国となった．ほかにオブザーバーとしてモンゴル，イラン，アフガニスタン，ベラルーシが，また対話パートナー国として，スリランカ，トルコ，アゼルバイジャン，アルメニア，カンボジア，ネパールが関わっており，ユーラシアの地域機構としての体をなそうとしている．

　この機構の機能は，第一に，不安定な地域での二国間軍事力削減，信頼醸成を積み上げることで「脅威」を未然に防ぐ，第二に，二国間を含めた経済協力，資源開発協力，第三に，主に国際テロを想定した多国間の政治軍事協力など，かなり広領域にわたっている．とくに，エネルギーの純輸入国に転じた中国にとって，この地域の天然ガスはきわめて魅力的である．また，テロに対する軍事協力は，この地域の政権がいずれも独裁色の強い権威主義体制であり，その面で地域諸国が共通利益(もしくはリスク)を抱えていることを考えると，むしろ政権維持のための政治軍事協力と考えた方がよい．

　したがって，中央アジア・ロシアとの地域協力は，経済協力から進み，それぞれの経済的利益，地域経済の安全保障を第一義的に追求している東南アジアとの地域協力とはかなりの違いがある．また，9.11以降，ウズベキスタンを中心に米国の兵力，軍事基地がこの地域に初めて入り，それが恒常化するなかで，中国およびロシアが，米国の浸透への防波堤としてSCOを強化し，最大限活用しようと考えていることは疑いない(SCOについて，詳しくは毛里和子2005参照)．

ASEANとの違い

　中国はいまSCOとASEAN+3 (中韓日)，ASEAN+1 (中，韓，日，豪，印等)という2種類の地域レジームを自らの周囲にもっているが，同じ地域主義でも違いは大きい．前者は中国のイニシアティブで構築し，財政面も含めて中国が強いリーダーシップをとっているが，後者は既存の機構に中国が加わり，中国自身「ASEANを核心とする」ことを原則としている．また前者が軍事や

戦略資源をめぐるハードな機構であるのに対して，後者は経済功利主義が前面に出ている．域外との関係でも，米国の中央アジア浸透を防ぐことを狙っている前者が排他的なのに対し，後者はその由来からして開放的である．

　第一に，SCOの場合は軍事安全保障がこの機構および地域協力の第一義的機能であること，第二に，地域主義が，①歴史的文化的な帰属性アイデンティティに支えられたもの，②ある外的圧力やパワーに対応するアイデンティティによるもの，③経済協力や環境協力などの明確な機能を設定したアイデンティティによるものの三種に分けられるとすれば，SCOは，①の帰属性アイデンティティをほとんどもたず，②型であること，第三に，ASEANがほぼ半世紀の歴史過程で内発的に成熟してきたのとはまったく違って，SCOはほかでもなく中国が「作り上げた」ものである．SCOを旧地域主義，ASEANをめぐる動きを新地域主義と区別できる．

　そればかりではない．2004年6月のSCOタシケント・サミットに出席した胡錦濤主席は，「中国はSCO加盟諸国に総額9億ドルの優遇的借款を提供する」と約束した(『人民日報』2004年6月18日)．また，2012年6月，北京・SCOサミットでホストの胡錦濤主席は，加盟国にインフラ整備努力を求め，経済発展を支えるために中国が100億ドルを拠出すると表明した．さらに2017年6月の習近平・プーチン会談(タシケント)は，SCOとユーラシア経済同盟(ロシアが主導する)の連携強化で合意した．中国は今やこの地域最大の経済先進国として機構の最強のスポンサーでもある．なお，2013年に習近平が提唱した一帯一路構想(Belt and Road Initiative)がユーラシアを繋ぐ巨大かつ機能的な地域共同体になるかどうかは，まだ先が見えない(第1章第4節参照)．

　中央アジアと東南アジアで二つの地域主義を使い分けて地域外交を展開する中国にとって，難問は東北アジアである．信頼関係を樹立できない対日関係，とくに北朝鮮の不確定性，不安定性，不透明性によって六者協議がレジーム化しない朝鮮半島などである．この東北アジアに中国を含む地域機構が生まれてきたとき，アジアはようやく新しい時代を迎えるのかも知れない．

第7節　制度化された中ロ関係

多領域のチャネル

以上のように，若干の問題はあっても，ソ連解体以来の対ロシア関係は安定している．1990年代後半からの中ロ関係は「制度化」した二国間関係のモデルと言える．

まず，1990年代からの両国関係の概略を振り返ってみよう．1991年の東部国境協定，1994年の西部国境協定，1996年の国境相互兵力削減協定，ロシアを含む5カ国の間の国境地区軍事領域での信頼強化協定，2004年の東部国境補充協定などで，4300キロメートルの国境の安定と兵力削減が行われた．1996年には江沢民国家主席がロシアを訪れ，両国の「戦略協力パートナーシップ」がスタートした．2001年7月には，中ロ善隣友好協力条約が締結されている．2011年には「全面的戦略協力パートナーシップ」関係の新ステージに入った．第二次大戦勝利70周年記念の2015年の共同声明は，「中ロの全面的戦略協力パートナーシップ関係は歴史上最高の時期に入った」と謳い上げ，第二次大戦勝利について「中ロ両国とその他同盟国の人民が勝利を勝ち取り，ファシズムと軍国主義の反人類思想と悪業に打撃を与え，世界平和のために巨大な犠牲を払ったことを人類は永遠に銘記する」と誇ってみせた(2015年5月9日，中ロ共同声明)．

両国関係の安定を保証しているのは，年に5回は首脳が会談する密な関係，張りめぐらされた制度化されたチャネルである．1990年代から2010年代まで，中ロ間には主に次のようなメカニズム(**表5-1**)が動いており，定例化している．大統領と国家主席の首脳会談，首相レベルの定期協議は1990年代末から20年近く毎年数回行われている．

戦略安全協議メカニズム

以上のチャネルのうち注目されるのは，2005年2月にスタートした国家安全協議メカニズム(中俄国家(戦略)安全磋商機制)である．これは副首相レベルの対話メカニズムで(2018年8月で第14回，ロシア：安全会議書記パトルシェフ，中

表 5-1　中ロ間の主要なチャネル(1992 年以降)

名称	開始時期	備考
首脳会談	1997 年	国家主席レベル
首相の定期協議メカニズム	1996 年	中ロ首相定期会談委員会を設置
国防相定期協議メカニズム	1993 年	国防部協力協議．国防相定期会談メカニズム設置，1994年に中ロ危険軍事活動予防協定締結
戦略安全協議	1997 年	軍隊間で実施．2016 年 6 月には第 18 回戦略協議(磋商)が行われている．中国側：国務委員・楊潔篪，副総参謀長・孫建国，ロシア側：副総参謀長・ルツコイ
戦略安定協議(中俄戦略稳定磋商)	1998 年	外務次官レベルで実施．2016 年 9 月には第 12 回の定期協議が開かれた．中国側：政法委書記・孟建柱，国務委員・楊潔篪，ロシア側：ロシア連邦安全会議書記・パトルシェフ
国家安全協議メカニズム(中俄国家(戦略)安全磋商機制)	2005 年 2 月	副首相レベル
中ロ東北アジア安全協議(磋商)	2013 年	2016 年 7 月第 4 回磋商．中国側：外交部長助理・孔鉉佑，ロシア側：外務次官・モルコロフ．

出典：筆者作成．
注：このほか，次のようなメカニズムも動いている．①半民間協力の制度化(中ロ友好・平和と発展委員会．1997 年—)，②教育文化衛生体育協力委員会(2000 年—)，③反テロリズム工作組(2001 年—．外務次官レベル)，④国境駐留部隊不定期協議メカニズム(2002 年—)，⑤議会の定期協議メカニズム(2003 年—．2006 年に「中ロ議会協力委員会」設置)．

国：党中央政治局委員楊潔篪)，中国がもっぱらロシアとの間に設けたチャネルである．同じ年の 5 月と 8 月にスタートした日中総合政策対話，対米戦略対話と比べて，「レベルが高く，総合性が強く，内容が政治・経済・国防など多領域に及び，このメカニズムを通じて中ロのリーダーはより深く率直に話し合い，二国間関係の多くを直接決定することができる」とされる(『環球時報』2005 年 10 月 21 日)．

　なお，経済分野では，1996 年に設置された首相定期会談委員会のもとに，経済貿易協力，科学技術協力，運輸，資源協力，銀行協力，核問題，通信と情報技術など 10 分野の分科会が動いている．

　また，すでに触れた中国人の非合法流入の問題については「中ロ移民問題連合工作組」などを作って対応している．中央アジアの資源をめぐって潜在的な対抗関係があるが，2001 年に中国が立ち上げた SCO が対抗関係の緩和に役立っているようである．

　冷戦期，中国とソ連の関係はきわめて不安定だった．冷戦後の中ロ関係の

「制度化」は，かつての関係が非制度的でもっぱらイデオロギーとリーダーの個人的関係に依存したため，国家利益をめぐる紛争を処理できず，極端から極端に転じた，という反省からきている．ある中国の論者は，1990年代以降の中ロ関係を制度構築，制度蓄積の成功例とみなし，「中ロ関係の持続的発展を保証する」と論じている(楊成2007)．大国同士の関係の安定化，持続化という点で中ロ間の制度化プロセスは，日中関係にとっても参考になる．

第5章付録

【上海協力機構 SCO 首脳会議リスト(2001-18 年)】

年月	回数	開催場所	年月	回数	開催場所
2001 年 6 月	第 1 回	上海	2010 年 6 月	第 10 回	タシケント
2002 年 6 月	第 2 回	サンクトペテルブルグ	2011 年 6 月	第 11 回	アスタナ
2003 年 5 月 29 日	第 3 回	モスクワ	2012 年 6 月	第 12 回	北京
2004 年 6 月	第 4 回	タシケント	2013 年 6 月	第 13 回	ビシケク
2005 年 7 月	第 5 回	アスタナ	2014 年 9 月	第 14 回	ドシャンベ
2006 年 6 月 15 日	第 6 回	上海	2015 年 7 月	第 15 回	ウファ
2007 年 8 月	第 7 回	ビシケク	2016 年 6 月	第 16 回	タシケント
2008 年 8 月 28 日	第 8 回	ドシャンベ	2017 年 6 月	第 17 回	アスタナ
2009 年 6 月	第 9 回	エカテリンブルグ	2018 年 6 月	第 18 回	青島

出典:筆者作成. 以下同.

【中ロ二国間合同軍事演習】

年次	回数	名称	実施場所
2005 年 8 月	第 1 回	平和ミッション 2005 年	山東半島, ウラジオストクなど
2007 年 8 月	第 2 回	平和ミッション 2007	ウルムチなど
2009 年 7 月	第 3 回	平和ミッション 2009	ハバロフスクなど
2012 年 4 月	第 1 回	海軍合同軍事演習	黄海
2013 年 7 月	第 2 回	中ロ海軍合同軍事演習	日本海
2014 年 5 月	第 3 回	中ロ海軍合同軍事演習「海上連合 2014」	東シナ海
2015 年 5 月	第 4 回	中ロ海軍合同軍事演習	地中海・日本海
2016 年 5 月	第 1 回	対 MD 合同演習	モスクワ
2016 年 9 月	第 5 回	中ロ海軍合同軍事演習「海上連合 2016」	南シナ海
2018 年 9 月		ボストーク 2018	ザバイカルなど

【SCO 合同軍事演習】

年月	回数	名称	実施場所
2010 年 9 月	第 1 回	平和ミッション 2010	カザフスタン
2012 年 6 月	第 2 回	平和ミッション 2012	タジキスタン
2014 年 8 月	第 3 回	平和ミッション 2014	内蒙古
2016 年 9 月	第 4 回	平和ミッション 2016	キルギス
2018 年 8 月		平和ミッション 2018	チェルバクール

注:本章では触れられなかったが,中ロ間,および中央アジア地域で反テロリズムを理由に軍事化が進んでいる.武器輸出も盛んだ.周辺諸国はこうした動きに強い関心と懸念をもっている.そしてこの地域で進む軍事化と資源の共同開発を主導しているのは,巨大な経済体となった中国である.付録の二つめ,三つめの表で,中国の公式電子版辞書である百度百科(2018 年 2 月 10 日閲覧)で確認できる中ロ二国間および SCO 主宰の共同軍事演習を示した.

第6章　対米関係
──戦略的パートナー　友か敵か

第1節　1972年和解からの対米関係

70年の変遷

　1949年10月に中華人民共和国が成立してから70年近くたつ．当初20年間，中米は冷戦の国際環境で激しい対立を経験した．中米間には70年間に四つの転機があった．

　第一の転機が1972年，ニクソン大統領が訪中し，敵対に終止符を打って数年後の国交樹立を約した時である．共同コミュニケで確認されたことは，米国が，①台湾海峡の両側のすべての中国人が中国は一つ，台湾は中国の一つの省であることを認識し，その立場に異議を申し立てず，②台湾問題の平和的解決に関心を寄せていること，③台湾から米国のすべての武装力と軍事施設を撤去する最終目標を確認する，ということで合意された．その後，72年コミュニケを敷衍する形でクリントン大統領が1998年6月に「三つのノー」として定式化した．①台湾の独立は支持しない，②「二つの中国」「一中一台」は支持しない，③国家を加盟主体とする国際組織への台湾の加盟は支持しない，である．

　第二の転機が1978年末，中米が国交を樹立し，ソ連に対抗するための准戦略関係を切り開いた時である．それから10-15年間，米国そして日本は，改革開放に転じた中国の近代化を積極的に支援した．1982年，レーガン政権期に台湾への武器輸出が大きな紛争のタネになったが，これで妥協をしてからは，安定的な関係が続いた．米日が「強い中国」「中国の市場化」を支援する時代，「バラ色の10-15年」(エズラ・ヴォーゲル)である．

　第三が，1989年天安門広場での民主化デモの弾圧，1991年ソ連の崩壊などに代表される脱冷戦という世界史的転換である．天安門事件と冷戦終結は一時，中国を国際的孤立に追い込んだ．しかし，市場化と開放を進めること(南巡談話)でこの難局を乗り切った中国は，大国への道を驀進(ばくしん)することになる．2001年9.11事件は「帝国」米国に苦難をもたらしたが，旧大国・米国，新大国・中国を軸に世界は回転し始める．

　第四が，中国が第二の経済大国に浮上し，「責任ある大国」として米国と競

表 6-1　中米関係 70 年

1950 年代	中米対決，冷戦 10 年
1960 年代	中米・中ソの二正面対決，新冷戦 10 年
1970 年代	中米接近下の中ソ対抗の 10 年
1980 年代	黄金の協力関係の 10 年
1990-2000 年代	台頭中国にどう対応するか，悩む米国の 20 年　ジュニア・パートナー？
2010 年代―	向き合う二大国，パートナーかライバルか

出典：筆者作成．

うようになった 2010 年頃だ．経済活動の領域が広がれば広がるほど守るべき渉外利益も拡張した．攻勢的な外交，積極的な海洋戦略で世界の海洋国家になる「夢」を中国は描き始めた．

　本章では，中国外交の第一の柱である対米関係について，正常化以降の 46 年間を概観し（第 1 節），21 世紀の今日にいたるまで中米関係の枠組みをいまも決めている「原図」ともいうべき朝鮮戦争を再検討し（第 2 節），現代史の転換点であるニクソン訪中を現在の眼でふり返り（第 3 節），中米関係での最大の紛争要因である台湾問題の位置を確定し（第 4 節），とくにブッシュ／オバマ・胡錦濤時代に進んだ関係の制度化を評価し，最後に，習近平・トランプという新リーダーのもとで不確かに，不安定になるだろう近未来の中米関係の概略を描き出そう（第 5 節）．

　70 年間の中国の対米関係をふり返ると，上のような 10 年刻みの変転が見て取れる（表 6-1）．

　このような変転をもたらしたのは何か．一つは冷戦，中ソ対立，冷戦の終結，2001 年 9.11 のテロ事件などの国際的構造変化である．第二が中国自身の巨大な変化だ．中国は自分から市場化と開放を進め，グローバリゼイションの利益の最大享受国となった．第三が，米国の力の衰退，一国主義か協調主義かで揺れる「落日の帝国」米国の変化である．

　その結果少なくとも次の 2 点が指摘できる．一つは，じつは，冷戦期を含めて 70 年，米国の対中政策が，contain（封じ込め）か，constrain（抑制）か，engage（関与）かで絶えず揺れてきたことである．ただし，その揺れ幅は最近になればなるほどそれほど大きくないし，急激な変化をともなうわけでもない．もう一つ，両国にはとくに「台湾」という戦略問題があり，危機を孕んでいる

が，台湾問題を含めて，両国間の軍事対立は用心深く制御され，マネージされてきた．制御され，マネージされた紛争の背景には，本章の第2節で述べるような，両国が戦争を経験して苦い歴史教訓を得ていることがある．歴史教訓の一つは，激しい軍事衝突になった朝鮮戦争，もう一つは，朝鮮戦争で学習した中国によって注意深く制御された軍事介入になったベトナム戦争である．

70年間で中国が学んだもう一つの歴史教訓がある．冷戦期，米国との軍事的競争，覇権争奪に熱中したソ連がなぜ崩壊したか．実力を超えた米国との軍備競争，国力競争によってソ連は国民経済に力をさけず，ずっと続いた経済の停滞と崩壊が体制の瓦解に行き着いた．米国に無謀に挑戦した結果破綻したソ連こそ中国にとっての格好の反面教師である．2010年代，世界は中米二大国の対抗の様相を呈してきたが，中国は旧ソ連の轍を踏むことになるのだろうか．

仮説的に提示しておきたいことが二つある．一つは，米国と中国には，歴史教訓を踏まえた，紛争を軍事化しない，マネージしコントロールする，という暗黙の学習ができている．もう一つは，とくに1990年代から2000年代，両国は安全保障・政治対話・経済対話・文化対話など広範な領域でチャネルを作りネットワークを作り上げていることである．

中米間の四つのイシュー

大まかに言って，70年間，中米関係に横たわる主要イシューはそれほど変わっていない．米国の世界戦略が冷戦期には対ソ対抗に収斂し，2001年からは国際的テロリズムとの妥協なき闘いという具合に大きく変わった．1972年のニクソン訪中で両国は「和解」に入り，1979年には国交を樹立し関係が本質的に変わった．にもかかわらず，両国間のイシューはそれほど変わらない．変わったのはその軽重である．

中米両国は少なくとも次の四レベルのイシューを抱えている．

第一が，安全保障やパワー・バランスレベル，国際秩序，国際ルールをめぐる摩擦や分岐である．中国の対外戦略の変化(冷戦期にはソ連との同盟，1970年代からは反ソ一条線戦略，1980年代からは国際ルールの遵守を含む国際社会との協調，21世紀に入ると一国主義のように)に応じて，パワー・覇権をめぐる抗争の内容が変わっていないわけではない．2010年代からはアジアでどちらが覇権をとるの

か，というパワー・ゲームが明らかに両国間で始まっているようである．

　第二が二国間・多国間を含む経済的利益をめぐる摩擦・分岐・衝突である．日中関係のように領土を接していないから利益をめぐる衝突・分岐は貿易の不均衡，為替問題が紛争のタネになるが，比較的処理しやすい問題である．ただ，中国が第二の経済大国になった昨今では，経済対抗関係はそれなりに深く，またサイバーや知的所有権をめぐる新しく鋭い利益衝突も出てきている．

　第三が台湾問題をめぐっての摩擦・分岐・衝突である．中米関係で台湾問題が占める重要性はきわめて高いので第4節で詳しく論ずる．米国が中国の正統政府を台湾から大陸中国に切り換えた1972年からは台湾は両国関係の従属要素に変わったが，1990年代後半から台湾の民主化，および独立を含む台湾化の新しい動きによって，再び独立要素に変わってきている．だが，中国の台湾政策の変容(解放→統一→現状維持)，そしてそれに対応した米国の台湾政策の変化によって，台湾問題は両国の紛争の源泉というより，両国による管理の対象，いかに管理しコントロールするか，という問題に変わっているようである．深刻な紛争になるとすれば，台湾問題が新疆・チベット，そして香港の問題などと連結してしまった時だろう．

　第四が，人権や価値をめぐる分岐や衝突である．冷戦期に両国はイデオロギーをめぐって異なった世界にいたが，1972年の接触，80年代以来のモノ・財・人の往来の激増，経済的依存関係，国際社会での共同作業(北朝鮮の核廃棄問題など)，そしてグローバリゼイションによって一つの世界に住むようになった．両国(政権と国民)の間での人権や自由，基本的政治体制など，価値にかかわる問題はなくなったわけではない．双方の不信感や猜疑心の基底にはこの問題での分岐がある．だが，1980年代に米国が常用した人権問題の政治化が今後激しくなるとも思えない．両国間の通奏底音として存在しつづけるだろうが．

　中米間の四イシューそれぞれが深刻だが，両国は歴史的にこれらを「管理」してきたし，関係を制度化することで問題が生じたときの処理がやりやすくなっている．ちなみに，日中も，①領土・領海・経済的利益，②地域におけるパワー・リーダーシップ，③歴史認識や価値をめぐる対立など，少なくとも三つのレベルのイシューを抱えている．だが，中米にはある，相互信頼，それぞれの学習，制度化された対話などが日中には欠けているために，紛争を緩和させ

たり，処理したりがむずかしい．

中米関係の特徴

中米間には他の二国間関係はない，固有の特徴がある．少なくとも1972年以来，次のような特徴が指摘できる．

第一に，国交正常化以来47年近く，安全保障をはじめあらゆる領域で政府間の大小のチャネルが構築され，機能している．主軸は2006年にスタートした中米戦略経済対話（S & ED）である（ブッシュ（ジュニア）政権期に5回，2009年から16年までオバマ政権期には8回）．トランプ政権（2017年―）に入っても少なくとも，①外交安保対話，②包括経済対話，③法執行・サイバー安全対話，④社会と人文対話という四つの重要チャネルが動いており，制度は生きている．制度化の状況については本章第5節で紹介したい．

第二に，リーダー間に，相互信頼，相互安心が醸成されている．それを保証しているのは，相手国に対する「基本原則」である．近いところでは，習近平政権が2015年オバマ大統領との首脳会談で提示した「新型大国関係」の「四つのノー」である（3月24日）．

- 対立せず（no confrontation）
- 争わず（no conflict）
- 相互尊重（mutual respect）
- 相互勝利の協力（win win cooperation）

他方米国は，1995-96年に李登輝の総統公選をめぐって「台湾海峡の危機」が生じてから上海でクリントン大統領が改めて「建設的戦略パートナーシップ関係」の「三つのノー」を次のように確認し，中米間の危機の拡大を避けることができた（1998年6月）．

- 台湾の独立は支持しない
- 「二つの中国」「一中一台」は支持しない
- 国家を加盟主体とする国際組織への台湾の加盟は支持しない

なお，トランプ政権になって，ティラーソン国務長官が2017年1月に語った「新型大国関係の三つの概念（衝突しない，対抗しない，相互尊重）」も両国を緩く繋ぐ約束事と言える．

第三に，エリート人材の「米国化」が両国権力相互間の基本的な信頼関係に貢献している．北京大学学派，清華大学学派と並んでハーバード学派が生まれているようである．中米に跨がる「ハーバード学派」の間で育った信頼感が中米ハイレベルの人格的信頼醸成につながっている．格好のモデルが，18回党大会以後，経済・財政政策立案の中心となり，19回党大会後に政治局委員，副首相に躍進した劉鶴である．1952年生まれの彼は中国人民大学を卒業後，長らく国家計画委員会で働き，その後国務院発展研究センターに移って，1994年7月から1年間，ハーバード大学ケネディスクールで修士課程を修め，修士号を取得している(国際金融と貿易専攻)．市場派エコノミストのフォーラムである「50人エコノミスト」の発起者，主宰者である．2013年から中央財経領導小組弁公室主任・国家発展と改革委員会副主任として中央の財政・経済政策の中枢にいる．ハーバードで人脈を作ったのだろう，国務院発展研究センターと世銀の共同プロジェクト「中国2030年」(2012年)は彼がリーダーを務めた．この報告書は中国初の国際機関との共同作業としても，市場派と国有経済派が拮抗する中国の経済学界の妥協の産物としても注目を集めた．劉鶴は習近平に近く，米国との最重要チャネルである戦略経済対話の中国側代表を務める．

　第四に，すでにふれたように，中米関係のイシューは経済・貿易，アジア太平洋のパワー争奪，台湾問題の処理，人権・民主主義をめぐる原理的対立などとなっているが，政権や時代で揺れることがあり，時に緊張することもあった．だが，基本的には揺れ幅はそれほど大きくなく，修復力があり，紛争・衝突・対立は管理できる範囲内で推移してきた．もちろん例外がある．米国にとっても，中国にとっても，軍事衝突を見通せなかった朝鮮戦争である．

　図6-1は米国の世論調査機関ピュウ・リサーチ・センターが行った米国民の対中好意度の調査結果である．2018年5-6月にかけて1500人を調査した．2018年の好感度は38%，非好感度は47%となっている．トランプ政権下で米中貿易摩擦が深刻になっているにも拘わらず，米国の対中イメージは比較的落ち着いているようである．

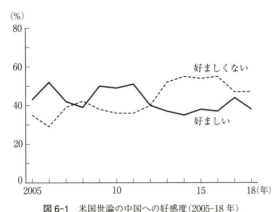

図 6-1　米国世論の中国への好感度(2005-18 年)
出典：Wike and Devlin 2018(http://www.pewglobal.org/2018/08/28/as-trade-tensions-rise-fewer-americans-see-china-favorably/).

第 2 節　朝鮮戦争 ── 両国関係の原図

原図としての朝鮮戦争

　70 年来の両国関係の原図はなんといっても 1950-53 年の朝鮮戦争である．両国はほとんど意図せずに，正面から軍事衝突してしまった．高いコストを払っただけではない．70 年たった今日もなお，戦争の法的結着はついていないし，半島は分断されたまま，米国と北朝鮮は准戦時状況に近い．

　ソ連崩壊後，ロシアから韓国へ，朝鮮戦争についての若干の外交文書が引き渡された．そのなかにとくに重要な電報が 2 通あった．ソ連の北朝鮮駐在大使ロシチンがスターリンに宛てた 1950 年 5 月 13 日付電報，およびソ連のヴィシンスキー外相が毛沢東に宛てた 5 月 14 日付返電で，その内容は，北朝鮮の統一作戦，つまり朝鮮半島南進攻撃を支持する，しかし中国(毛沢東)の了承が必要，というものだった，という．これまでの資料や研究から見る限り，北からの攻撃説が圧倒的に多いが，南，つまり大韓民国はどうだったのだろうか，米国はどうだったのだろうか．南北双方の権威ある外交文書が最終的に機密解除にならないと，朝鮮戦争はどちらが仕掛けたのか，という問題に最終的決着はつかない(謝益顕主編 2010)．

朝鮮戦争は1953年に国際連合軍司令部・朝鮮人民軍(北朝鮮軍)・中国人民志願軍の三者間で休戦協定ができただけで，65年後のいまも戦争状態は終わっていない．

　ちなみに，休戦協定は，「最終的な平和解決が成立するまで朝鮮における戦争行為とあらゆる武力行使の完全な停止を保証する」と規定した．

　なお，1961年7月に調印された中朝友好協力相互援助条約は第2条で次のように約束している．

　　「締約国の一方がある一国または数カ国の連合から武力侵攻されることにより，戦争状態に陥った場合，締約国の他方はあらゆる力を尽くし，遅滞なく軍事的およびその他の援助を提供する」．

　戦後60年以上たっても南北の対立という冷戦が残した構図は変わっていない．ここだけ時計が止まったままなのである．それだけでなく，共和国を作ったばかりの中国が朝鮮戦争に参戦することで，多くのものを失い，予定していた台湾の奪回もできなくなり，中国・台湾の分離状態はいまも続いたままである．朝鮮戦争で始まった冷戦に対抗するために，以来ずっと中国は強い一党支配体制を採用することになった．中国にとっても朝鮮戦争の結果は重くのしかかったままである．

　朝鮮戦争は中米関係にどのような意味をもつのか．次の三つ問いが浮かぶ．

　一つは，生まれたばかりの中国のリーダーたちがなぜ参戦，米軍との戦闘というリスクをおかしたのだろうか．

　次に，朝鮮戦争でどれほどのコストを関係国は払ったのだろうか．

　さらに，中国も朝鮮もこの戦争をしないですますことはできなかったのだろうか．なにが悲劇を生んだのか．

　とくに最初の問いは新国家のその後の行き方，戦略，外交を決した重要な問題である．本章では，朝鮮戦争で米軍と直接戦った経験がその後の中国の対米・対台湾戦略に大きな影を落とした，米軍とは二度と直接戦うことはしない，を原則に，その後の対米関係，対外戦略を構築したという「仮説」をもって最初の問いを検討してみよう(1970年代からの中国・米国・台湾のリーダーシップの変化を示した**表6-2**参照)．

表6-2　中国・米国・台湾のリーダー対照表(1949-2018年)

		重要事項	大陸中国	米国	台湾
1970年代	1972　ニクソン訪中		1949-76 毛沢東，周恩来 1976-78 華国鋒	1969-74 ニクソン 1974-77 フォード	1949-75 蒋介石 1975-78 厳家淦
1980年代	1979.1　中米国交樹立 1979.4　米・台湾関係法 1981.9　葉剣英台湾9条 1982.8　中米台湾武器共同コミュニケ 1983.6　鄧小平台湾解決6条 1992.1　鄧小平南巡談話		1978-89 鄧小平，胡耀邦， 趙紫陽	1977-81 カーター 1981-89 レーガン	1978-88 蒋経国
1990年代	1992.11　「中台コンセンサス」 1995.1　江沢民台湾8条 1998.3　ナイ提案 1998.6　クリントン「三つのノー」 1999.7　李登輝の「二国論」		1989-2002 江沢民，李鵬， 朱鎔基	1989-93 父ブッシュ 1993-2001 クリントン	1988-2000 李登輝
2000年代	2002.1　『台湾白書』4条件 2005.3　反国家分裂法 2005.4　胡錦濤・連戦会談(国共和解) 2008.12　胡錦濤6条 2008　中台旅行解禁 2009　中台航空便定期開通		2002-12 胡錦濤，温家宝	2001-09 子ブッシュ	2000-08 陳水扁
2010年代	2015.11　習近平・馬英九会談 2018.2　米・台湾旅行法 2018.4.27　南北朝鮮首脳会談 2018.6.12　米朝首脳会談(トランプ・金正恩)		2012- 習近平，李克強	2009-17 オバマ 2017- トランプ	2008-16 馬英九 2016- 蔡英文

出典：筆者作成.

戦争の勃発

　北に朝鮮民主主義人民共和国，南に大韓民国が作られてから1年，いま見られる歴史文書から言えるのは，北のリーダー金日成が南に進攻して北の力で朝鮮半島を統一する野望を1949年にはもち，支援を求めてスターリン，毛沢東と接触し始め，1950年6月に戦端を開いたのは北側だった，ということである．1949年3月，金日成はモスクワに向かい，スターリンに軍事援助を要請，スターリンは当初慎重だったが，結局軍事援助の提供に同意した(ボルコゴーノフ1993)．

　1949年5月，金日成の特使(人民軍の金一)が北京へ赴き毛沢東と会見，朝鮮

問題の武力解決の必要性を訴えた．毛沢東は，朝鮮の南北衝突が回避しにくいという金日成の見方に同意．ソ連と中国が北朝鮮の側に立ち，必要な場合は中国は派兵援助する，と答えた．毛沢東は南北統一を支持してはいたが，南進には二つの条件を考えていた．①北が攻撃されたとき，②中国の解放戦争が完全に終結したとき，である(ボルコゴーノフ 1993)．

　南への進攻を急ぐ金日成は，1950 年 3 月から 4 月にかけてモスクワを訪問したが，スターリンとの会見結果は，情勢は有利になっている，行動をとってよい．だが南の攻撃があること，毛沢東の同意があること，が条件だ，というものだった(ボルコゴーノフ 1993)．

　5 月 13 日，金日成は外相朴憲永とともに北京を訪れ，毛沢東にスターリンの意向を伝え，支援を求めた．毛沢東の照会の電報に答えるスターリンからの返電を翌日受けとった毛沢東は，結局，北の南への進攻を了承することになる．外国に中国革命のプロセスを邪魔されたくないと考える毛沢東としては，朝鮮の国内統一戦争に反対できなかった(この間の典拠は 1950 年 5 月 14 日，スターリン名義で出したヴィシンスキーの毛沢東宛て電報)．5 月 15 日の毛沢東・金日成会談では，金が米国が干渉することはないだろうと楽観的見通しを述べたが，毛は，「自分は彼らの参謀長ではないからそんなことは分からない．38 度線を越えなければかまわない，越えたら戦わなければ」と答えたという(青石 1997，曲星 2000)．

揺れる毛沢東── 参戦の決断

　6 月 25 日，北朝鮮軍が南に下った．最近機密解除された文書によれば，中国(毛沢東)がこの戦争に参戦する最終的決断をしたのは 10 月 15 日である．ほぼ 4 カ月近く，毛沢東，そして中国共産党のリーダーたちは迷いに迷ったにちがいない．中国の外交史の専門家である曲星(前中国国際問題研究所所長)が言うように，70 年後の今になっても，「当時中国にはこの戦争に巻き込まれないですむ方法が本当になかったのだろうか．中国が他国に軍隊を派遣して第二次大戦以来もっとも過酷な戦争に参加する必要が本当にあったのだろうか」という問いが浮かんでくるのだから(曲星 2000)．

　9 月末，国連軍の北上で危機に陥った北朝鮮軍からの援助要請を受けたスタ

ーリンはすぐに毛沢東に出兵援助を要請した．毛沢東は周恩来らと協議，ソ連が援助してくれるなら朝鮮で米軍を負かせると説得し，モスクワに宛てオーケーの電報を書いた．ところが，当時政治局員の多くが出兵に懐疑的もしくは反対だった．未解放地域がある，土地改革がすんでいない，武器装備が米軍に著しく劣る，制空権と制海権がない，抗日戦争・内戦と続き幹部・兵士に厭戦気分があること，などの理由だった (曲星 2000)．結局，モスクワ宛て電報は出さずじまいだった．

　10月5日の政治局会議は彭徳懐が率いる志願軍を編制すること，ソ連に周恩来らを派遣してソ連空軍が支援する可能性をスターリンと協議することを決めた．10月11日にソチでスターリンと周恩来・林彪の会談が行われた．そこで，空軍支援には2カ月以上かかると知った周恩来は軍の派遣を断念，やむを得ない時は北朝鮮を放棄し，金日成とその政権・軍隊は一時，中国東北地方に避難し，亡命政府を作るということで2人は合意し，これを毛沢東と金日成に伝達した (曲星 2000)．

　結局，中共指導部が出兵で合意ができたのは10月15日．政治局の緊急会議で次の点で激論を交わしてからである．①ソ連空軍の支援がないとこの戦争は戦えないのか，②金日成と部隊が東北地方に亡命政府を作ったときどのような影響を中国に与えるか．

　会議でもめた末，ようやく志願軍は出動する，6カ月以内は主動進攻をしない，装備が完成したら6カ月後に攻撃を考える，と決定したという (張希 1993)．毛沢東は当時，「参戦すべきだ．参戦の利益はきわめて大きい．不参戦の損害はきわめて大きい」と考えていたという (1950年10月13日毛沢東「我軍応当必須入朝参戦」『毛沢東外交文選』)．

　10月19日夕刻，志願軍の第一陣26万人が鴨緑江を渡った．

朝鮮戦争のコスト

　朝鮮戦争は朝鮮人民軍 (北朝鮮軍)・中国人民志願軍と国連軍 (米軍・韓国軍など16カ国の連合軍) が激戦を展開，何回も38度線を軍が上下し，悲惨な戦争になった．北朝鮮軍・中国志願軍にとっては，戦闘よりむしろ酷寒と飢えが兵士たちを苦しめたという．

表 6-3　朝鮮戦争における中国側の被害

出兵兵員総数		のべ 297 万人
朝鮮に入った兵站部隊		のべ 60 万人
死者	戦闘・事故・凍死など 負傷による死 病気による死 合計	11.4 万人 2.1 万人 1.3 万人 14.8 万人
行方不明	停戦時の捕虜 行方不明死亡と判定 合計	2.14 万人 0.82 万人 2.96 万人
死者合計		15.6 万人
傷亡総数		36 万人
物資の消耗		合計 560 万トン
朝鮮での直接戦費		62 億人民元

　中国側公式データでは，1953年7月まで4年間の朝鮮戦争の損失は下記のとおりである(斉徳学・郭志剛 2007)．
　米側統計：物資損耗は7300万トン，戦費830億ドル
　中朝側統計：国連軍の死傷者・捕虜 109万 3839人
　中国側被害：援朝物資は560万トン，戦費62.5億元(旧人民元)，志願軍の減
　　員(戦死・負傷・行方不明)36万6000人(うち死亡は11万5000人)
　なお，国防大学の歴史研究者・徐焔が筆者も参加した復旦大学でのシンポジウム(2001年1月)で明らかにした中国側被害のデータを紹介しよう(表6-3)．

台湾攻略の無期延期

　中国にとってもっとも重いコストは台湾攻略のチャンスをほぼ永久に失ってしまったことだろう．1950年初めの時点で難関だった新疆地区はほぼ制圧，残るはチベットと台湾だけになった．幸いなことに，1950年1月5日，トルーマン大統領は，「米国は中国の現状に介入しない」と言明，ついで1月12日アチソン国務長官は「台湾と韓国は西太平洋における米国の防衛範囲の外にある」と明言するなど，台湾をめぐる状況は中国に開かれていた．米国国内がイデオロギー的冷戦状況に急転換するのは，1950年2月9日，マッカーシー上院議員が「国務省に浸透した共産主義者」の「陰謀」を突如暴露してからで

(マッカーシー旋風), 当時あった新中国承認の雰囲気も雲散霧消してしまった.

現に, 1950年5月解放軍第三野戦軍は全軍を投入して台湾戦役を準備しつつあり, 50万の兵力動員を考えていた. 毛沢東にとっては台湾を制圧してから朝鮮, というのがものの順序だった. だからスターリン・金日成からの朝鮮への軍事支援要請は突然だった. 朝鮮軍が南下を始めて5日後, 海軍司令・蕭勁光宛てに周恩来から, 状況が変わったから台湾攻撃は延期するとの命令が入った, という (蕭勁光1989). 8月, 中央から陳毅華東軍区司令宛てに, 1951年には台湾攻撃しない, 1952年に状況を見て決定する, との指示が届いた (曲星2000, 周軍1992). 曲星は率直に次のように指摘している.

> (朝鮮戦争の結果) 敵を陸上国境から数百キロメートルのところに追いやった. 東西冷戦の緊張した状況のなかで, 貴重な戦略的緩衝空間を手に入れた. また米軍は不敗という神話を破った. 中国の国際的威望を高め, 中国人民の自尊心と誇りを強めた (曲星2000).

ところが, 以上はいわば建前で, 実際には次のような状況だった.

> 朝鮮戦争の勃発は, 癌にかかって瀕死の国民党政権をベッドの上でよみがえらせた. 台湾当局が朝鮮戦争の最大の受益者であり, 新中国政府は台湾問題解決の絶好のチャンスを失した. ……また朝鮮戦争は国連における中国の議席回復を長らく解決できなくさせた (曲星2000).

何方の全面的批判

日中関係で「ごく少数の軍国主義者と一般の国民を分ける」という「二分論」を厳しく批判してショックを与えた何方 (もと日本研究所) は, 現代中国が行った4回の戦争 (朝鮮戦争, 中印紛争, 中ソ国境紛争, 中越戦争) はすべてまちがっていた, と手厳しい (以下, 何方2013b).

何方は, 朝鮮戦争では, ①1950年5月, 北の南下を支持した決定, ②10月の出兵決断の決定, ③勝利が続き戦況がよかった1950年12月に停戦交渉をしなかった不決断, ④51年からの捕虜交換交渉での強硬政策, このすべてがまちがっていた, とする. 彼は改革開放期農村改革の立役者だった杜潤生 (2000年代, リベラルな雑誌『炎黄春秋』の顧問だった) の言葉を次のように引用する.

> 新中国成立以来, 中国が犯した最大の誤りは抗米援朝だった. 抗米援朝に

どういう効用があったか．朝鮮民主主義人民共和国の国家と金の権力を守った．われわれ中国が多数の犠牲者を出し，膨大な資材を浪費したことは言うまい．抗米援朝で中国側死傷者は100万に上った．だが，どの戦役でも戦死した者は多くない．多くが凍死だ．酷寒のなか，部隊はほんの少ししか衣服をまとっておらず，ついには裸足になり，塹壕にうずくまり，立ち上がれなくなった．凍傷の足はだめになった．凍死者がとても多かった．

何方はこれを受けて次のように言う．

抗米援朝の誤りは，あんなに多くの死傷者を出し，ひどい浪費をしただけではない．重要なのは，抗米援朝以後，中国の制度が固まり，毛沢東が抗米援朝を利用して専制を敷き，国際的な常識，普遍的価値から分かれてしまったことにある（何方 2013b）．

5月の北の南下作戦支持は建国後党内にあった二つの外交路線をめぐる対立を反映していたと何方は判断する．一つは毛沢東の世界革命推進の路線，もう一つは張聞天・周恩来などの平和共存路線で，言うまでもなく毛の路線が勝った．だが金日成の南下計画を支持したとき，毛は中央会議を開いて決めたわけではない，という．

9月末まで金日成は中国軍の参戦を公式に求めてはおらず，9月末に初めて中国に国際志願部隊名義での支援，ソ連の空中支援を求めてきたという．毛沢東は参戦に当たって中央会議を開かざるを得なくなった．当初政治局の多数，劉少奇，張聞天などは不同意だった．賛成したのは周恩来だけだが，彼はソ連空軍の支援を条件とした．毛沢東は10月2日にスターリン宛てに出兵しないと返電，10月8日に周恩来をモスクワに派遣した，と何方は言う．

歴史としての朝鮮戦争

中国が朝鮮戦争で払ったコストはとてつもなく大きい．台湾「解放」の決定的チャンスを失ったことが最大の損失だった．たが，朝鮮戦争で貴重な学習もしたことを指摘しておくべきだろう．朝鮮での悲痛な経験があったから，その後中国のリーダーたちは対外戦争，とくに米国との軍事対決を極力避けるようになった．中国は1950年代初頭からインドシナの対仏抵抗闘争を兵器・物資両面で支援してきたが，1954年7月，インドシナでの戦闘を継続し武力で決

着をつけたいベトナム労働党を押さえつけて，周恩来は懸命にベトナムを説得，休戦とベトナム軍のカンボジア，ラオスからの撤退を強硬に主張し，結局ジュネーブ会議でベトナムを休戦協定に追い込んだ．毛沢東・周恩来が何より恐れたのは米国の介入なのである(ジュネーブ会議，中国とベトナム労働党が協議した柳州会議などについては曲星2000など参照)．

米国のインドシナ武力介入が始まるのは1964年8月，北ベトナム沖のトンキン湾で北ベトナムの哨戒艇が米海軍の駆逐艦に魚雷を発射し，これをきっかけに米国はベトナム戦争に全面的に介入した．1965年3月には米海軍陸戦隊が南ベトナムに上陸し，北では米軍による本格的北爆が始まった．

1965年4月にレ・ズアン率いるベトナム労働党代表団がひそかに訪中し部隊の派遣と物質援助を要請した．中国は同年5月に中央にベトナム支援領導小組(主任・李先念)を作り，中越援助協定を結んだ．6月から支援部隊などがベトナムに渡った．

中国が1965年6月から1973年8月に派遣した部隊は高射砲，工程，鉄道，掃雷，兵站などの部隊，総計32万余人，非戦闘部隊が主だった．しかしこの間，中国の兵器・物資などの物的援助は大きかった．1978年までの中国の対越援助を当時の通貨価値で計算すると200億人民元，米ドルに換算すると少なくとも200億米ドルに相当すると言われる(鄧礼峰2002)．ソ連との援助競争に勝つため，また，中米接近に対するベトナムの非難をかわすため，中国はベトナムに援助で応えた．1971-72年中国の援助はピークに達し，この2年間の援助額は中国のそれまでの対越援助の総額を超えたという(沈志華・李丹慧2000)．

曲星はベトナム戦争での中国の基本的立場を次のように整理している(曲星2000)．

- ベトナム戦争の国際化，朝鮮戦争化はなんとしても避ける(中国の全面介入・米軍との対決を回避する)．
- 1967-68年には米国に打撃を与えてから交渉に持ち込む．
- 1972年にはチャンスをつかまえて適切な時期に米軍の完全撤退を実現させる．

「朝鮮戦争化しない」という基本ラインは過酷な4年間の朝鮮戦争の学習だっただろう．朱建栄は，「(1965年3月)中国は朝鮮戦争介入と同じ対応をした」

と述べているが(朱建栄 2001)，一方では，ベトナム軍に偽装したり，兵站作戦に限定したり，「戦争の地方化(局地戦争化)」を追求し，米軍との直接衝突を回避する戦略をとり，他方では多額の援助を供与して戦争を物的に支えたと考えると，朝鮮戦争の苦い経験から，それとは違う新戦略をとったと見るべきだろう．

第3節　ニクソン訪中

中米接触はどう始まったか

1972年2月ニクソン大統領が米国大統領として初めて訪中した．冷戦期20年余りの対立に終止符を打つこの「中米和解」は世界を震撼させ，ソ連・日本・インドシナ・朝鮮半島を含む世界の構造を大きく変えることになる．同年9月の日中国交正常化は中米接近がなければ大幅に遅れたことだろう．中米はその後，1973年の連絡事務所設置をへて，カーター政権期(中国では鄧小平が1977年から復活)の1979年1月1日付で国交を樹立した．

中米の接触は1970年から水面下で始まっていたが，とくに重要なのは，1971年7月のキッシンジャー補佐官の極秘訪中，10月，今度は公式に行われた訪中であり，この2回の会談で大統領訪中の準備万端が整えられた．合計3回の歴史的会談の全容は2001-04年の米国公文書館の情報公開によってWeb上で閲覧できる(邦訳は毛里和子・増田弘監訳 2004，毛里和子・毛里興三郎訳 2016)．

朝鮮戦争以来の対決と隔絶の関係を変えようとする動きは，密かではあるが，また，動機は異なってはいたが，中米のいずれも1969年春頃から始まった．それ以来，1971年7月にキッシンジャー大統領補佐官の秘密訪中が実現するまでのサスペンスフルなプロセスについては拙著『周恩来・キッシンジャー機密会談録』(毛里和子・増田弘監訳 2004)および『ニクソン訪中機密会談録 増補決定版』(毛里和子・毛里興三郎訳 2016)の解説を参照していただきたい．

米国の対中戦略は？

ニクソン政権が対中接触をはかった意図は何か．ニクソンは大統領就任後，対中接触のためのさまざまな具体的方法を探った．一つは，ベトナム戦争から

の，できるだけ傷が少ない，できれば「名誉ある撤退」を実現するため，もう一つは，軍事的にパリティ(軍事力のほぼ均衡状況)に入りつつあったソ連との関係を米国優位に変えるためである．1968年夏のチェコ事件以後，とくに翌春の中ソ国境紛争で中ソ対立が決定的段階に入ったと見極めたニクソンは，中国をベトナム宥和に引き込み，中国との関係改善を対ソ戦略外交のカードに使う，という戦略構想をもったと思われる．

　同じような志向をもつキッシンジャーは，これまで米国政策立案者が中国を「支離滅裂，猪突猛進の未知・無縁の異国，対外拡張主義，イデオロギー至上の国」と見なし，長らく敵対してきたのは間違っていると判断，中米両国の共同利益を探り，イデオロギーではなく，地政学的観点から中国に対するべきだと考えた．彼は，ニクソン政権が「国際関係の新時代を作り出そうとして，人類全体の4分の1の民が生きるこの国との接触によってアメリカ外交の新たな展望が再構築できると確信した」のである(キッシンジャー 1980a)．根本には，従来の米国外交に対するキッシンジャーの本質的批判があった．「アメリカには，外交政策を悪と善との力比べとする理想主義的な伝統がある．でたとこ勝負で"問題"を解決しようとする実利主義的な伝統がある．国際問題を裁判事件として取り扱う法律尊重主義の伝統がある．ないのは，地政学的な伝統である」と信じていたからである(キッシンジャー 1980a)．

　米国が対中接近をはかったのは，中国を引き込むことで泥沼のインドシナ戦争から抜け出したかったからだし，対ソ交渉を有利に進めたかったからだ．1971年7月1日のニクソン・キッシンジャー・ヘイグ会談(第1章第2節参照)の記録を読むと，ニクソン政権の意図がはっきり分かる．アンドルース空軍基地から東南アジア，パキスタン，そして中国へと出発するその日，キッシンジャーは大部の参考資料をニクソンに見せてA. M. ヘイグ准将(安全保障会議(NSC)のスタッフ)を交えて対中戦略を協議した．この三者会談では対中交渉に臨むに当たって次のことが確認されている(Burr ed. 2002b)．

- 日本の将来の脅威について中国側の関心をより強く喚起することが重要だ．米国の軍事力のアジアからの全面的撤退が日本の好戦性を再活性化させ，それがすべてにとって大きな危険を意味することは明瞭である．
- ベトナム戦争の手詰まりが続けば大統領にとって危機であり，日本の軍国

主義的再興が脅威であり，中国との国境でのソ連の脅威が重大であることなど，中国に恐怖心を植え付けることが肝要だ．
- 首脳会談に先だって，米軍捕虜の釈放，中国への穀物輸出，ベトナム戦争に関する一定の進展があること．
- 首脳会談の結果として，中米政府間のホットライン，偶発的核戦争に関するある種の協議の達成を実現する．
- 大統領訪中前に米国の政治家を訪中させないよう中国に要請する．
- 台湾問題については，より曖昧(エニグマティク)なものにすること．

新しく開示された1971年2月16日付NSC文書106 (National Security Council Memorandum; NSCM)，5月27日付NSC文書124のいずれでもNSCレベルにおける米国の台湾政策，大陸政策に重大な変化は見て取れない(Accinelli 2007)．秘密訪中までにニクソンとキッシンジャーの間にどのような事前協議があったのか全容は明らかではないが，開示された文書を読む限り，キッシンジャーが7月会談で，ニクソンが2月会談で，台湾問題について前記のNSC文書，7月1日の事前協議よりずっと突っ込んだコミットをし，中国に大きな譲歩をしていることは明らかである．

中国の戦略的意図は？

中国側の対米接触の要因は何だったかについてはソ連要因，とくに1969年の国境衝突が直接のきっかけになったと見るのが主流である．ただ，当初毛沢東や周恩来は対ソ戦略からだけ対米関係の調整を考えていたが，1970年春以降は，対米関係改善自体を追求し始めたというある文献の分析には納得できる．またベトナムが中国の反対を押し切って1968年春から対米秘密交渉に動き始めたことが中国の政策転換を助けた，という冷戦史研究者・牛軍(米国研究所から北京大学)の観察は説得的だ(牛軍2000)．

中国側の当初の戦略的意図については，1969年秋頃に出されたという陳毅(外相)提言が端的に示している．毛沢東の指示で1969年春から陳毅を含む4将軍が集まり国際戦略の再検討に入ったが，そのレポートの核心は，中米矛盾より中ソ矛盾の方が大きい．中米大使級会談をランクアップして閣僚級とし，戦略上米ソ矛盾を利用し，中米関係でなんらかの突破をはかる必要がある，と

いうものだった(熊向暉 1992).

なお林彪派と「四人組」が中央を握っているなかで，周恩来は慎重で執拗な党内工作を進めていた．1971年5月26日，政治局会議で周は自ら「中米会談についての報告」を起草し，対米交渉「八項目方針」をまとめ上げた．これが中国の戦略的意図を語っている．

- 米国はすべての兵力と軍事施設を期限内に台湾と台湾海域から撤退させる．
- 台湾は中国領土であり，外国人の干渉は許さない．日本軍国主義者の台湾での活動を抑止する．
- 中国は台湾の平和的解放に努力する．
- 「二つの中国」「一中一台」の活動は許さない．
- これらが実現しない内は対米国交樹立はしない．だが相互に連絡事務所を設置する．

などが入っており，ほかに国連加盟や貿易問題をこちらからは持ち出さない，インドシナ，朝鮮半島，日本，東南アジアから米国の軍事力が撤退することを主張すること，なども加わった．ベトナム関連では，「中米会談がインドシナ情勢に与える影響は，一時的にはあるかもしれないが，インドシナの抗戦とパリ和平交渉にかならずや有利に作用する」と判断した，と言われる(中共中央文献研究室編 1997b, 沈志華・李丹慧 2000).

翌日からの全国外事工作会議では，周恩来が「新情勢下の外交政策」について2回演説している．中央の合意が最終的にできたのは，各部門の責任者225人を集めて開かれた中央工作会議(1971年6月4-18日)のようである．まず周恩来が，「八項目方針」が入った「中米会談についての報告」と「毛沢東・スノー会談紀要」を読み上げ，外交部門での極左主義を批判し，対米交渉が毛沢東の戦略的決定であることを強調した．最終日には，大使館焼き討ち，「香港出兵」主張，外交部の奪権など「造反外交」を非難，新情勢に備えるべきだと，周が3時間にわたって熱弁をふるったという(この15日間の中央工作会議については王永欽 1997).7月4日の政治局会議はキッシンジャーを迎える具体的段取りを決め，毛の批准を得て，キッシンジャー訪中を極秘に迎えることになる(中共中央文献研究室編 1997b).

ニクソン訪中に関する中共中央の通達

中国の戦略的意図を端的に示しているのは，中共が中央・地方のリーダー，各軍区に発した「ニクソンの北京訪問についての中共中央の通達」(7月20日付)である(本通達原文は香港『星島日報』1972年2月18日，邦訳は太田勝洪編訳1975).

- 総理の名でニクソンを招請したのは毛主席が自ら決定したことである．
- ニクソン招請は，アメリカ帝国主義との闘争のいま一つの形態であって，米帝国主義・反動派に反対するこれまでの立場に影響しない．
- ニクソン招請は，アジアなどの人民，とくにベトナム人民の反米闘争を支援するいま一つの形態であって，対越交渉で苦しんでいる米国をいっそう追いつめる戦略である．
- ニクソンは，中国封じ込めが破綻したために膝を屈して和を求めに来る．
- ニクソン招請は，ソ連修正主義社会帝国主義を孤立させる重要な戦略配置である．現段階の中ソ矛盾は敵対矛盾であり，中国にとって主要矛盾である．米ソの結託を裂くことは，ソ連の侵略的野心への重大な打撃となろう．
- ニクソン招請は，台湾問題を解決する重要な段取りである．米軍が台湾から撤去すれば，台湾は内政問題となり，武力であれ交渉であれ，解決できる．

この通達は，「中央の一部の同志はいったんは異なった意見をもっていたが，繰り返し論じ合った結果，認識を統一し，最後には一致してこの決定に同意した」と述べているほどだから，「米帝」との交渉には強い反対があり，激論があったのだろう．この対米政策の大転換が1971年9月の林彪事件の重大なきっかけになったと推察できるが，いまそれを裏付ける材料はない．

7月9日から11日まで，周恩来・キッシンジャーの4回の会談が，ついで10月20日から26日まで周恩来・キッシンジャーの10回の会談が開かれた．周知のように，キッシンジャーの第一次訪中は世界でもまた米国内でもまったく極秘裏に進められた．キッシンジャーは，パキスタンのイスラマバードで「胃腸を悪くして休む」と称して48時間の北京隠密旅行を行った．7月会談は9日から11日まで昼夜を分かたず続き，会談時間は正味17時間に及んだ．交渉はきわめてタフなものだった．

なお，10月会談は国内では林彪事件の直後に行われ，世界では国連総会で

中国の代表権問題が最終段階を迎えていたまさにその時に開かれている．第26回国連総会は，北京では共同コミュニケ交渉が続いていた10月25日，ついにアルバニア決議案（中華人民共和国政府の代表を唯一の合法的代表と認め，単純多数決で決める）を賛成76，反対35（棄権17，欠席3）の圧倒的多数で採択した．米国の二重代表制提案（「中国には現に二つの政府がある，この二つが平和的にその場の争いを解決することが望ましいが，それまでの間は二重代表制を認めるべきである」，この米国案を日本は支持）は評決にもかけられなかった．喬冠華外交部副部長を団長とする中国代表団が国連総会会議場に姿を現すのは11月15日のことである．

1972年1月，安全保障会議NSCのスタッフ——ヘイグ一行が北京を訪れた．ヘイグは，世界の軍事力配置，とくにソ連軍の配置，米国の対抗戦略について周恩来・葉剣英元帥に詳細にブリーフィングした（中国の反応は冷淡だったが．会談記録は毛里和子・増田弘監訳2004）．

1971年中米交渉のポイント

7月会談・10月会談のポイントを台湾問題，日本問題に絞って整理しよう．
【台湾問題】7月9日の第1回会談で，キッシンジャーはまずこう切り出した．
- 台湾駐留米軍の3分の2はインドシナの戦争が終了した時点で撤退する．残る3分の1も中米関係の進展に合わせて徐々に削減する用意がある．なおこれは，議会と官僚機構の承認を経ていない，ニクソン大統領の個人的決定で極秘事項である．
- われわれは「二つの中国」「一中一台」方式は主張しない．
- 台湾独立運動は支持しない．

他方周恩来は，第2回会談で中米関係樹立の条件として次の4点を示した．
- 中華人民共和国政府が中国を代表する唯一の正統政府だと認めること．
- 台湾が中国の不可分の領土であり，中国に属すると認めること．
- 米国は「二つの中国」，「一中一台」，台湾独立運動を支持しないこと．
- 「台湾の地位未定論」を繰り返さないこと．

その後両者はこれらをめぐって何回も繰り返し議論をするが，キッシンジャーは，「唯一の正統政府」について留保しながら基本的に周恩来の原則を受け

入れ，またニクソン大統領2期目の前半に中国との国交樹立が可能だということを明言した．台湾を国連から追放するかどうか，米華条約を廃棄するか，「唯一の正統政府」の部分でどう折り合うか，などについては，その後も激しい議論が繰り返され，結局，国連への中国招致・台湾追放決議の採択，「合衆国側は，台湾海峡の両側のすべての中国人が，中国はただ一つであり，台湾は中国の一省であると主張していることを認識する．合衆国政府はその立場に異議を申し立てない」と共同コミュニケ草案文書の練り上げでまとまっていくのである．

だが，台湾問題についてキッシンジャーの回想録は歯切れが悪いし，事実とはちがう．この点について，ジェームズ・マンの批判的コメントを紹介しよう．

> 最近になって機密扱いを解かれた記録や回顧録から，キッシンジャーの説明は好意的に見ても誤解を招く不完全なものでしかなかったことが明らかになっている．……要するに，キッシンジャーの訪中時に行われた台湾問題の討議は，キッシンジャーとニクソンが自ら認めている範囲を遥かに超えるものだった．ニクソン政権は，中国の要求のすべてとは言わないまでも多くを受け入れ，譲歩したのである(マン 1999)．

【日本をどう見るか】1971年の計14回の会談でキッシンジャーも周も語り口は率直だ．71年交渉で興味深いのは，中米のリーダーが語る赤裸々な日本像，対日戦略である．

この頃周恩来の対日警戒心にはきわめて強いものがある．周は7月10日の第2回会談で次のように言う．「台湾やこれらの地域から米軍が撤退する以前に日本の武装兵力が入って来る可能性があります．台湾への立ち入りは可能です．なぜならば，日本と台湾は蔣介石が結んだ条約――いわゆる平和条約をまだ保持していて今やそのことを強調しています」と．周恩来はまた，「軍国主義を支えるシステムの基礎」として天皇制への深い懸念を表明している．交渉の最終段階でも，周は，米軍の漸進的撤退が日本の派兵をもたらすのではないか，と繰り返し懸念を述べている．

これに対してキッシンジャーは，米軍の存在が日本の軍事力強化への抑止弁になり，日米安保条約はまさにそのためにある，との主張を繰り返し述べ，周を論破しようとした．彼は在日米軍の撤退を求める周にこう答える．「私が大

学で教えていたある理論から見れば，我々が日本から撤退して，日本に再軍備を許し，太平洋の向こう側で日本と中国にお互いに力のバランスの崩し合いをさせる，というのは筋の通ったことかもしれません．でもこれは我々の政策ではありません．日本が大々的に再軍備をすればやすやすと 1930 年代の政策を繰り返すことができるでしょう」(以上毛里和子・増田弘監訳 2004: 文書 1).

　両者が抱く日本イメージにも奇妙な一致が見られる．おそらく日本観が両者の数少ない一致点の一つだったろう．ちなみに，キッシンジャーの 7 月訪中は事後，それも 7 月 15 日に「公告」を出す 1 時間前にロジャーズ国務長官から日本政府に伝えられた．

　キッシンジャーの見るところ，周恩来はつねに冷静で雄弁で洗練された大政治家だった．ただ日本についてだけ「周恩来の演説は彼らしくなく，不十分で，自信なげでした．彼の戦略的論拠は弱く，いつも常套句に戻ってしまいます」と評している(キッシンジャーからニクソンへの報告書 1971 年 11 月 11 日 (Burr ed. 2002b))．最大の疑問は，周が当時これほど厳しい日本観，対日政策をもちながら，なぜ，どのような論理と戦略で翌年の対日国交正常化を決断したのか，である．

2 月ニクソン訪中

　ニクソン一行は大統領夫妻を含めた 15 人の公式代表団，21 人の随員である．中米会談の米国側の会談記録のすべては，キッシンジャー補佐官特別補佐で腹心のウィンストン・ロードの手によるものである (1985 年末から 89 年 3 月まで駐北京大使).

　2 月の中米交渉は毛沢東・ニクソン会談，周恩来・ニクソン会談だけではなかった．実質的にもっと重要だったのは喬冠華・キッシンジャー間のコミュニケ作成交渉であり，もう一方では 1971 年 7 月からの対中交渉で徹底的にはずされたロジャーズと姫鵬飛（きほうひ）の間で二国間実務交渉も行われた．都合三つの交渉が同時進行していたのである (詳細は，毛里和子・毛里興三郎訳 2016，毛里和子・増田弘監訳 2004 を参照).

　中米交渉の結果をまとめたコミュニケは，前年のキッシンジャー訪中時の 40 時間に及ぶやりとりで基本的にまとまっていた．残っていたのは，米側が

主張した「中国人民は台湾問題を平和的交渉で解決すべきだ」という部分，台湾駐留米軍の全面撤退の期限をいつにするか，だけのはずだったが，交渉は難航し，両者の会談は20時間を超えた．①台湾問題の平和解決を米国が「希望」するのか，「再確認」するのか，「関心をもつ」のかをめぐって，②台湾からの米軍を「無条件撤収」とするか，「目標として掲げる」のか，③「アジア全体の緊張緩和」と結びつけるのか，④米華条約に触れるかいなか，などで激しいやりとりがあった，と中国側文献も『キッシンジャー秘録4』も述べている（キッシンジャー 1980b）．25日夕刻，ついに周恩来自身が出馬し，キッシンジャーとの間で最後のつめを行い，コミュニケ定稿ができあがった．

ところが，思わぬ問題が起きた．これまでまったく「蚊帳の外」におかれていたロジャーズ，グリーンなど国務省メンバーが，北京—杭州間の飛行機ではじめて草案を見せられて激怒，15カ所の修正をキッシンジャーに申し入れたのである．「度を失ったニクソンは興奮のあまり，杭州の華麗な迎賓館の中で，下着のまま怒鳴り散らした」（マン 1999）が，やむなく喬冠華と再度交渉することになった．すでに26日の真夜中に入っていた．中国は，台湾については修正できないがその他の部分では米側の修正要望を受け入れるとしたため，明け方毛沢東の批准を得て，27日早朝に妥結にこぎ着けたのである．こうしたせめぎ合いの結晶が2月27日の「上海コミュニケ」である．

結局，ニクソンの指示でキッシンジャーが再度交渉した結果，中国は「すべての人々」を「すべての中国人（チャイニーズ）」に修正することを受け入れたが，米華条約については拒否した．米華条約については，コミュニケ発表直後の同行記者団へのブリーフィングでキッシンジャーが，「この問題についてのわれわれの基本的立場については，米華条約は維持する，と大統領の議会向け外交教書ですでに述べており，この立場に何ら変更はない」と答えることで，とりあえず決着が付いた．

なお，ニクソンらは国務省を徹底的にはずした．毛沢東・ニクソン会談に陪席できたのはキッシンジャーとその腹心ウィンストン・ロードだけで，ロジャーズ国務長官には事後に知らされた．コミュニケ交渉からも除かれ，2回の全体会談にしか出られなかった．キッシンジャーは，ニクソンが国務省を通じた情報漏れを恐れたため，としているが，キッシンジャーとロジャーズの個人的

第6章 対米関係　231

確執，NSC と官僚機構たる国務省との対立が根っこにあったことは疑いない．

奔走する周恩来——党内とベトナム説得

　1971年7月と10月，キッシンジャーとの会談を終えるやすぐに，周恩来はベトナムや北朝鮮などに赴き，説得工作に奔走した．1972年も同様だった．「四人組」が握る政治局内部のとりまとめ，ベトナムなど友好国の説得などが待ちかまえていたからである．3月1日に対米交渉のすべてを毛沢東に報告し中央政治局会議を開いたあと，3日の中央国家機関関係責任者会議では，上海コミュニケを読み上げ，中米交渉の意味，柔軟な外交活動の必要性を強調し，次のような説明をしている．心なしか弁明口調が目立つ（『周恩来伝』下）．

- 「両岸関係のすべての中国人が……」の部分：「この部分が中米会談でもっとも議論が多かった．北京，杭州，上海へと議論が続き，27日午後3時半やっと合意できた．この部分の最初の段落はキッシンジャーの貢献が大きい．……さすが博士は博士だ」．
- 台湾は中国の「一部」か「一省」か：「われわれはもともと台湾は中国の一省とし，蔣介石にもそう言ってきた．だが米国はどうしても「一部」に固執した．……われわれはそれに同意した」．
- 米軍の撤退と米華条約について：「米側はさまざまな提案をして，台湾解放は平和的にやるという義務をわれわれに認めさせたがった．われわれは駄目だと言った．……われわれとしては米側に台湾からの全部隊の撤退を最終目標にすることを認めさせなければならなかった」．「米華条約が（コミュニケに）入っていないのはおかしい，と言う人がいる．だが，米華条約の破棄を入れれば，米側としては米華条約を守る義務を必ず書き入れるだろう．そうすればわれわれに不利だ．軍事施設を全面撤収させればあとは「条約」などないに等しくなるではないか」．

　最大の難問はベトナムへの説得工作だった．1979年のベトナムの『中国白書』は，72年3月に「中国の高級代表団」が，米国がインドシナ問題と台湾問題とで取引を狙っているが，「中国にとっては，米軍のベトナム南部からの撤退が最優先の問題であり，中国の国連加盟問題は第二の問題だ」とベトナムを説得したという（ベトナム外務省編1979）．北京に戻った周恩来は翌日にはピョ

ンヤンに飛び，金日成にキッシンジャーとの会談の詳細を通報し，夜には北京でシアヌーク元首にも報告している(中共中央文献研究室編 1997b)．ニクソン訪中の際には，3月3日中央国家機関の会議をすませてからすぐ南寧に飛び，翌日にはハノイでベトナムのリーダーに中米交渉を通報した．中越間で何が話されたかは分からないが，中越関係に関するほとんど唯一の文献，郭明の『中越関係演変四十年』は，周が次のようにベトナムに説明したとしている．

> 中国はニクソンとの会談ではっきり次のように述べておいた．中米関係を正常化し，極東情勢を緩和するには，まずベトナムとインドシナ問題を解決しなければならない．われわれは台湾問題をまず解決すべきだとは要求していない．台湾問題は次の一歩だ．……中米関係の正常化は，中米両国人民の利益に役立つだけではなく，全世界，とくにインドシナの平和に利する．問題はまた，中国は外交面で巨大な勝利を得ると同時に，引き続きベトナムに大量の援助を与えるということだ(郭明 1992)．

だが，ベトナムは中米接近を「ベトナム革命とインドシナ革命を裏切り，世界の革命を裏切る露骨な転換点だ」と受け止め，「アメリカにベトナムを売り渡した」，「中国側は，援助の「人参」を使った」(ベトナム外務省編 1979)，と強い不信感を抱いた．これが1979年の中越戦争の火種となった．

ニクソン訪中の歴史的意味

ニクソン訪中，上海コミュニケの発表は，朝鮮戦争以来，二十数年続いてきた中米冷戦に終止符を打つ歴史的できごとだった．だがそれと同時に，1970年代から21世紀へと続く中米関係の出発点でもある．1971-72年中米交渉は歴史的にどう意味づけられるのだろうか．台湾問題と72年交渉の「戦略性」に絞って検討してみたい．

『会談録』を読むと，1971年7月会談でキッシンジャーが冒頭に示した次の「台湾五原則」がブレーク・スルーをもたらしたことが確認できる．本書ではこの五原則をニクソン・フォーミュラと呼んでおく．

①米国政府はインドシナ戦争終了後に台湾駐留米軍を3分の2削減し，中米関係が改善すれば残りの米軍も減らす用意がある．

②米国政府は，「二つの中国」「一中一台」を支持せず，台湾問題の平和的解

決を望む.
③台湾が中国の一部だと認め,台湾独立を支持しない.
④米華条約の問題は歴史の解決にゆだねる.
⑤米国は中国を非難したり孤立させたりしない.国連での中国の地位回復を支持するが,台湾の追放は支持しない.

この「台湾五原則」と基本的に同じものが,1972年2月22日午後,ニクソンから周恩来に再提起されたのである.ニクソンは,「キッシンジャー博士が当地に来たとき,私たちは五つの原則に同意していると述べました.……他の問題で私たちが何を言おうと,この点は信頼していただいて大丈夫です」と前置きして,上とほぼ同じ五原則を述べたのである.

つまり1972年2月交渉でニクソン政権は,唯一の正統政府としての人民共和国政府,台湾の中国帰属を認め,台湾独立を支持せず,台湾およびその海域からの米軍の段階的撤退を自ら約束していたのである.この五原則を聞くや周恩来は「結構です.これでこの会談は前進するでしょう」と述べたという.周恩来としては大いにホッとしたにちがいない.その意味では,1971年7月と10月の交渉で,キッシンジャーが彼らが認めている範囲を遥かに越える「譲歩」をしたというジェームズ・マンの批判(マン1999)は当たっている.

さて,ニクソン訪中後,1973年から双方の首都に連絡事務所が設置され,米国が米華条約を廃棄するなど中米関係は進展したが,ニクソンが約束した「政権2期目2年以内の国交正常化」は実現せず,1979年まで待たねばならなかった.米国ではウォーターゲート事件でニクソンが失脚,中国でも「四人組」と周恩来・鄧小平ら実務派との間の激しい権力闘争のためである.

第4節　中米関係のなかの台湾

日華平和条約という選択

さて,中国の対米関係での核心にあるイシューは1950年代以来ずっと台湾問題である.中米が国交を正常化し,権力の正統性をめぐる問題に決着がついた後も,また,冷戦が終わり,内戦の事由が消えた時になっても,台湾問題が中米関係の核心のイシューであり続けている.1949年早々,内戦に敗れて大

陸から台湾島に移り住んだ国府系漢人は200万人とも言われる(うち軍隊は60万人という説が多い).

1949年から70年まで,台湾をめぐる中米関係は次のように変わってきた.
- 1949-58年:「解放(大陸)」と「反攻(台湾)」の10年
- 1958-71年:米国による二重抑止の10年(大陸の「解放」も,台湾の「反攻」も米国の軍事力で抑止された)
- 1972-88年:台湾の自立を模索する15年
- 1988-2005年:新台湾人アイデンティティの15年
- 2005年以降:永遠の現状維持?

戦後の秩序がまだ固まっていなかった1950年1月,トルーマン政権は台湾を極東地域の米国の防衛ラインの内に入れていなかった.台湾を拠点に大陸中国に対する軍事的・政治的・経済的「封じ込め」戦略に転じたのは,1950年6月に勃発した朝鮮戦争による.本章第2節で述べたように,台湾をめぐる状況は,朝鮮人民軍の南下,朝鮮戦争勃発で180度変わってしまった.米国はただちに全面介入し,新中国も朝鮮半島の戦乱に介入,予定していた「台湾解放」は2年間延期することとなった.実際には70年たっても台湾と大陸は分断されたまま中米間の核心のイシューであり続けている.

戦後の東アジア国際政治は米国の(そしてその同盟国の),台湾が中国を代表するという虚構をもとに作られた.まず大陸中国,ソ連という主要アクターを欠いたままサンフランシスコ講和条約が結ばれ,敗戦国日本が国際社会に復帰し,ついでその日本は中国の代わりに台湾を相手に講和条約を結んで戦後をスタートさせた.1952年4月28日の日華平和条約は次のように言う.

第一条　日本国と中華民国との間の戦争状態は,この条約が効力を生ずる日に終了する.

第二条　日本国は,千九百五十一年九月八日にアメリカ合衆国のサン・フランシスコ市で署名された日本国との平和条約……第二条に基き,台湾及び澎湖諸島並びに新南群島及び西沙群島に対するすべての権利,権原及び請求権を放棄したことが承認される.

第五条　日本国はサン・フランシスコ条約第十条の規定に基き,……中国におけるすべての特殊の権利及び利益を放棄し,且つ,前記の議定書,附属

書，書簡及び文書を日本国に関して廃棄することに同意したことが承認される．

こうして，大陸中国との国家関係を正常化させ，台湾との政治的関係を断った 1972 年まで，台湾が中国を代表するという虚構は生き続けた．なお台湾は国際法的には地位未定という状態におかれた．台湾の国民党政権は大陸への復帰を狙い（大陸反攻），武力で大陸政権と対抗した．他方大陸政権は，台湾政権を非法とし全面的な消滅，「解放」されるべき相手とした．1972 年まで口頭では全面対決の関係が続いた．中国の台湾戦略は，1950 年代から 78 年まで台湾解放（一つの中国），2000 年代までは「平和的統一（一つの中国）」，反国家分裂法（2005 年 3 月）からは「現状維持（一中一台）」である（後述）．そして 1990 年代まで少なくとも 3 回，台湾海峡の危機があった（第一次：1954 年 9 月，第二次：1958 年 9 月，第三次：1996 年 3 月）．

1954 年第一次台湾海峡危機と米華条約

1954 年 7 月ジュネーブ会談が終わると中国は台湾解放のキャンペーンを始め，7 月 23 日付『人民日報』の社説「中国人民は台湾を必ず解放しよう」などで台湾解放を大声でアピールした．米国も，ダレス国務長官が「台湾と澎湖諸島を防衛せよ」，アイゼンハワー大統領は「第七艦隊を派遣する」と述べて対抗した．

共産主義のアジアでの拡大を嫌う米国は，1954 年 9 月東南アジア条約機構（SEATO）を結成，これに対して中国は台湾が米国の防衛ラインに組み込まれることを懸念し，9 月 3 日人民解放軍が金門・馬祖島に対して猛烈な砲撃を加えた．直後にダレスが台湾を密かに訪問，蒋介石と協議を続けた．その結果，米太平洋軍の艦艇が急派された（第一次台湾海峡危機）．

米国は 1954 年 12 月，台湾との間で相互防衛条約を締結した．条約は第 1 条で，「武力による威嚇ないし武力の行使を，国際連合の目的と両立しないいかなる方法によるものも慎むこと」と明記，中華民国と明記された領土は台湾・澎湖諸島に限定され，「双方の合意によって決定されるその他の領域」にも条約は適用される，ということだけが曖昧に記述された．また米国が台湾問題の平和的解決を望んでいる，とも明記された．

米華条約は，アジアの冷戦体制下，一方で中国の台湾武力解放を阻止する役割を果たし，他方で，蒋介石に対しても大陸反攻を思いとどまらせる効果を生んだ．米国の戦略は，中国の台湾武力統一を阻止，蒋介石の大陸反攻も阻止するという両面作戦だったのである(佐橋亮 2015)．

　中国は 1955 年 1 月大陸に近い大陳島を爆撃，一江山島に上陸，同島を占領した．当時，米国議会はアイゼンハワー大統領の要請に応じて「台湾決議」を採択し，大統領に対して必要に応じて台湾の安全を確保するため米軍を動員する権限を与えた．

　だが米国は，実際には大陳島から国府軍を撤退させただけで反撃を許さず，結果的には，台湾防衛は本島と澎湖諸島に限定されることが明らかとなった．結局，米華条約は「二重の抑止」を働かせた．極論を言えば，「米華同盟は国府の立場から見れば，成功とはほど遠いもの」と言えるかもしれない(佐橋亮 2015)．

第二次・第三次台湾海峡危機

　第二次海峡危機は中国の「革命外交」によって生じた．大躍進政策で興奮していた毛沢東は，シリア，レバノンなど中東地域での反政府運動を「革命の潮流」と判断，台湾についての態度を先鋭化させた．

　1958 年 8 月 23 日解放軍が金門・馬祖島を突如砲撃，翌日米軍が海峡で戦闘態勢に入り，緊張が走った．27 日には解放軍司令部が金門島の国府軍に対して投降勧告した．対して 9 月 4 日ダレス国務長官が，必要があれば米軍が台湾海峡に出動する，と警告した．9 月 6 日の周恩来声明は，米国の台湾・澎湖諸島「侵略」を激しく非難したが，中米大使級会談再開を受け入れた．米国も即座に会談再開に同意した．他方，9 月 7 日にはソ連フルシチョフ書記長が米国大統領宛てに「中国への攻撃はソ連への攻撃とみなす」との警告書簡を発し，今次の海峡危機はにわかに「国際化」した．中国は対米交渉を呼びかけるかたわら，「奇妙な停戦」を行った．10 月に 2 回にわたる彭徳懐国防相の声明で「1 日おきの砲撃」を指示したのである．

　「偶数日には金門の飛行場，料羅湾の埠頭，海浜および船舶に砲撃を加えず，……それによって十分な補給を得られるようにする」，「奇数日には船や飛行機

はやってきてはいけない．……諸君はもしかすると被害を受けるかもしれないから」，とこの奇妙な声明は台湾住民に呼びかける(1958年10月25日彭徳懐「ふたたび台湾同胞に告げる書」『大躍進政策の展開』上)．

この時の対米・対台湾戦略について，曲星は『中国外交50年』(2000年)で「外交闘争と軍事闘争の結合」と評価する．

「金門・馬祖砲撃の軍事闘争で台湾海峡を分割統治するという米国の企図を破り，中国大陸と金門・馬祖を一つにつながったものとみなし，祖国大陸と台湾は分割できないという固い証拠を作っておく作戦」だというのである．つまり，中国軍は金門・馬祖島を奪ってはならないのである．ちなみに，この時の中国の台湾戦略について岡部達味は次のように言う．

> (中国の考え方は)当初は，まず金門・馬祖を解放し，ついで台湾を解放するという二段階解放戦略だったが，途中で変更した．米国が金門から蔣介石を撤退させようとしたが，それに蔣介石が抵抗した．そこで金門・馬祖を蔣介石の手に残し，「連蔣抵米(蔣介石と連合して米国に抵抗する)戦略」に変わった(岡部達味 2002)．

なお，「一つの中国」原則の形成過程に着目した福田円は，第二次海峡危機まで中国は「二つの中国」反対を外交原則としていたが，次第に「一つの中国」を他国，国際社会に求め，1960年代半ばには「一つの中国」が政策から原則に昇格した，と分析している(福田円 2013)．

台湾海峡をめぐる三度目の危機は1995-96年にも生じた．1979年以来，中米は国交を結び，中国は台湾について「解放」ではなく「平和的統一」で対するようになり，金門・馬祖島砲撃もやんだ．国民党統治も終焉に向かいつつあった．台湾をめぐる危機は根本的に収まったかと思えた．だが，それでも1995-96年海峡で緊張が走った．問題の根源は台湾で芽生えつつある「独立」の動きにあった．これについては第3章第4節を参照されたい．

いずれにせよ，3回の台湾海峡危機は，台湾をめぐって中国軍と米国第七艦隊とが間接的に対峙し，米国の軍事介入により事態の拡大に歯止めをかける結果となった．台湾に大陸反攻をさせない，大陸に台湾を武力侵攻させない，との基本戦略は功を奏したのである．

ニクソン訪中の結末——ニクソン・フォーミュラ

1971-72 年の劇的なキッシンジャー訪中,ニクソン訪中についてはすでに本章第 3 節で概要を論じた.中米関係は大転換したのである.1972 年の中米和解は単純と言えば単純である.米国が正統政府を北京政府に切り換えたこと,台湾については経済・文化関係に限定した関係を維持すること,1954 年の相互防衛条約は失効させること,などが 1972 年の中米交渉で確定したことである.前に述べたように台湾,正統性をめぐる問題については中米の合意はすでにできていた.2 月 22 日第 1 回ニクソン・周恩来会談で,ニクソンが前年 7,10 月にキッシンジャーと周恩来との間でできた合意として整理した「五項目の原則」である(毛里和子・毛里興三郎訳 2016).

中米正常化のプロセスを丹念に見る限り,米国の台湾問題についての原則は,「中国は一つ」「一中一台」は認めない,台湾独立を支持しない,台湾およびこの地域の軍事力と軍事施設を最終的に撤去するまで段階的に削減する,というものではっきりしている.にもかかわらず,今日に至るまで中米間で摩擦はたえず,そのキーイシューが台湾問題である.原則が提示されて 20 年もたつのに台湾問題が対中関係の障害になっているのには,次の事情があるからである.

一つは,1971-72 年の交渉,および 1978 年国交正常化交渉で大統領と安全保障補佐官が,ある時はベトナムとの和平交渉を有利に導くために,あるいはソ連とのパワー・バランスを有利にすることを第一義的に追求して中国との関係をもっぱら戦略的に考え,対中交渉を独占し,それに反対する国務省,議会の反対派を無視して強引に進めたことである.つまり米国国内に関する限り,ニクソン,カーター両政権は対中政策についての異論を封じ込め,中国との戦略関係の樹立を強行した.言い換えれば,米国の対中国政策は,ニクソン,キッシンジャーが定式化した「ニクソン・フォーミュラ」に一元化されてはいなかったのである.ちなみに,ニクソン・キッシンジャーが大陸中国との関係正常化をしきりに模索していた 1971 年 4 月,国務省は「台湾と澎湖諸島をめぐる主権は,将来の国際的な解決にゆだねるべき未解決問題である」と台湾帰属未定論を発表していたし(1971 年 4 月 28 日),国連で中国代表権が可決される見通しが強まった時には,ロジャーズ国務長官自身,中国の国連参加を支持するが,台湾追放は重要事項にする,中国の安保理常任理事国就任は国連の大勢の

判断に待つ，などの「新政策」を表明していた(1971年8月2日)．

もう一つは，台湾問題の性格が1972年と90年代以降では大きく変わったことである．1972年には大陸中国も台湾も毛沢東・周恩来・蔣介石の第一世代リーダーが健在で，いずれも「中国は一つ」論に立ち，問題の核心は正統性をめぐるもので，ある意味で単純だった．米国が台湾から大陸中国に認知対象を移せばすんだのである．

だが，1980年代後半から台湾では民主化が進むのと並行して台湾自立，つまり「一中一台」の主張が強くなってきた．1999年7月には李登輝総統が，「両岸関係は，特殊ではあるけれども，国家と国家の関係である」と述べ，2000年3月には，台湾独立を綱領に掲げる民主進歩党(民進党)の陳水扁が総統に当選した．こうした「台湾化」状況が，米国内で，ニクソン訪中時の台湾問題処理方式(つまりニクソン・フォーミュラ)に対する批判を改めて呼び起こすのである．

72年会談の全体を鑑みると，中国側の得たものの方がより大きかったと判断できる．台湾をめぐって必要な約束を米国から得たし，ベトナムで決定的譲歩をすることなく，台湾とベトナムを切り離すことに成功した．1978年の正常化交渉でも米国はかなりを譲った．

1979年中米国交樹立

1971年国連の議席を失い，1972年事実上米国との関係をたたれ失意のどん底にいた台湾は，それでも比較的冷静に対応した．1979年の中米国交樹立までは，米国が台湾に米国の新政策を「受容させる準備過程」だった(佐橋亮 2015)．

正常化の動きは，カーター政権の1978年春頃から始まる．対ソ関係を重視するヴァンス国務長官を振り切って，カーター大統領は，1971-72年にキッシンジャーとニクソンが敷いたレールに沿って，ブレジンスキー安全保障補佐官に対中正常化交渉をゆだねた．ブレジンスキー，カーターを助けたのは著名な中国研究者M.オクセンバーグである．彼はミシガン大学を一時離れ，1977-80年，国家安全保障会議のシニア・スタッフメンバーとしてカーター政権の対中国交樹立に深く関わった．1978年5月21日のブレジンスキー・鄧小平会

談では，ブレジンスキーがニクソン・フォーミュラの5条件を承知していると述べ，「台湾の平和的解放を求める」というのは米国側の前提条件ではなく，「希望」だと説明，中米間のブレーク・スルーがなった(Brzezinski 1978)．

国交樹立に当たっての最大の難関は，今度は米国による台湾への武器輸出の問題だった．だが，1978年12月15日，ウッドコック連絡事務所長らと会見した鄧小平副首相は，何回かの押し問答の末，武器売却について決着がつかないままついに「結構」と承諾，翌日の16日，1979年1月1日付で国交を樹立する旨の共同コミュニケが双方で発表された．この中米コミュニケは，上海コミュニケで一致した諸原則を確認するとともに，台湾問題で次のように述べている．米華条約は78年12月31日付で失効となった．

- 米国は，中華人民共和国政府が中国の唯一の合法政府であることを承認する(recognize)．この枠内において米国人民は台湾人民と文化，商務及びその他の非政府間の関係を維持する．
- 米国は，中国はただ一つであり，台湾は中国の一部であるという中国の立場を承認する(recognize)．
- 中国は，台湾は中国の一部であること，台湾の復帰を解決し国家統一を達成する方式は完全に中国の内政問題であることを表明する．

つまり，78年コミュニケで米国は，ニクソン，キッシンジャーが取り決めたニクソン・フォーミュラより一歩つっこんだ対台湾姿勢を確認したのである．米国内では今日もなお，このプロセスについて，「アブノーマルな正常化」だ，ニクソン時代と同じ国務省はずしの秘密外交だ，もっぱらソ連への対抗に焦点を当てたものだ，などの批判がある(Tyler 1999a)．

台湾関係法

中米国交樹立交渉は決して通常の外交交渉ではなかった．対ソ連戦略を最優先するブレジンスキーの戦略外交，カーターのそれへの追随，台湾の無視など「アブノーマルな正常化」だった．1月1日付で国交を樹立する，という「カーターの突然の発表は怒りの渦を巻き起こし」(マン1999)，「見捨てた台湾」を救うための措置が議会で講じられた．1979年4月10日の台湾関係法である．関係法で米国は，台湾との軍事関係を切らないとの決意を次のように約束した．

- 米国の，中華人民共和国との外交関係樹立の決定は，台湾の将来が平和的手段によって決定されるとの期待にもとづくものであることを明確に表明する．
- 平和的手段以外によって台湾の将来を決定しようとする試みは，……西太平洋地域の平和と安全に対する脅威であり，米国の重大な関心事である．
- 防御的性格の武器を台湾に供給する．
- 台湾人民の安全に危害を与えるいかなる武力行使にも対抗しうる米国の能力を維持する．

　台湾関係法はカーター政権の想定を超える修正を迫られて3月末に上下両院で採択された．4月10日にカーターは署名を迫られ，こうして同法は1979年1月1日に遡及して執行されることとなった．

　中国にとっては痛い刺が残った．台湾への武器売却に米国が長期にわたってコミットしたことは，1978年末に失効してしまった米華条約の機能の一部を復活代替させるものであった．佐橋の研究は次のように台湾関係法と中米正常化の関係を表現している．

　　最後の駐華大使となったアンガーがふり返るように，中米国交正常化は台湾関係法と対になったものとして見るべきだろう．全体をパッケージとして見た場合，従来のアメリカの中国政策の延長線上に位置づけられる．それは中国に大きな不信を残すものとなるが，アメリカ外交は依然として冷戦下における国内外の政治環境の範疇を出るものではなかった（佐橋亮2015）．

中米の准戦略関係

　1978年—80年代初頭，中米の「准戦略関係」が出現した．とくに軍事的な関係の強化が模索され，米側が積極的だった．『フォーリン・アフェアーズ』のオクセンバーグ論文から1980年代初めの米中軍事提携の状況を見てみよう（Oksenberg 1982）．

　カーター政権のブラウン国防長官とブレジンスキー安全保障補佐官は対ソ対抗のための米中関係構築の必要性を常に強調し，1980年1月には訪中して中国との軍事面での関係強化を狙った．ところが国務省は対中，対ソ同時進展を

主張，他方カーターは米中の軍事協力がソ連の対外拡張を抑止すると考えており，ブラウン訪中を強く支持した．

1980年5月には中国国防相の耿颷，総参謀長の劉華清が訪米，9月には国防総省開発局長のW. ペリーが訪中した．当時人々は，「太平洋で中米(そして日本も)の連合もしくは協商が生まれた」と評した．ブラウン国防長官訪中の際には，鄧小平が「米国と中国の同盟」と口を滑らせ，その後に「米中が連合する」と直されたと言われる(Robinson and Shambaugh eds. 1994)．

だが，1982年ごろからが変化が生じた．1982年9月の12回党大会は，ソ連とも等距離をとる「独立自主の外交政策」を鮮明にした．オクセンバーグは，この米中軍事蜜月の動きはその後中国側から冷却していくが，なかでもソ連のアフガニスタン侵攻が対米接近も度が過ぎるとリスキーだということを中国に気づかせたからだ，と評している(Oksenberg 1982)．

ハーディングはこの准戦略関係は間違いで，中国の外交芸術に惑わされたものだと評しているが，米国が中国に対してとるべき戦略外交のガイドラインを二つ挙げている．

第一に，米国は中国を可能性のある同盟国，第三国に対する連盟国，グローバルな戦略競争でのカードとして考えないこと．中国は複雑な勢力均衡のなかでの独立した相手だ．第二に，中国との軍事面での協力には慎重であるべきだ．米中戦略関係は殺傷性武器の移転ではなく，政策協調におかれるべきである(Harding 1992)，というのである．

台湾への武器売却

台湾関係法に当然中国は抗議した．レーガン政権のもとで武器売却について協議が続けられ，中米に一つの合意ができた．1982年8月17日の「台湾向け武器売却についての中米共同コミュニケ」である．中米双方は次の点で合意した(毛里和子・毛里興三郎訳 2016)．

- 米国は中華人民共和国が中国の唯一の合法政府であることを承認した．中国はただ一つであり，台湾は中国の一部であるという中国の立場も承認した．
- この問題(台湾向け武器売却)が中米関係の発展に重大な妨げとなることを認

め，そのため……この問題について討議を深めた．
- 米国は中国の主権と領土保全を侵犯し内政干渉する意思はない．「二つの中国」「一中一台」を作る政策をとる意思はない．
- 1979年1月1日の中国の「台湾同胞に告げる書」は祖国の平和的統一をかちとるための根本方針であり，1981年9月30日の中国の9項目方針は，台湾問題の平和的解決をめざして大きく努力したものである．
- 米国政府は台湾向け武器売却政策を長期政策とはしないこと，台湾に売却する武器は性能・数量の面で中米国交樹立後の最近数年の水準を超えさせないこと，台湾向け武器売却は段階を追って減らし，一定期間後に最終的に解決する用意があることを声明する．

この交渉について，岡部達味は，中米それぞれに譲歩をした，という評価をしている．つまり，この時米国は，「中国の武力行使の放棄宣言を条件として」，「台湾向け武器売却政策を長期的政策とはしないこと，台湾に売却する武器は性能，数量の面で米中国交樹立後の最近数年間の水準を超えさせないこと，台湾向け武器売却は段階を追って減らし，一定期間後に最終的に解決する用意があることを声明する」と約束した．これは中国にとっても大きな譲歩だったが，アメリカにとっても大きな譲歩であった，というのである（岡部達味 2002）．

武器売却問題はいまもなお中米間の刺である．だが，1980年代からすでに40年近く，台湾の状況は大きく変わり，中台関係も大きく変わった．一言で言えば，台湾問題は中米間のセンシティブなイシューであったのが，もはや従属変数ではなく，独立変数になり，しかも状況は複雑化している．台湾の変化の第一は国民党独裁の終焉，民主化であり，第二は「一つの中国」から「一つの中国，一つの台湾」を選好する新潮流である．「新台湾人アイデンティティ」と言えるかもしれない．もう一つ，大陸中国が世界第二の大国になった．これも重大な新状況だ．いま中米間で台湾はどこに位置するのだろうか．

新台湾人アイデンティティ

父蔣介石を継いだ蔣経国は晩年，政治的自由化を決断し，民進党の結成を許容（1986年9月），戒厳令解除（1987年7月），新規新聞発行禁止（報禁）の解除（1988年1月）など，自由化・民主化に舵を切ったところで死去した（1988年1月）．

表6-4 台湾の対大陸貿易の割合
(1995-2017年)

年度	輸出(%)	輸入(%)
1995	16.0	3.0
2000	17.6	4.4
2005	22.0	11.0
2010	28.0	14.3
2016	40.05	19.66
2017	41.05	19.87

出典：『中国年鑑』各年版より筆者作成．

　総統兼国民党主席の地位を継承した李登輝は，憲法制定による民主化プログラムを推進した．1991年には事実上の憲法だった「反乱鎮定動員時期臨時条項」を廃止，国共対立を支えた法制が消えた．また，1994年からは台湾省長，台北市長，高雄市長の民選を進め，ついに1996年3月みずから総統に公選された．この間，台湾経済は「四つの小龍」と言われる経済成長を持続し，途上国から中進国への離陸に成功した．民主化と経済成長を土台に，その後台湾政治は，陳水扁(民進党, 2000-08年)，馬英九(国民党, 2008-16年)，蔡英文(民進党, 2016年―)とほぼ安定的に推移した．

　問題は大陸との関係である．大陸側の開放政策も手伝って，両岸の人・モノ・情報の流動はすさまじくなった．2008年には大陸と台湾の旅行が解禁となり，2009年には中台の定期航空便が開通した．1995年以来の大陸・台湾の貿易のデータを示しておこう(表6-4)．台湾側の大陸への依存度が急激に高まっている状況が分かる．

　この時期，中台関係の不安定ななかで関係者が台湾の位置を語り始めた．

　1998年6-7月の訪中の際，クリントン大統領は，上海で台湾に関する「三つのノー」を語った．①台湾独立を支持しない，②「二つの中国」「一中一台」を支持しない，③国家を加盟主体とする国際組織への台湾の加盟を支持しない，である．同じ頃，クリントン政権の国防次官補だったJ.ナイが膠着する中台関係の打破を狙って提示した「台湾ディール(中国は武力の脅しを放棄する，台湾は独立の主張を放棄する)」が注目された．

　台湾からも現状打破の主張が出てきた．1999年7月9日李登輝総統が両岸関係を「(1991年の憲法改正以来)特殊な国と国の関係である」とする「二国論」

を展開して波紋を呼んだ．2000年5月，初の民進党から総統に就任した時に陳水扁が次の「五つのノー(在任中やらないこと)」を掲げた．①独立は宣言しない，②国名を変更しない，③(李登輝の)二国論を憲法に入れない，④公民投票をしない，⑤国家統一綱領と同委員会を廃止しない，である(松田康博 2009，岡田充 2005)．

　他方大陸側も，両岸関係の緊張を前に，2002年1月の『台湾白書』で，中国が台湾で武力行使するとすればその条件は何かという問いに，①台湾が独立を宣言したとき，②統治不能の混乱に陥ったとき，③外国勢力による干渉があったとき，あるいは台湾が植民地化されたとき，④統一交渉が無期限に引き延ばされた場合，と言明したのである．また，2008年12月には胡錦濤国家主席が，台湾問題中国の6条——①一つの中国，②平和的統一(だが武力使用は放棄しない)，③希望をたくす，④台湾独立分裂活動とは非妥協的に闘う——を鮮明にした．

反国家分裂法

　こうした幾つかの言説は，台湾問題が本質的に変わってしまったことに対するそれぞれの反応だろう．いまや大陸からも自立した，米国からも自立した台湾として，台湾はどこへいくべきか，中台関係はどうあるべきかを模索しなければならない．台湾では，アイデンティティの変容が起こっており，「台湾人アイデンティティ」を選ぶ人が1992年の17.6%から2015年には59.6%に増えている，という．ただし，台湾の将来の地位については1994年に20%だった現状維持派は2000年代になってずっと35-40%前後に落ち着いているという(松田康博 2007)．

　陳水扁政権の新憲法制定の動きがきっかけで，大陸は2005年3月の全人代で反国家分裂法を採択した．同法は「台湾独立」の動きに対して次のように定めた．

　　第1条　台湾独立分裂勢力が国家を分裂させるのに反対しそれを抑止するために，祖国の平和的統一を促進し，台湾海峡地区の平和安定を護り，国家主権と領土の保全，中華民族の根本利益を護るために，憲法にもとづいて本法を定める．

第2条　世界には中国はただ一つ．大陸と台湾は一つの中国に属する．中国の主権と領土保全は分割できない．国家主権と領土保全を護ることは，台湾同胞を含む全中国人民の共通の義務である．

第3条　台湾問題は中国内戦が残した問題である．台湾問題を解決し祖国統一を実現するのは，中国の内部事務であり，いかなる外国勢力の干渉も受けない．

同法で特徴的なのは，分断国家の解消の方式が南北朝鮮，東西ドイツの場合とまったく異なること，主権国家同士の統一ではなく，分断して統治されてきたもの同士の統一という立場を採っていることである．岡田充はこの反国家分裂法の四つの特徴(①独立阻止を戦略的地位に高めた，②武力行使の表現がなくなり，非平和的手段に変わった，③一国家二制度の言葉が消えた，④統一の時間表がないこと)を指摘して上で，とくに「タイムテーブルがない平和的統一」に注目し，大陸の台湾政策は2000年の陳水扁就任後は「統一」から「現状維持」に変わった，その集大成が2005年の「反国家分裂法」だ，と論じている(岡田充2005)．

中米関係のなかで台湾の位置は大きく変わってきた．両岸および米国の三者ともに現状維持しか方策をもたないデッドロックにいる，というのが現在の状況だろうか．中米の間で翻弄されない自立的台湾へのシナリオは描けるのだろうか？

第5節　関係の制度化

中米／日中の関係対比

本節では，日中関係を念頭に置きながら，中国の第一のパートナーであり，ライバルでもある米国との関係を，とくに1990年代半ばから進む制度化を中心に見てみよう．米国は中国政策で何回か苦い目にあった．「制度化された中米関係」はそうした失敗経験に学んだ結果だろう．すでに序章で述べたように，ランプトンは2007年に，米国は対中誤認の結果，中国政策においていくつかの間違いを犯してきた，という．第一が1950年10月に中国の朝鮮戦争介入を予測できなかったこと，二つめが1993年クリントン政権による中国の力の過

小評価である．クリントン大統領は最恵国待遇と人権問題をリンクさせ，中国に後者で圧力をかけたが，中国は予測していた以上にタフで，結局人権と最恵国待遇をリンクさせようとしたクリントンの戦略は失敗した．第三が朝鮮半島六者協議をめぐってである．ランプトンによれば，米国は朝鮮半島における北京の影響力を過大視するきらいがある，という (Lampton 2007)．

中米間には台湾問題，パワー・バランス，貿易をめぐる対立，人権をめぐる分岐などいくつものイシューがある．しかし，①歴史認識や価値，②地域におけるパワー・リーダーシップ，③領土・領海・経済的利益，の三つのレベルのイシューが複雑に絡まっている日中関係と比べれば，問題別の処理が容易である．それを保証しているのが，いくつにも張りめぐらされている対話のネットワークである．

ともすれば感情化する日中関係を中米関係を一つの鏡として考えてみるのは有意義である．もちろん，この二つの二国間関係には次のような基本的な違いがあることも忘れてはならない．

- 日中と違って，中米間には歴史的遺恨がほとんどない．20世紀初頭8カ国連合軍で清朝は侵略を受けたが，もはや歴史の彼方の出来事だし，1950-53年両国軍は朝鮮で直接戦いはしたものの，中米正常化時に戦後処理の問題が揉めたということもない．「やらなくてよかった」朝鮮戦争に「学んで」，1960年代には両国のリーダーは直接対決を注意深く避けた．政府レベルでも，国民レベルでも遺恨を抱えているかいないか．二つの二国間関係の最大の違いだろう．
- 米国の対中政策は，1972年ニクソン訪中から今日まで，巨大な，発展する，だが不透明な中国を国際社会に関与させる，という点で一貫性がある．ハーディングによれば，「関与，統合，援助の三要素からなる多元的戦略」であり，中国が第二の経済大国になってからは台頭する中国への再対応（リバランス）が加わった，とする (Harding 2015)．もっとも，その基本ラインに対する批判も一貫してある．例えば，台湾を犠牲にして対中関係を急いだ点や一党独裁を許容している米国の対中外交を批判し続けているジェームズ・マン（もと『ロサンゼルス・タイムズ』記者，『米中奔流』1999年，『危険な幻想』2007年）や，「脆弱な中国を助けてやれば，中国はやがて民主的

で平和的な大国となる．しかし中国は大国となっても，地域支配，まして や世界支配をもくろんだりはしない」という「仮説」は，中国のタカ派を 過小評価するもので，「危険なまでに間違っていた」．現在，その間違いが， 中国が行うこと，行わないことによって日に日に明らかになっている，と 痛烈に主流派を批判するマイケル・ピルズベリー(ランド研究所)などであ る(ピルズベリー 2015)．トランプ政権になって中国批判勢力が強まっている．
- もう一つの大きな違いは，1990 年代以来，中米両国は政府間関係の制度 化に大きなエネルギーを注いできたし，それに成功している．日中での制 度の脆弱さ，関係の人格化とはかなり違う．

黄金の 20 年

E. ヴォーゲル(ハーバード大学)は 1972 年中米和解以後の両国関係を次のよう に時期区分している．
- 1972 年から 90 年代初め，ソ連主敵で両国の戦略利益が合致し，経済協力 の面でも利益が一致，中国自身政治的開放を進めていたため，米国の民主 主義の価値とも大きな衝突をきたさなかった．前半は戦略的一体化が追求 され，後半には経済的関係がきわめて密になった．両国は黄金の 20 年を 経験することになった．
- 1990 年代半ばから 2000 年にかけて，台湾をめぐる両国の対立が顕著とな り，他方，ソ連の崩壊で双方にとっての共通の主要敵が消えて，中米固有 の問題，台湾・経済・人権などをめぐる対立が表面化してきた．
- 2001 年から 08 年の時期で，9.11 事件を契機に米国にとっては主要課題で ある国際的テロとの対決に手を取られ，中米関係には一定の安定が生まれ た．

問題は 2008 年からである．2008 年のリーマン・ショックを克服したことで 中国が自信過剰となり，以後，強気の対外政策を採用し始めた．そもそも 1971 年以来 90 年代まで，中米協力を支持してきたのは米国企業と知識人の二 つのグループだった．だが 2015 年から，中国国内での世論の圧迫が進み，中 国の学者との共同研究もできず，また米国企業の大多数も中国が外国企業を歓 迎していないと考えるようになって，中国との関係を支えてきた勢力も中国に

批判的となっている．原因は中国の自信過剰と米国(トランプ政権)の「米国第一」政策にある，というのがヴォーゲルの観察である(傅高義2018)．

また在米中国人研究者・趙穂生(デンバー大学)は，次のように考えている．米国は対中国孤立化政策からソ連を主要敵と設定して中国に対して関与政策に変わった．1980年代に入ると，貿易問題・台湾問題など政権が変わるたびに周期的に紛争が生じたが，中国が韜光養晦戦略を採用したこともあり，ほぼ20年間安定的に推移し，両国間の相互依存関係は深まった(趙穂生2018)．

関係の制度化──安全保障と危機管理

中米間で制度化が進むのは1990年代後半からである(米国はブッシュ(ジュニア)以後，中国は胡錦濤以後)．天安門事件後，クリントン政権，ブッシュ(ジュニア)政権，オバマ政権期の両国関係の構造を見てみると，第1節で見たような次の特徴がある．

第一に，国交樹立以来，安全保障・危機管理・経済関係強化・文化／人的交流などさまざまな領域にわたる政府間の大小のチャネルが構築され，機能している．**表6-5**と**表6-6**を参照していただきたい．

第二に，リーダー間に，相互信頼，相互安心が醸成されている．それを保証しているのは，クリントンの「三つのノー」(1998年)，習近平の「四つのノー」(2015年)など相手国に対する「基本原則」が米国も中国も時代をへて継承され，相互に承認されているからである．

第三に，エリート人材の「米国化」が両国権力相互間の基本的な信頼関係構築を支えている．1980年代から中国の優秀な人材がハーバード大学の法科大学院やMBAコースで訓練され，彼らの多くは，国際機関のエリート，ないしは中国の経済官庁の中核にいる．19回党大会で政治局員・副首相に昇格した経済官僚のトップ・劉鶴を代表とする「ハーバード学派」である．両国にとって何よりの信頼醸成である．

チャネルの構築は2006年以来着実に進んだ．とくに重要なのは次の四つである．

- 戦略経済対話(S & ED)　2006年スタート，外相もしくは副首相級
- 戦略安全対話(SED)　2011年スタート，外務次官・国防次官級

表 6-5　第 1 期中米対話　胡錦濤政権—ブッシュ政権

年月日	対話名	場所・備考
2006 年 12 月 14-15 日	第 1 回戦略経済対話	北京
2007 年 5 月 22-23 日	第 2 回戦略経済対話	ワシントン
2007 年 12 月 12-13 日	第 3 回戦略経済対話	北京
2008 年 6 月 17-18 日	第 4 回戦略経済対話	アンナ・パレス
2008 年 11 月 4 日	第 5 回戦略経済対話	北京

表 6-5, 6-6 出典：筆者作成.

表 6-6　第 2 期中米対話　胡錦濤・習近平政権—オバマ政権

年月日	対話名	出席者
2009 年 7 月 27-28 日	第 1 回戦略経済対話	王岐山副首相，戴秉国国務委員 クリントン国務長官，ガイトナー財務長官
2010 年 5 月 24-25 日	第 2 回戦略経済対話 第 1 回人文交流高層協議	王岐山副首相，戴秉国国務委員 クリントン国務長官，ガイトナー財務長官
2011 年 4 月 10-16 日 2011 年 5 月 9 日	第 2 回人文交流高層協議 第 3 回戦略経済対話 第 1 回戦略安全対話	王岐山副首相，戴秉国国務委員 クリントン国務長官，ガイトナー財務長官 張志軍外務次官，馬暁天副総参謀長 スタインバーグ国務副長官，フロノイ国防次官
2012 年 5 月 3-4 日	第 4 回戦略経済対話 第 2 回戦略安全対話 第 3 回人文交流高層協議	王岐山副首相，戴秉国国務委員 クリントン国務長官，ガイトナー財務長官 張志軍外務次官，馬暁天副総参謀長 バーンズ国務副長官，ミラー国防副長官
2013 年 7 月 10-11 日 2013 年 11 月 18-22 日	第 5 回戦略経済対話 第 3 回戦略安全対話 軍民サーバー問題作業部会 第 4 回人文交流高層協議	汪洋副首相，楊潔篪国務委員 張業遂外務次官 ケリー国務長官，ルー財務長官，バーンズ国務副長官
2014 年 7 月 9-10 日	第 6 回戦略経済対話 第 4 回戦略安全対話 第 5 回人文交流高層協議	汪洋副首相，楊潔篪国務委員 張業遂外務次官，王冠中総参謀長 ケリー国務長官，ルー財務長官，バーンズ次官
2015 年 6 月 23-24 日	第 7 回戦略経済対話 第 6 回人文交流高層協議 第 5 回戦略安全対話	汪洋副首相，楊潔篪国務委員 劉延東外務次官 ケリー国務長官，ルー財務長官
2016 年 6 月 5-7 日	第 8 回戦略経済対話 第 6 回戦略安全対話 第 7 回人文交流高層協議	汪洋副首相，楊潔篪国務委員 張業遂外務次官 ケリー国務長官，ルー財務長官，ブリンケン国務次官

- 国防次官級協議　1997 年スタート
- 人文交流高層(ハイレベル)協議対話　2010 年スタート

以上の四つは多くの場合，年1回，戦略経済対話の前後に一緒に開催されている．

中米戦略経済対話リスト――第1期・第2期

　ブッシュ(ジュニア)時代(2001-09 年，胡錦濤時代 2002-12 年にほぼ対応)，オバマ時代(2009-17 年，胡錦濤後期―習近平前期に相当)，あわせて 17 年間の両国の対話チャネルを見てみよう．

　ブッシュ政権期に5回の中米戦略経済対話が開かれている．双方はこのメカニズムをスタートさせるに当たって，中米は，①いかに中国を見るか，②いかに米国を見るか，③いかに世界を見るか，④いかに協力を見るか，⑤いかに分岐を見るか，を議論する，ということで合意をしたという．

　2006 年にスタートした中米戦略経済対話は習近平・オバマ政権に引き継がれ，すでに合計 13 回を数えている．次のような特徴をもっている．

　まずこの対話メカニズムが，外相級ないし副首相級の，ハイクラスで包括的な対話である点だ．世界銀行のモンゴル中国局長 D. ドラーは，中米のこの対話メカニズムについて，「これまでのメカニズムと比べてこの戦略経済対話は，最高レベルが参加し，参与する部門が最も多く，議題も最も広範で，「分岐をコントロールし，相互信頼を造成し，協力を促進するためのユニークなプラットフォーム」を提供している」と評しているが(『中美印象周報』第 108 期，2016年6月5日)，13 回までその評価を裏切ってはいない．

　第二に，対話メカニズムが多領域的なことである．表に示したように，途中から戦略経済対話に合わせて，中米間の重要な安全保障対話――戦略安全対話と人文交流ハイレベル協議なども同時期に開催してきた．

　以上のような制度化が中米では進んでいる．われわれが捕捉できないチャネルもあるし，本書では扱わない多国間のチャネルやネットワークも多数動いている．米国では中国台頭に対応する上で対中戦略は一元化していないが，両国関係それ自体の枠組みはできている．

トランプ政権の登場

大方の予想を裏切って，第45代米国大統領に不動産王(共和党)のドナルド・トランプが選ばれた．外交のベテランであるヒラリー・クリントンとはまったく対照的な新大統領だけに対中関係の不安定化が予測されたが，さっそく就任前の12月，蔡英文・台湾総統と直接電話で会談したり，中旬にはメディアのインタビューで，「一つの中国政策については十分に理解しているが，中国と貿易などについて合意でもしないかぎり，なぜ堅持する必要があるのか分からない」などと述べて驚かせた．

2017年1月20日の就任演説では，「首都ワシントンから権力を国民の手にとりもどした」とポピュリズムを煽り，「自国の軍隊の悲しむべき疲弊を許しておきながら，他国の軍を援助してきました．私たち自身の国境を守ることを拒否しながら，他国の国境を防衛してきました」と述べた．また，「米国製品を購入し，米国人を雇用する」という「単純なルール二つ」を掲げ，「米国第一」を人々の感情に訴えた．トランプ政権下の米国が「非公式の帝国」(藤原帰一)の地位から降りるのか定かではないが，世界構造，アジアの地域状況が不安定化するのは避けられまい．

「一つの中国」をめぐる騒動は，就任直後にトランプ大統領が対中関係への意欲を込めた書簡を送り，2017年2月9日に習近平主席と直接電話会談し，トランプ大統領が「一つの中国原則」を尊重すると明言，習近平が「一つの中国原則は中米関係の政治的基礎だ．トランプ氏の(発言を)称賛する」と応じることでとりあえず収まった(ホワイトハウスと中国外交部発表)．また両首脳は「密接に連絡を取り合い，……多くの分野で協力を深める」ことで合意した(『チャイナ・ウォッチ』2017年2月10，13日)．なんとか両政権の関係がスタートしたのである．

トランプ政権と対話チャネル

2017年4月両者の最初の首脳会談で以下四つの対話メカニズムが合意された．ブッシュ・オバマ時代のものの大枠が引き継がれたようである．

①外交安保対話，②包括経済対話，③法執行・サイバー安全対話，④社会と人文対話，である．確認できる限りで2018年まで次のような対話チャネルが

表6-7　第3期中米対話　トランプ政権——習近平政権

年月日	対話名	出席者
2017年6月21日	第1回外交安保対話	ティラーソン国務長官，マティス国防長官 楊潔篪国務委員，房峰輝統合参謀長
2018年11月9日	第2回外交安保対話	ポンペオ国務長官，マティス国防長官 楊潔篪政治局委員，魏鳳和国防相
2017年7月19日	第1回包括経済対話	ロス商務長官，汪洋副首相 ムニューシン財務長官，劉鶴副首相
2018年5月17-18日	第2回包括経済対話	ロス商務長官，汪洋副首相 ムニューシン財務長官，劉鶴副首相
2017年10月4日	第1回法執行・サイバー安全対話	セッションズ司法長官，郭声琨公安相
2017年9月30日	第1回社会と人文対話	ティラーソン国務長官，劉延東副首相

出典：筆者作成．

動いている．ただブッシュ時代，オバマ時代と違って対話は円滑というわけには行かないようだ．

対話の一端を紹介しておこう．2018年5月17-18日に「米中経済貿易磋商」がワシントンで開かれ，中国は劉鶴副首相，米国はムニューシン財務長官が主宰した．このチャネルは「中米包括経済対話」に当たるものだろう．双方は，貿易戦争をやらない，相互に関税をかけるのをやめる，中国が輸入を増やすことで米国の貿易赤字を緩和する，との共同声明を出した．だがある情報では，その後，キャンセルされたようである．

中米関係を左右する新要素と揺れる対中観

中米間には，台湾問題，不均衡貿易での摩擦，人権問題などの二国間イシューのほか，東アジアの戦略関係，海洋秩序をめぐるパワー争いがある．ハーディングは，米国はこれまで中国に対して，関与，統合，援助によって対応，大国中国を迎えた21世紀からはリバランスも加わったという．ところが比較的安定していた中米関係が昨今とみに荒れてきた．最大の原因はトランプ政権の登場と台頭した中国の強硬外交である．

昨今の中米関係が新しいのは，上記の四つのイシューに加えて，それぞれの国内要因が関係を大きく左右するようになった点である．米国では国際協調主義か，米国第一か，で世論はほとんど二分される．つまりトランプ型対外戦略

もオバマ型もありうるし，振幅が激しくなることが予想される．

他方中国でも格差と抑圧，緊張のなかで厳しい世論を背に政権は時に強硬外交を余儀なくされる．双方にポピュリズム志向が蔓延する状況があり，それが対外政策におおきなストレスを与える．この国内要因を中米間の新イシューと考えた方がよさそうである．

昨今米国内で，中国の巨大化，習近平政権の強硬な内外政策などをきっかけに従来の米国の対中宥和政策が間違っていたのではないかをめぐる論争が起こっている．中国とどう関わるか，関与か封じ込めかをめぐる対立は米国内で1972年以来一貫してあるが，ニクソン以来46年間関与が主流を占めた．昨今，こうした既定路線への異議申し立てが政界でも，財界でも，学界でも盛んである．関与は失敗だった，封じ込めなどの新政策を主張するグループが活気づき，激しい論戦が続いている．

フリードバーグ（プリンストン大学）は「中国はもはや現状維持国家ではない」としていくつかのオプションから対中政策を再検討する必要があるとしながら，米国内では対中ハト派，中間派，タカ派の三つに分かれていると見ている（Friedberg 2015）．

2018年春ブルッキングス研究所主宰で開かれたラウンドテーブル「米国の対中エンゲージは終わったのか」ではK. キャンベルらの対中強硬派とR. ラーセンらの穏健派との間で激しい議論が戦わされている（中美印象2018）．キャンベルは，『フォーリン・アフェアーズ』誌上で，冷戦後の米国の対中政策は，中国が自由化を着実に進め国際レジームのルールを遵守する道を歩むことを前提にしていたが，米国の願いと中国の現実の距離はどんどん広がっている，と激しく批判し，論争を巻き起こしている（Campbell and Ratner 2018）．

政権中枢からも厳しい中国批判が出た．ペンス副大統領は2018年10月4日，ハドソン研究所での演説で中国を激しく非難した．①中国はいまやみずからの戦略的利益を推進しようとしており，その勢いや洗練度は増している．②歴代政府は中国の行動をほとんど無視するか，多くの場合は助けてきたが，そうした日々はもう終わった．③中国は西太平洋から米国を追い出し，アジアの同盟国への支援を阻もうとしている．④中国は「借金づけ外交」で抑圧を自国の外に広げようとしている．⑤中国は米国の民主主義に干渉し，トランプ以外の大

統領を望んでいる,などである(『日本経済新聞』2018年11月2日).

他方,中国の方は比較的落ち着いているようだ.中国のある論者は,トランプ政権の「米国国家安全戦略」報告書などを検討した結果,ブッシュ時代・オバマ時代との連続性が思ったより強い,脅威認識(テロ)・国家目標(国家利益と「強い米国」),自由と人権の価値観に根本的な変化がないからだ,と診断する(劉國柱 2018).

米国内の激しい政策論議については,米国研究の重鎮・陶文釗(とうぶんしょう)(社会科学院米国研究所)が,米国学界を①対中強硬派(ミヤシャイマー(シカゴ大学)など),②オバマ時代までの対中政策支持派(クリステンセン(プリンストン大学),リバソール(ブルッキングス研究所)など),③順応派(スウェイン(カーネギー財団),ランプトン(ジョンズ・ホプキンス大学)など)に分類し,次のように評価している.

- 米国は多元的社会だ.意見は多様,揺れも大きい.事態を落ち着いて見つめるべきだ.
- 最近の大論争がこれまでと違うのは,米国は中国と折り合い,順応し,妥協すべきだという主張が出てきたことだ.
- 中国のような大国の急激な台頭は歴史上未曾有だ.中国との対応は難題だろう.
- 米国がこれまでの基本的対中政策(関与)を大きく変えることは不可能だしあり得ない(陶文釗 2016).

では,中国では対米政策をめぐって分岐があるだろうか.筆者は,中国のシンクタンク・学界では,対外政策,対米観をめぐって,対米親和派(北京大学・王緝思など),中間派(南京大学・朱鋒など),ハードなリアリスト(清華大学・閻学通など)の三派に分かれていると思うが,主流は,対米関係の安定化を求め,米国のヘゲモンに根本的な異議申し立てをしないグループだと考えている.

不確かな未来

これからの東アジアはきわめて不確かだ.その理由の第一が米国・トランプ政権の戦略・能力が不可知なこと,第二が巨大中国がどのような道を歩むのか,これも不可知だからだ.第三に,双方とも国内世論が外交を大きく動かすので不確実性が強くなる.

表6-8 アメリカと中国の「文明の衝突」

	米国	中国
自己認識	ナンバーワン	宇宙の中心
核となる価値観	自由	秩序
政府への見方	必要悪	必要かつ善良なもの
政府の形態	民主共和制	応答的権威主義
外国に対する自国の役割	伝道者(宣教者)	独特,模倣不可能
外国(人)への態度	開放的	排他的
時間感覚	現在・今を重視	長期的・永遠を俯瞰
変革の方法	発明	復興と進化
外交姿勢	法による国際秩序	序列による調和

出典：アリソン2017.

　トランプ政権の方が不確実度は高い．米国第一，国益第一，強烈なポピュリズムなどのため，1972年以来の「一つの中国」原則，中国への支援，積極的関与の政策が続けられる保証はない．トランプ政権は，米国の貿易赤字に端を発する対中高関税攻撃を2018年夏以来すでに第三弾まで発し，第四弾も発動の構えである．第一弾340億ドル(自動車・半導体など)，第二弾160億ドル(化学素材など)，第三弾2000億ドル(家電・雑貨など)である．中国も第三弾を除いて同じレベルの非関税措置でこれに応じている．

　南シナ海南沙諸島近くで両国の軍艦が異常接近したという情報もある．米中のチャネルはなんとか動いているが(表6-7)，対話が中断されることもままある．

　「キューバ危機」の時代に若くして名著『決定の本質キューバ・ミサイル危機の分析』で世に出た政治学者グレアム・アリソン(ハーバード大学)が，巨大中国を前にして，「新しい危機」を分析した．彼の「米中の文明の衝突」論は大変に示唆的である(表6-8)．彼は，近未来の米中対決の可能性について，「現在の流れでは今後数十年の間に悲惨な米中戦争が起こる可能性は，ただ"ある"というだけでなく，私たちの殆どが許容できるレベルを大幅に超えた高い確率で存在する」と不気味な予測をする．最後に「賢い選択のため」に彼が提起した4項目は傾聴に値する．

- もっとも重大な利益とは何か，を明確にする．
- 中国の行動の意図を理解する．

- 戦略を練る．
- 国内の課題を中心に考えることを重んじ，両国とも「アジアをどうシェアするかではなく，自国の重大な問題をどう解決するかだ」．

それぞれの大国が自分の足元を冷徹に見つめてほしい(G. アリソン 2017).

おわりに —— 国際関係学の中国学派は生まれるか？

2000年代に入って，経済大国化に寄り添うように，中国で国際関係学(国際関係理論)が隆盛に向かっている．もちろん，米国留学組が活躍しており，学界の主流を占めている．しかし，中国の若い研究者たちは世界の研究動向にとても敏感だし，中国の世界での位置についても敏感である．それを反映して，国際関係学へのアプローチも世界の最新傾向の影響を強く受けている．本書はこの「おわりに」で，中国の研究者たちが国際関係の理論とどのように応対しているのかについて，二つのポイントから吟味し，批判的に検討しておきたい．

一つは中国の国際関係学者がどのようなアプローチに惹かれているか，とくに若い世代の傾向に注目する．もう一つは，一部の研究者が提唱する中国化された(土着化した)国際関係学，彼らの言う，国際関係学の「中国学派」がどのようなものなのか，誕生の可能性があるのか，などを検討したい．

第1節　中国における国際政治理論分布

秦亜青(外交学院)は，国際関係学の非西欧化(中国学派)を熱心に主張している研究者である．まず彼が集めたデータから，中国の国際関係学者がどのような学派・流派に惹かれてきたのかを見てみよう．**表終-1**は1978年から2007年までの30年間，中国の国際関係五大雑誌掲載論文のデータである．『世界経済与政治』(社会科学院世界経済・政治研究所)，『欧州研究』(社会科学院欧州研究所)，『外交評論』(外交学院)，『国際観察』(上海外国語大学)，『現代国際関係』(現代国際関係研究院)に収録された計1124編の論文の分布である．

中国が改革開放に転じた1978年当初，研究者の3人に1人は，何はともあれマルクス主義に立脚して国際政治を論じていた．だがそれから10年，鄧小平の南巡談話(1992年1-2月)が出て市場化が急速に進み始めると，研究者の3人に2人は，米国流の国際政治の影響を強く受けた現実主義や自由主義から国際関係を見るようになる．驚くのは21世紀に入ってからの変化だ．マルクス

表終-1 中国の国際関係学・理論流派の
分布と変化(1978-2007年)

依拠する理論・思想	1978-1990年 (%)	1991-2000年 (%)	2001-2007年 (%)
マルクス主義	32	5	4
現実主義	26	34	24
自由主義	16	37	32
構成主義	0	6	25
中国理論	8	9	5
その他	20	9	10

注:合計1124編に占める割合.
出典:秦亜青 2008.

主義は全体の4%と,まったくのマイノリティになってしまった.その反面,20世紀末から米国で流行している構成主義(コンストラクティヴィズム)(建構主義)の影響も4人に1人が受けるようになっている.昨今は,おそらく,現実主義,自由主義,構成主義が三者鼎立の状況になっているのではないか,と推察される.そのなかで興味深いのは,1980年代以来,米国主流の国際関係学に異論を立てて広がってきている英国学派(English School)に倣って,中国学派(Chinese School)ができてもいいのではないか,という声が中国の研究者の中から澎湃と出てきていることである.もちろんその背景には,改革開放の成果で世界第二の経済大国になり,これぞ近代化の「中国モデル」だと中国の経験を誇る機運がある(「中国モデル」については毛里和子 2012を参照).

　1981年,国際関係学・英国学派という名称を初めて用いたのは国際政治学者R.ジョーンズである.1992年にはロンドン経済政治学院(London School of Economics; LSE)国際関係学部の機関誌『ミレニアム』で,この学派の特集「国際社会を超えて」が組まれた.B.ブザンは1999年の英国国際関係学会(British International Studies Association; BISA)総会で学派の再結集を呼びかけたという.21世紀の10年代,いまや英国学派は,リアリズム,リベラリズム,構成主義と並ぶ国際関係論の一つの理論的立場として認知されるようになった.この英国学派に刺激されているのが,世界第二の経済大国に躍り出た,米国の覇権に挑戦する「台頭する新興国家」中国の研究者たちである.

第2節　中国学派の提唱

「中国学派を作ろう」という言説が出てくるのは 2000 年に入ってからである．最初に提唱したのは北京大学の国際政治学者・梅然だ．彼は，世界の主流国際関係論は実は米国生まれのもので，グローバル理論を装っているが，次のような問題は米国の理論では解けない，そこで中国学派などの新しい学派が必要だと訴える．

- 新興強国はいかに旧強国との関係を協調的にし，国際事務で新興の役割を発揮できるか．
- 途上国は国際社会のなかでいかなる戦略で西方と均衡できるか．
- 大国にはさまれた小国はいかにして自己の主権と独立を守れるか．

彼によれば，国際関係学は人類の福祉と運命に関わる学問であり，道徳への関心を失うべきではないのに，「世界はいかにあるべきか」などの規範的理論の研究は米国の国際政治研究では実は傍流でしかない，と嘆く．

こうして，「独立した，中国式の国際政治研究を積極的に推進する必要がある」．ではいかにして中国学派を作るか．彼はこう答える．必要なのは，①深い探求精神をもつ，②米国，西側の理論をマスターする，③学術面での忍耐心をもつ，④問題の独立的提起によって，「世界政治の被害者の手によって，国際政治研究の新しい未来をつくる」ことだ，と言うのである (梅然 2000)．

2000 年以来，もっとも精力的に中国学派の構築を訴えている秦亜青は，次のように今日の国際関係理論の二大潮流を説明する．

米国学派は物質強調，科学実在論に立ち，社会科学と自然科学の方法論的一元性に依拠するのに対して，英国学派は，理念を強調，理性思弁的で，歴史を重視し，多元的な研究方法をとる．

秦亜青は世界の主流の国際関係学が米国の強い影響下にあることに不満で，こう指摘する．米国の主流理論は，米国の集団的歴史，とくに米国の第二次大戦後の集団的記憶から形作られたもので，主流の覇権安定論，新自由制度主義，権力過渡論はいずれも米国の本土性を反映している，とする (秦亜青 2006)．

これらに対して中国学派がもつべき核心理論は，思想淵源と思考方式で中国

的なるものだ，とする．彼はまず，中国の立ち位置を措定すべきだと言う．彼によれば，①上昇しつつある社会主義大国，②システム外国家からシステム内国家への移行期にある国，③社会化過程にある重要国家．これが，彼が語る「中国」である．中国学派を作る必要があるのは，中国は世界システムに平和的に入っていくことができるか，とくに国際制度にどのようにかかわるか，また萌芽期にある東アジア地域主義などの解明が不可欠だから，なのである(秦亜青 2005)．

彼は，「われわれに中国学派は作れるだろうか」と問い，次のように答える．

社会科学には天性の，また必然の土着性がある．「理解」が地縁文化によって限定されるからだ．その上で，中国学派の構築のためには次の2条件が必要だとする．第一に，社会科学の理論は本質的に地縁文化に依存する．土着性が天性のものだからだ．第二に，だが他方，その発展過程で一定の普遍性を獲得できなければならない．

その上で，中国学派が次の3セットの思想からなることを主張する．第一が儒家文化の天下観念と朝貢体制，国際システムにおける階層秩序，礼制の原則，核心としての仁などの伝統思想の資産．第二が近代革命が生み出した近代主権思想と中国革命の実践．第三が1978年以来の改革開放思想と国際社会への参入の経験．この三つの経験によって固有の思想を獲得してきた中国は，いま国際システム内部のアクターとなり，国際システムとのアイデンティティは以前のいかなる時にもまして強い，と言う．

こうして彼は次のように結論する．

- 中国学派の誕生は可能である．
- 中国学派は豊かな三大思想淵源をもつ．
- 中国学派の誕生は可能であるだけでなく，必然である．

秦亜青は中国学派のあるべき条件として，地縁文化に加えて，一定の普遍性，つまり他国にも，世界にも貢献できる普遍的経験や知見がなければならないと言うが，その内容については展開していない(秦亜青 2006)．

第3節　中国学派への疑義

 復旦大学の蕭佳霊も，構成主義がたった4-5年で中国の学界を席巻したように，西側の流行に流される中国学界の体質を嘆きながら，中国外交解釈の主導権を自分たちで握りたい(それを「中国化」という)と考えている1人である．彼女によれば，①マルクス・レーニン主義の経典，②西側国際関係理論，③中国古今の経典的外交文献，この三つからバランスよく栄養を吸収し，現代中国人の問題意識や思惟，ディスコースなどを用いて，1949年以来の中国外交独特の実践を分析，理論化する必要があるのである(蕭佳霊 2008)．

 だが，世界的に見れば，中国人研究者を含む国際関係学の学界では中国学派の未来については懐疑的で，批判的な傾向が強い．B. ブザンなどが中心になって，2013年7月に国際シンポジウム「国際関係学の"中国学派"——批判的検討」が北京で開かれた．そのペーパーをまとめた書籍は，中国学派や英国学派についてバランスの取れた議論をしているが，「中国学派」については，「ほとんど成立しえない」と判断しているようである．その一端を紹介しよう(Zhang and Chang eds. 2016)．

 ブザンは英国学派の国際関係学での理論的貢献を次のように評価する．
- 英国学派が出した多数の文献は役に立つ．
- いくつかの優れた知見，概念を提供した(たとえば，international and world society, pluralism/solidarism, primary institutions, the standard of civilization and raison de système)
- 何世代に跨がる学術議論を展開した．
- 狭い正統派議論に止まることなく，議論を開放した．
- 米国流の主流国際政治理論に対して第三の理論を提供した．

 それを踏まえてブザンは次のように問う——中国学派がこのような知見を提供できるだろうか，と．

 ブザンはまた，英国学派自身も次のような問題点を抱えている，と言う．
- 理論の定義について多くの曖昧さがある．
- 仮説型ではなく，要因・結果式議論が多い．ある面で英国学派は構成主義

の原初的なもの，と言える．
- 国際政治経済学，地域研究の領域で弱点がある．

その上で，英国学派のような理論的貢献を中国学派は普遍的に提起できないのではないか，とその将来に疑問を投げかける (Wang and Buzan 2016)．

張勇進(ブリストル大学)も，中国学派の意味は(米国)ヘゲモニズムに対抗することではなく，覇権，オーダー，再構築などについて新しい理論的コンテキストを見出すことだとした上で，中国人研究者に固有の体質から，中国学派が国際関係学に貢献できる普遍的なものを提供できるかどうかかなり疑いをもっている (Zhang and Kim 2016)．

彼によれば，中国人研究者には次のような固有の欠陥があるという．
- 道義と国家との分離ができず，両者が交錯してしまう．理論には政治的目的が必ずあるとするマルクス主義の引力にとらわれている．
- 中華例外主義にとらわれている．
- 二項対立的観念が強い．
- 中国の伝統・文化・歴史・思想へのロマンティシズムが強い．
- 大国慢心傾向(great power conceit)などが，普遍化への大きな障害になるだろう．

筆者もこの分析に共鳴する．

なお，中国学派のなかに「清華大学アプローチ」というものを認知させようとする動きもある．中心になっているのは，中国のタカ派の論客として本書でもしばしば紹介した閻学通などである．彼らによれば，同アプローチは，①近代国際関係学の豊富化のために新興大国である中国台頭の理論的整理を進める，②前秦時代からの世界論，政治思想の整理を行う，③孔子，孟子，荀子，孫子などの前秦の国際関係思想を分析する科学的方法論を開発する，などを通じて，新しい国際関係学に貢献できる，と言う．だが，ブザンなどは，こうした試みにかなり懐疑的である (Jin, and Sun 2016)．

米国が支配する国際関係学に第三の極が登場し，異論を立てること自体は好ましいことだろう．日本からも「日本学派」が出てきてほしいとすら思う．だが，以上に紹介した議論に明らかなように，中国人研究者にとって「中国化」はとても容易だが，「普遍化」はとても難しいようだ．「米国のメガネ」と「中

国のメガネ」を通した二つの言説が対抗し合い，世界を二分するような未来は好ましくない(Acharya 2014, Noesseldt 2015)．

　中国の国際関係理論，外交実践が国際社会に貢献できるものがある，と考えているのが王逸舟(北京大学)である．中国が国際社会に対して公共財の提供を拡大することが必要だと考える彼は，21世紀のグローバル・アクターとなった中国はこれまでの内政不干渉原則を再吟味し，「創造的介入」の新概念で国際関係理論に貢献できると主張する．創造的介入とは，建設的であって，対抗ではないもの，全面的ではなくて，選択的なもの，を含意している(王逸舟 2014a, 王逸舟 2011)．グローバル・アクターとして中国が今後どう世界のなかで生きていくのか，周辺は重大なる関心と時には重大なる懸念をもって見守っている．

参考文献

I 日・中・英，もっとも有用な，啓蒙的な参考文献類

　以下に挙げる二十数点の文献は，日本語，中国語，英語の比較的容易に手に入る，読みやすい文献で，かつ学術的レベルも高いと筆者が考えるものである．日本語で8点，中国語で8点，英語で9点を選び，簡単な解題・コメントをつけておいた．
　II 以下に示した文献は，本書作成の過程で参照し，使用した主要な文献である．

【日本語】(著者の五十音順)

① 青山瑠妙 2013, 『中国のアジア外交』東京大学出版会.
　本書は日本の若い世代の優れた成果(概論)として推奨しておきたい．著者によれば，これまでアジア，アジア外交とは無縁であった中国が1990年代後半からアジア地域外交を展開するようになるとし，その後20年間のアジア外交(対周辺国外交)を詳細に俯瞰している．まだ論理化や理論化のレベルにはいたっていないが，扱う問題領域や地域が大変広く，情報量も圧倒的に多い．とくに海洋外交，エネルギー外交，地方外交については教えられるところも多い．この著者の次の『中国のアジア外交』では，理論化された，米国における研究に負けないものをわれわれは目にすることができるだろう．楽しみにしている.

② 五百旗頭真編 2006, 『戦後日本外交史 新版』有斐閣アルマ.
　日本外交についての簡便でしっかりした研究成果は多くはない．本書はもっとも標準的で，また依拠できる文献と言えよう．1999年に出た初版本が2006年に大幅に改定された．京都大学出身の政治学者が分担執筆している．9.11事件以後の日本外交までが含まれている.

③ 井上正也 2010, 『日中国交正常化の政治史』名古屋大学出版会.
　1950年から1972年にいたるもっとも詳細な政治外交史である．文献調査も完璧で，今日までのところもっとも信頼がおけるこの時期の日中関係史である．とくに戦後日本外交史における中国の位置を確定するには本書不可欠である.

④ 岡部達味編 2001, 『中国をめぐる国際環境』岩波書店.
　1990年に「岩波講座現代中国」全6巻の第6巻として出たが，その後単行本となった．岡部達味編の大変オーソドックスな現代中国外交の本．岡部達味の総論以外，基本的には二国間関係で1949年からの半世紀の中国外交を概観している．外交についての簡潔だが，一貫した概説書がないために，本書がいまでも役に立つ．編者の総論，日中政治関係(田中明彦)，日中経済関係(丸山伸郎)，米中関係(高木誠一郎)，中ソ関係(石井明)，中台関係(若林正丈)など，みな簡にして要を得た論考であり，信頼のおける

文献である．

⑤バーネット，A. ドーク 1986，『現代中国の外交――政策決定の構造とプロセス』(伊豆見元・田中明彦訳)教育社(A. Doak Barnett, *The Making of Foreign Policy In China—Structure and Process*, Westview Press, 1985)．

本書は中国外交決定にかかわる実態をもっともクリアに紹介してくれる良書である．バーネットは，1984 年夏に 2 カ月間北京に滞在し，当時首相だった趙紫陽などに直接インタビューした．趙紫陽は現代中国で初めて米国人記者のインタビューを受け，重要政策をいつ，誰が，どの会議で決めているのかについて機微にわたるブリーフィングをしており，貴重な「データ」である．本書の主な論点は次の四つである．第一に，中央書記処および国務院のインナー・キャビネット(国務院常務会議)が，明らかに密接な調整のもとに，ほとんどの問題に関する対外政策決定の中心にいる．第二に，国務院常務会議は，首相のもとに，副首相 4 名，国務委員 10 名からなる 15 名の小組織で，週 2 回ほど定例会議を開いて協議・決定する．第三に，中央外事(領導)小組というグループは外交政策の実行について直接責任を有する党・政府の重要指導者や専門家を集め，書記処への助言を行う．決定機関ではなく，調節・協調を進める機関と言える．第四に，鄧小平は最終決断者であると同時に，1979 年のベトナム制裁戦争の決策，香港回収の方式(一国家二体制)などのように新政策の提唱者でもある．

⑥服部龍二 2011，『日中国交正常化――田中角栄，大平正芳，官僚たちの挑戦』中公新書．

類書が多いなかで本書の価値は，まずそれぞれの日中交渉について外交文書に丹念に丁寧に依拠していること，関係者が存命されている場合はできるだけ当事者からの直接の証言を用いていること，である．2010 年ごろには 1972 年の外交交渉はごく一部を除いてほとんど明らかになった．それからの戦後日中関係史は，なにがあったのか，ではなく，あの事案を今日の視点からどのように解析すべきなのか，が問われるようになっている．本書が事実から分析への重要な分岐点を記している．史実については本書が基準書になることだろう．

⑦平野健一郎ほか編 2011，『インタビュー戦後日本の中国研究』平凡社．

中国・台湾の研究者と協力して推進した研究「世界における中国研究――知識社会学的比較研究」の成果の一部である．日本の中国研究者 11 名(戦後第一世代，第二世代)にインタビューしてそれぞれの中国研究を語らせている．石川滋，宇野重昭，野村浩一，溝口雄三，岡部達味，小島麗逸，本庄比佐子，山田辰雄，毛里和子，西里喜行，濱下武志が，それぞれの研究を思い思いに語っており，人柄がそれぞれに表れていて興味深い．日本の中国研究は歴史，文化，経済などの分野では世界の先端を行っていると思う．ただ政治学・国際関係学ではやはり欧米の研究量になかなか追いついて行けない．昨今では，中国研究の世界的ジャーナルである *The China Quarterly* を見れば分かるように，中国系研究者が量の面では世界を支配しつつある．だが，世界をリードした戦前の日本の中国学(東洋史学)と地域研究とがうまく結合すれば，日本の中国研究は世界の先頭を行けるにちがいない．若い，第三世代に期待したい．

⑧毛里和子 2017,『日中漂流 グローバル・パワーはどこへ向かうか』岩波新書.
　毛里は2006年に中国での反日デモに衝撃を受けて『日中関係 戦後から新時代へ』(岩波新書)を書いた．それから10年後に出した『日中漂流』の内容は，日中関係が半分，中国外交分析が半分となった．たとえば2017年の第8章「外交行動としての軍事力行使」は，この『現代中国外交』第3章に継承された．『日中漂流』は2006年の新書とこの『現代中国外交』の中間に位置づけられる．いわば筆者のここ10年の主な関心は「中国外交」そのものにある．

【中国語】(著者，日本語の五十音順)
①韓念龍主編 1987,『当代中国外交』中国社会科学出版社.
　中国から出ている外交にかかわる文献で筆者が最初に目にした，もっとも依拠できるのがシリーズ「当代中国叢書」の1冊である．韓念龍，薛謀洪，裴堅章，銭其琛などが編輯陣に入っているので，信頼ができる．内部発行の本を最初に手にしたその日のうちに夢中で読み切った，懐かしい思い出の本である．1949年から86年まで，基本的には編年体で，二国間関係を中心に論述してある．この書籍で初めて教えられたことも多い．
②許志嘉 2000,『中共外交決策模式研究——鄧小平時期的検証分析』水牛出版社.
　台湾の研究者許志嘉(銘伝大学)の本書は，鄧小平時代に限定されているとはいえ，外交に特定した分析を体系的に行っているので，筆者は大変助かった．彼は次の三つのモデル毎にいくつかの事例を使って中国決策プロセスを分析する．①リーダー主導型，②リーダー集団型，③官僚組織型．その結果，近来，官僚組織型決定の能力が高まり決定の主流になっているとしながら，高度な機密の中にある中共の政策の全貌をこれで摑むことは無理で，決策モデルは，政策形成のプロセスを説明できるだけで，何が政策に影響を与えているのかについて解明することはできない，とそのモデルの限界もあわせ指摘している．
③曲星 2000,『中国外交50年』江蘇人民出版社.
　『当代中国外交』以上に信頼がおけて，しかも面白く，また重要な資料については注記がついているので大変役に立つ「外交通史」である．著者曲星は，北京外国語大学卒，外交学院で研究に従事，同学院の副院長(1999-2006年)，外交部に付設された中国国際問題研究院の院長(2010-14年)を務め，2014年から18年までベルギー大使を務め上げた研究者である．本書が頼りになるのは，中国で無視，否定されてきた歴史についても一定の言及をしていること，朝鮮戦争などについての記述が比較的客観的なこと，使用した重要な典拠の出典が明記されていること，などである．以下の外交史は本書とほぼ同じレベルにある．裴堅章主編『中華人民共和国外交史1949-1956』(世界知識出版社，1994年)，王泰平主編『中華人民共和国外交史 第2巻 1957-1969』(世界知識出版社，1998年)，王泰平主編『中華人民共和国外交史 第3巻 1970-1978』(世界知識出版社，1999年)，謝益顕主編『中国当代外交史1949-2009』(中国青年出版社，2010年)である．謝益顕の本には曲星と熊志勇(外交学院)が副主編として加わっている．

④張歴歴 2007，『外交決策』世界知識出版社．
　張歴歴は現代中国外交史についての中国での第一人者と言えるだろう．外交学院に外交学系ができたのは1985年，以来ずっと外交学院で研究・教育をしているようである．彼は，人体に見立てて外交を論ずる．決定のパターンを三つに分けて建国から1990年代までの諸ケースについて事例研究している．①末梢神経が蠢動するケース，②神経の中枢が刺激されるケース，③トップリーダーが発動するケース．本書は中国でほとんど唯一の外交政策決定についての専門書であり，おそらく外交学院での重要テキストなのだろう．

⑤陳文斌主編 1999，林蘊暉・叢進ほか編『中国共産党執政50年 1949-1999』中共党史出版社．
　現代中国半世紀についての，合計900頁を超える大部の年表であるが，とくに国内政治の決定プロセスを知るにはこれに勝る資料はない．編集陣が機密文書にアクセスできるのだろう，高度の機密にふれた情報も多い．ただ，政治・経済・社会については新しい貴重な情報も多いが，対外関係が弱いのは残念である．なお，中共中央党史研究室の『中華人民共和国大事記 1949-2009』が2009年に出たので（人民出版社），建国後60年がつながった．

⑥唐家璇主編 2000，『中国外交辞典』世界知識出版社．
　現代中国でおそらく初めて編集出版された大型（900頁を超える）の外交（史）辞典．古い時代の事項も含まれており，巻末に細かい索引がついているのも嬉しい．珍しいことに，各項目の末尾に必ず執筆者名が入っている．中国の辞書では初めてではないかと思う．また，現代に近い機密事案についても，ものによってはきちんと機密を公開している．たとえば，1950年10月初め，朝鮮に出兵すべきかどうか，毛沢東をはじめ中共リーダーが何回も政治局会議を開き協議する．スターリンの最終意思を確認すべくソチに周恩来らを送って11日にトップ会談が開かれた．なんとかソ連空軍の支援も得られるようになったが，その顛末について，他の文献とも齟齬のない記述があり，大変貴重な情報を提供してくれる．丹念に調べれば，厚いカーテンの向こうに中国外交の真実が少しずつ明らかになりそうだ，という期待を抱かせる．

⑦毛沢東 1989(1989-1992)(中共中央文献室編)，『建国以来毛沢東文稿』第1-13冊，中央文献出版社．
　現代中国のリーダーたちの講話，発言，論考，電報などは，中共中央文献研究室が編輯する『建国以来毛沢東文稿』『建国以来周恩来文稿』『建国以来劉少奇文稿』がもっとも頼りになる．毛沢東は第13冊，周恩来は第13冊，劉少奇は第6冊まで刊行されている．ただ周恩来については，第4-13冊は入手したばかりで未見である．しかし，これも彼らの発言のすべてを反映しているわけではない．政治的に編輯されていることを十分にわきまえなければならない．

⑧劉金質・梁守徳・楊淮生主編，1994，『国際政治大辞典』中国社会科学出版社．
　中国で初めて出た国際政治大辞典．梁守徳（北京大学）は国際政治のテキストなども出したレベルの高い国際政治研究者で，彼が中心になって作った辞書となれば信用でき

る．記述も相当に客観的だ．たとえば「国家利益」(本辞典83頁)で次のようにいう．「国際関係理論，対外政策理論の中で国家利益はもっとも重要だが，相当に混乱した概念である．……米国のローゼナウによれば，(概念が混乱しているのは)国家利益という概念が政治分析の道具とも，政治行為の手段ともなり得るからであり，国家利益研究では客観主義の態度も，主観主義の態度もありうる，ということになる」と説明する．この『現代中国外交』でも紹介した闇学通流の露骨な国家利益論とはずいぶん違う観点に立っている．全般的印象では，中国学術界は1990年代初めまではかなり自由でリベラルだった．その代表がこの辞典であり，陳文斌などの『中国共産党執政50年』である．

【英語】(著者のアルファベット順)

①Chen, King C. 1987, *China's War with Vietnam, 1979—Issues, Decisions, and Implications*, Hoover Institution Press.
1979年の中越戦争は，中国の対外軍事行動の性格だけでなく，危機の時期の政策決定の事例を分析する材料としても大変興味深い．問題は資料の少なさであるが，著者は中国・米国の文献を最大限集め，また香港の雑誌などを渉猟してなんとか決定プロセスの分析に挑戦している．筆者もこの文献に助けられた．

②Economy, Elizabeth and Michel Oksenberg, eds. 1999, *China Joins the World: Progress and Prospects*, Council on Foreign Relations Press.
2人の編集者はいずれもクリントン民主党政権に近い，優秀で慎重な中国研究者である．本書は1980-90年代の20年間，あらゆる領域で進んだ中国の対外開放の状況がその分野を得意とする研究者たちの手で分析されており，レベルが極めて高い成果である．キムはずっと国際組織への中国の参加・適応を分析してきたし，ネイサンは人権問題に詳しい．ピアソンは国際経済組織の専門家である．ラーディは1980年代初めから中国の貿易，通貨での世界市場への参入を議論してきた．スウェインとジョンストンは核不拡散問題での中国の動きをずっと追ってきた．読者は優れた研究者の優れた成果を安心して利用することができる．

③Fairbank, J. King cd. 1968, *The Chinese World Order—Traditional China's Foreign Relations*, Harvard University Press.
米国の中国研究は1960年代に面目を一新する．東洋史研究から現代社会科学の領域へと大飛躍をしたのである．本書は，その東洋史研究のもっとも優れた成果で，大御所フェアバンク教授のもとに，マンコール(清代の朝貢システム)，シュボルツ(中国の世界秩序認識)，フレッチャー(中国と中央アジア)など精鋭が加わり，シンガポールからはWang Gung Wu(明代初期の対東南アジア関係)，日本からは鈴木中正教授(中国と匈奴・チベット関係)も参画している．1960年代末に編まれた米国におけるクラシックの代表として紹介しておきたい．

④Johnston, Alastair Iain and Robert S. Ross eds. 2006, *New Directions in the Study of China's Foreign Policy*, Stanford University Press.

中国外交が攻勢的になる前の対外政策について，米国の中国研究の穏健派であるジョンストン，ロス，クリステンセンなどが協力して作った成果．とくに3人の合作，エンゲージを強調する終章(結論と未来の方向)が充実している．

⑤Kim, Samuel S. ed. 1998, *China and the World: Chinese Foreign Policy Faces the New Millennium*, 4th ed., Westview Press.
サミュエル・キム編集の本書はホワイティングに捧げられた論文集だが，A. I. ジョンストン，P. ゴッドウィン，A. ホワイティングなど，第一線の中国外交研究者の力作が入っており，大変参考になる．ゴッドウィン論文は，1990年代，中国が歴史上はじめて外からの脅威のない時代に入ったが，19世紀末以来100年間の屈辱が現代中国外交の戦略文化を形作っていること，いまグループ・オブ・ワンを楽しんでいること，中国の安全の核心問題は台湾問題などと的確に指摘している．編者キムは，1970年代末に大著 *China, the United Nations, and World Order* (Princeton University Press, 1979) を発表した．ついで本書の初版本 *China and the World: Chinese Foreign Policy in the Post-Mao Era* (Westview Press, 1984) を編著で出しているが，そこで彼が精力的に提起したのは，これまでの中国外交研究の主流はリーダーの対外認識だったが，これからは，行動主義アプローチをもっと採用して中国の対外外交行動自体のダイナミズムを分析すべきだ，という点であり，筆者は大きな影響を受けた．ボブロウやホワイティングなどと執筆した本書は中国外交についての必読書だと思う．

⑥Lampton, David M. ed. 2001, *The Making of Chinese Foreign and Security Policy in the Era of Reform, 1978-2000*, Stanford University Press.
改革開放時期の中国の対外政策を比較的に機能主義的に分析したものを集めており，筆者にとってはとても役に立つ．とくに，ルー・ニン，エコノミー，ピアソンなどの，軍事にかかわる党・政府・軍の関係，国際レジームから中国が受ける圧力，GATTやWTO加盟をめぐる政治プロセスなど興味深い論考が多い．

⑦Robinson, Thomas W. and David L. Shambaugh eds. 1994, *Chinese Foreign Policy-Theory and Practice*, Oxford University Press.
1994年に編輯された本．原型は1990年に開かれた中華人民共和国の外交行動についての国際シンポジウムでの報告である．以来すでに30年近くがたつが，ロビンソン，シャンボー，ハーディング，キム，ホワイティング，カービーなど当時の米国で第一線の研究者が揃って力作を書いており，いずれも読みごたえがある．北京大学の王緝思が大陸から1人参加しているのも興味深い．彼の「国際関係理論と中国の外交政策研究——中国人の見方」は1993年に香港の『中国社会科学季刊』第1巻に載った，「国際関係理論与中国外交研究」が原型である．王緝思の代表作とも言える力作で，今日でもとても参考になる．王緝思論文も含め，本書に入った論考は今日でも光を失わない作品群である．

⑧Swaine, Michael D. 1996, *The Role of the Chinese Military in National Security Policymaking*, RAND.
スウェインは中国の安全保障，戦略，解放軍の政治的役割などの研究で知られる．ラ

ンド研究所のスタッフである．台湾問題や中国の軍事行動について落ち着いた分析をしているので，安心して依拠できる．彼の基本的スタンスは，よく指摘され，強調されるほど，中国の軍は政治的ではない，というものである．

⑨Zhang, Yongjin and Teng-Chi Chang eds. 2016, *Constructing a Chinese School of International Relations—Ongoing Debates and Sociological Realities*, Routledge.

2000年代に入って，中国の国際関係理論界は活性化している．英国学派に倣って，国際関係学の中国学派を作ろうという動きが活発で，人材や論文数も圧倒的に多くなってきたのである．この魅力的な書物は在米，在欧，在台の中国系研究者が中心になって開いた国際シンポジウム「国際関係学の"中国学派"——批判的検討」(2013年7月，北京大学)の諸報告が土台になって編まれたものである．それぞれ力作だが，とくにバリー・ブザン(LSE)，ジャン・ヨンジン(ブリストル大学)などから出ている，中国学派の未来についての批判的，悲観的見解が面白い．説得的である．それにしても，いまや知的周縁に追いやられている日本の研究者からすると，国際関係学が大学で教えられるようになって30年余りしか経っていない中国で中国学派の旗が上がる，このことに改めて驚くのである．

II 資料集・ドキュメント
（日本語・中国語＝著者，日本語の五十音順，それ以外の言語＝アルファベット順）

安藤正士ほか編1994,『原典中国現代史 第8巻 日中関係』岩波書店.
安藤正士2010,『現代中国年表 1941-2008』岩波書店.
石井明ほか編2003,『記録と考証 日中国交正常化・日中平和友好条約締結交渉』岩波書店.
霞山会編1998,『日中関係基本資料集 1949-1997年』(外務省アジア局中国課監修)(付年表).
霞山会編2008,『日中関係基本資料集 1972-2008年』(外務省アジア局中国課監修)(付年表).
〈新疆通史〉編撰委員会編2013,『俄国解密檔案——新疆問題』(沈志華編訳)新疆人民出版社.
沈志華編輯2000,『中蘇関係檔案』.
沈志華主編2015,『俄羅斯解密檔案選編——中蘇関係』第1-12巻(1945.1-1991.12)，東方出版中心.
薛銜天編1996,『中蘇国家関係史資料匯編 1945-1949』社会科学文献出版社.
台湾中央研究院近代史研究所編2003『朝鮮戦争——俄国檔案館的解密文件』上中下,中央研究院近代史研究所(沈志華編).
田桓主編1994,『戦後中日関係史年表 1945-1993』中国社会科学出版社.
田桓主編1995,『戦後中日関係文献集 1971-1995』中国社会科学出版社.
田桓主編1996,『戦後中日関係文献集 1945-1970』中国社会科学出版社.
本書編委編2009,『中国与蘇聯関係文献匯編 1949年10月—1951年12月』世界知識出版社.

本書編委編 2015,『中国与蘇聯関係文献匯編 1952 年―1955 年』世界知識出版社.
日中国交回復促進議員連盟編 1972,『日中国交回復――関係資料集(1949-72)』日中国交資料委員会.
日本国際問題研究所中国部会編 1963-71,『新中国資料集成』第 1-5 巻, 日本国際問題研究所.
日本国際問題研究所現代中国研究部会編 1973,『大躍進政策の展開――資料と解説』上, 日本国際問題研究所.
日本国際問題研究所現代中国研究部会編 1974,『大躍進政策の展開――資料と解説』下, 日本国際問題研究所.
毛里和子・増田弘監訳 2004,『周恩来・キッシンジャー機密会談録』岩波書店.
毛里和子・毛里興三郎訳 2016,『ニクソン訪中機密会談録 増補決定版』名古屋大学出版会.
Burr, William ed. 2002a (Burr 66-2002), *The Beijing-Washington Back-Channel and Henry Kissinger's Secret Trip to China: September 1970-July 1971*, National Security Archive Electronic Briefing Book, No. 66, Feb. 27.
Burr, William ed. 2002b (Burr 70-2002), *Negotiating U. S.-Chinese Rapprochement: New American and Chinese Documentation Leading Up to Nixon's 1972 Trip*, National Security Archive Electronic Briefing Book, No. 70, May 22.
Burr, William ed. 2003 (Burr 2003), *Nixon's Trip to China Records now Completely Declassified, Including Kissinger Intelligence Briefing and Assurances on Taiwan*, Posted-Dec. 11, The National Security Archive.
Russko-Kitaiskie Otnosheniya v XX Veke, *Dokumentui i Materialui, Tom Kniga 1, 1946-1948 gg.*(レドフスキー・ミロヴィッツカヤ・ミャスニコフ編『20 世紀のロシア・中国関係 ドキュメントと資料』第 1 冊 1946-1948 年, 回想と歴史思想出版社, 2005 年(ロシア語)).
Russko-Kitaiskie Otnosheniya v XX Veke, *Dokumentui i Materialui, Tom Kniga 2, 1949-Fevralu 1950 gg.*(レドフスキー・ミロヴィッツカヤ・ミャスニコフ編『20 世紀のロシア・中国関係 ドキュメントと資料』第 2 冊 1949-1950 年 2 月, 回想と歴史思想出版社, 2005 年(ロシア語)).
Westad, Odd Arne ed. 1998, *Brothers in Arms—The Rise and Fall of the Sino-Soviet Alliance, 1945-1963*, Stanford University Press, W. Wilson Center Press.

III　日本語文献(一般書・論文．著者，五十音順)

青山瑠妙 2007,『現代中国の外交』慶應義塾大学出版会.
安倍晋三 2013,『新しい国へ――美しい国へ 完全版』文春新書.
阿南友亮 2012,「戦略的互恵関係の模索と東シナ海問題 2006-08 年」高原明生・服部龍二編 2012.
天児慧 2013a,『中華人民共和国史 新版』岩波新書.

天児慧 2013b,『日中対立——習近平時代をよむ』ちくま新書.
アリソン,グレアム 1977,『決定の本質——キューバ・ミサイル危機の分析』(宮里政玄訳), 中央公論社.
アリソン,グレアム 2017,『米中戦争前夜——新旧大国を衝突させる歴史の法則と回避のシナリオ』(藤原朝子訳)ダイヤモンド社.
井出敬二 2017,『〈中露国境〉交渉史——国境紛争はいかに決着したのか?』作品社.
井上一郎 2018,「グローバル化時代の中国外交部」『アジア研究』第 64 巻 4 号, 10 月.
井上寿一 2003,『日本外交史講義』岩波書店.
井上正也 2012,「国交正常化 1972 年」高原明生・服部龍二編 2012.
岩井克己 2016,「戦後皇室の歩み体現 三笠宮さまをしのぶ」『朝日新聞』10 月 28 日.
岩下明裕未定稿「中国・ロシア関係記事(1996 年—1997 年 7 月)」.
殷燕軍 1996,『中日戦争賠償問題——中国国民政府の戦時・戦後対日政策を中心に』御茶の水書房.
殷燕軍 2003,「日中国交正常化過程の再検証——日本外務省の公開資料からみる」『中国研究月報』第 663 号, 5 月号.
衛藤瀋吉 1972,「大国におもねらず小国も侮らず」『中央公論』10 月号.
閻学通 2011, インタビュー,『日本経済新聞』1 月 13 日.
閻学通 2014, インタビュー,『朝日新聞』4 月 2 日.
王逸舟 2014a,「島根県立大学のインタビュー」(9 月 9 日)佐藤壮・江口伸吾編 2018.
王敏編著 2004,『〈意〉の文化と〈情〉の文化——中国における日本研究』中央公論新社.
王敏 2005,『中国人の愛国心——日本人とは違う 5 つの思考回路』PHP 新書.
太田勝洪編訳 1975,『毛沢東 外交路線を語る』現代評論社.
大庭三枝編著 2004,『アジア太平洋地域形成への道程——境界国家日豪のアイデンティティ模索と地域主義』ミネルヴァ書房.
大庭三枝編著 2016,『東アジアのかたち——秩序形成と統合をめぐる日米中 ASEAN の交差』千倉書房.
大原總一郎 1963,「対中国プラント輸出について」『世界』9 月号.
大平正芳 1982,『大平正芳回想録 伝記編』大平正芳回想録刊行会
岡田充 2005,「台湾海峡の「現状維持」とは何か——反国家分裂法にみる中国の姿勢変化」『政策科学』第 13 巻 1 号, 10 月.
岡田実 2003,「中国における ODA 研究から見る ODA 観と日中関係」『国際協力研究』第 19 巻 2 号.
岡部達味編著 1995,『グレーター・チャイナの政治変容』勁草書房.
岡部達味 2001,「中国外交の 50 年」岡部達味編 2001.
岡部達味 2002,『中国の対外戦略』東京大学出版会.
小倉和夫 1993,「「アジアの復権」のために」『中央公論』7 月号.
小沢一郎 1993,『日本改造計画』講談社.
葛兆光 2014,『中国再考 その領域・民族・文化』(辻康吾監修・永田小絵訳)岩波現代文庫.

加藤典洋 1997,『敗戦後論』講談社.
加藤弘之ほか 2013,『21 世紀の中国 経済篇』朝日新聞出版.
蒲島郁夫 1999,「全国会議員イデオロギー調査——連立時代の議員と政党」『中央公論』5 月号.
ガルトゥング, ヨハン 1991,『構造的暴力と平和』(高柳先男訳) 中央大学出版部.
川島真 2000,「歴史学からみた戦後補償」奥田安弘・川島真『共同研究中国戦後補償——歴史・法・裁判』明石書店.
川島真・毛里和子 2009,『グローバル中国への道程 外交 150 年』岩波書店.
キッシンジャー, ヘンリー 1980a,『キッシンジャー秘録 3 北京へ飛ぶ』(桃井眞監修) 小学館.
キッシンジャー, ヘンリー 1980b,『キッシンジャー秘録 4 モスクワへの道』(桃井眞監修) 小学館.
金熙徳・林治波 2003,『日中「新思考」とは何か——馬立誠・時殷弘論文への批判』日本僑報社.
金燦栄 2010, 東京での講演 (清水美和 2011) 国分良成編 2011.
国分良成編 2011,『中国は, いま』岩波新書.
国分良成 2017,『中国政治からみた日中関係』岩波書店.
佐藤壮・江口伸吾編 2018,『変動期の国際秩序とグローバル・アクター中国——外交・内政・歴史』国際書院.
佐橋亮 2015,『共存の模索 アメリカと「二つの中国」の冷戦史』勁草書房.
清水美和 2003,『中国はなぜ「反日」になったか』文春新書.
清水美和 2005,『中国農民の反乱——隠された反日の温床』講談社＋α文庫.
清水美和 2006,『中国が「反日」を捨てる日』講談社＋α新書.
清水美和 2009,『「中国問題」の核心』ちくま新書.
清水美和 2011,「対外強硬姿勢の国内政治——「中国人の夢」から「中国の夢」へ」国分良成編 2011.
ジャック (ジェイクス), マーティン 2014,『中国が世界をリードするとき——西洋世界の終焉と新たなグローバル秩序の始まり』下, (松下幸子訳) NTT 出版.
シャンボー, デイビッド 2015,『中国グローバル化の深層——「未完の大国」が世界を変える』(加藤祐子訳) 朝日新聞出版.
朱建栄 1991,『毛沢東の朝鮮戦争——中国が鴨緑江を渡るまで』岩波書店.
朱建栄 1992,「中国はなぜ賠償を放棄したか」『外交フォーラム』10 月号.
朱建栄 2001,『毛沢東のベトナム戦争——中国外交の大転換と文化大革命の起源』東京大学出版会.
朱建栄 2003,「先人の開拓 21 世紀への示唆——日中国交正常化と平和友好条約を再検証する意義」石井明ほか編 2003.
朱建栄 2005『胡錦濤 対日戦略の本音——ナショナリズムの苦悩』角川学芸出版.
徐顕芬 2011,『日本の対中 ODA 外交——利益・パワー・価値のダイナミズム』勁草書

房(中国語版『未走完的歴史和解之路──戦後日本的戦争賠償与対外援助』世界知識出版社,2018 年).

砂山幸雄 2004,「ポスト天安門時代における中国ナショナリズム言説の諸相」『東洋文化』第 84 号.

曽建徽 1986,「重要政策の誕生──対外開放の新たな歩み」(バーネット 1986), 原掲『瞭望』1984 年第 24 期.

宋強ほか 1996,『ノーと言える中国』(莫邦富・鈴木かおり訳)日本経済新聞社.

宋暁軍ほか 2009,『不機嫌な中国──中国が世界を思いどおりに動かす日』(邱海濤・岡本悠馬訳)徳間書店.

添谷芳秀 1995,『日本外交と中国──1945〜1972』慶應通信.

添谷芳秀 1997,「1970 年代の米中関係と日本外交」日本政治学会編『年報政治学 1997 危機の日本外交──70 年代』岩波書店.

添谷芳秀 2003,「米中和解から日中国交正常化へ──錯綜する日本像」石井明ほか編 2003.

添谷芳秀編著 2011,『現代中国外交の 60 年──変化と持続』慶應義塾大学出版会.

高木誠一郎編 2007,『米中関係──冷戦後の構造と展開』日本国際問題研究所.

高木誠一郎 2013 "核心利益" 論の展開と中国外交」ある研究会での報告 2 月 12 日.

高橋哲哉 2005a,『戦後責任論』講談社学術文庫.

高橋哲哉 2005b,『靖国問題』ちくま新書.

高原明生・服部龍二編 2012,『日中関係史 1972-2012 I 政治』東京大学出版会.

高原明生ほか編 2014,『共同討議 日中関係なにが問題か──1972 年体制の再検証』岩波書店.

田川誠一 1973,『日中交渉秘録 田川日記──14 年の証言』毎日新聞社.

田島英一 2005,「「愛国主義」時代の日中関係──「中国」という文脈における歴史認識とアイデンティティー」『国際問題』第 549 号.

田中明彦 1991,『日中関係 1945-1990』東京大学出版会.

田中明彦 2001,「日中政治関係」岡部達味編 2001.

俵義文 2016,「安倍政権を支える日本会議と「日本会議議連」」成澤宗男編著『日本会議と神社本庁』金曜日.

中国研究所編 各年版『中国年鑑』中国研究所.

張香山 2002,『日中関係の管見と見証──国交正常化 30 年の歩み』(鈴木英司訳)三和書籍.

陳肇斌 2000,『戦後日本の中国政策──1950 年代東アジア国際政治の文脈』東京大学出版会.

唐亮 1992「中国共産党の行政担当機構」『アジア経済』第 33 巻 9 号, 9 月.

豊下楢彦・古関彰一 2014,『集団的自衛権と安全保障』岩波新書.

中園和仁編著 2013,『中国がつくる国際秩序』ミネルヴァ書房.

中嶋嶺雄・岡崎久彦 1996,『日本にアジア戦略はあるのか──幻想の中国・有事の極東』PHP 研究所.

中野潤三 1994,「ロシア外交におけるアジアの比重」『ロシア研究』第 19 号, 10 月.
西倉一喜 1994,「中国「新冷戦」外交は何をめざすか」『世界』5 月号.
ニクソン, リチャード 1978,『ニクソン回顧録 1 栄光の日々』(松尾文夫・斎田一路訳) 小学館.
馬立誠 2003,『〈反日〉からの脱却』(杉山祐之訳) 中央公論新社.
馬立誠 2006,『謝罪を越えて——新しい中日関係に向けて』(箭子喜美江訳) 文春文庫.
馬立誠 2014,『憎しみに未来はない——中日関係新思考』(及川淳子訳) 岩波書店.
ピルズベリー, マイケル 2015,『China 2049——秘密裏に遂行される「世界覇権 100 年戦略」』(野中香方子訳) 日経 BP 社.
福田円 2013,『中国外交と台湾——「一つの中国」原則の起源』慶應義塾大学出版会.
藤原帰一 2002,『デモクラシーの帝国——アメリカ・戦争・現代世界』岩波新書.
古井喜実 1978,『日中 18 年——一政治家の軌跡と展望』牧野出版.
ベトナム社会主義共和国外務省編 1979,『「中国白書」中国を告発する——この 30 年間のベトナム・中国関係の真実』(日中出版編集部訳) 日中出版.
辺見庸 2016,『増補版 1★9★3★7』金曜日, 河出書房新社.
歩平 2015,『日本の戦争責任についての認識』五州伝播出版社.
ホワイティング, アレン・S. 2000,『中国人の日本観』(岡部達味訳) 岩波現代文庫.
孫崎享 2011,『日本の国境問題——尖閣・竹島・北方領土』ちくま新書.
孫崎享 2014,『小説外務省——尖閣問題の正体』現代書館.
益尾知佐子・青山瑠妙・三船恵美・趙宏偉 2017,『中国外交史』東京大学出版会.
増田雅之 2009,「外交政策のフロンティアを模索する中国——「和諧世界」論の理念と実践」飯田将史編『転換する中国——台頭する大国の国際戦略』防衛省防衛研究所.
松田康博 2007,「米中関係における台湾問題」高木誠一郎編 2007.
松田康博 2009,「中国——中央政治局と中央軍事委員会」松田康博編著『NSC 国家安全保障会議——危機管理・安保政策統合メカニズムの比較研究』彩流社.
松田康博・清水麗編著 2018,『現代台湾の政治経済と中台関係』晃洋書房.
丸川知雄 2013,『現代中国経済』有斐閣アルマ.
丸山眞男 1989,「昭和天皇をめぐるきれぎれの回想」『丸山眞男集』第 15 巻, 岩波書店 (1996).
マン, ジェームズ 1999,『米中奔流』(鈴木主税訳) 共同通信社.
マン, ジェームズ 2007『危険な幻想——中国が民主化しなかったら世界はどうなる?』(渡辺昭夫訳) PHP 研究所.
三浦有史 2012,「中国「国家資本主義」のリスク——「国進民退」の再評価を通じて」『RIM 環太平洋ビジネス情報』第 12 巻 45 号.
村田雄二郎 1994,「中華ナショナリズムと「最後の帝国」」蓮實重彦・山内昌之編『いま, なぜ民族か』東京大学出版会.
毛里和子 1995,「改革・開放時代の中国外交——外交思想を中心に」岡部達味編著 1995.
毛里和子 1998,『周縁からの中国——民族問題と国家』東京大学出版会.

毛里和子 2005,「中国のアジア地域外交――上海協力機構と「東アジア安全保障共同体」をめぐって」渡辺昭夫編著 2005.
毛里和子 2006,『日中関係 戦後から新時代へ』岩波新書.
毛里和子 2012,『現代中国政治 第3版――グローバル・パワーの肖像』名古屋大学出版会.
毛里和子ほか編 2012,『21世紀の中国 政治・社会篇 共産党独裁を揺るがす格差と矛盾の構造』朝日新聞出版.
毛里和子 2017,『日中漂流 グローバル・パワーはどこへ向かうか』岩波新書.
毛里和子・安達祐子 2013,「2つの市場化――ロシアと中国」唐亮ほか編著『ユーラシア地域大国の統治モデル』ミネルヴァ書房.
毛里和子・張蘊嶺編 2004,『日中関係をどう構築するか――アジアの共生と協力をめざして』岩波書店.
ヤーコブソン, リンダ／ディーン・ノックス 2011,『中国の新しい対外政策――誰がどのように決定しているのか』(岡部達味監修・辻康吾訳)岩波現代文庫.
柳田邦男 1983,『日本は燃えているか』講談社.
山影進 2016,「日本の地域構想と「中国の台頭」――歴代首相の政策演説に見る「仲間」の描き方」大庭三枝編著 2016.
山崎雅弘 2016,『日本会議――戦前回帰への情念』集英社新書.
吉川純恵 2017,『中国の大国外交への道のり』勁草書房.
吉田茂 1957,『回想十年』第3巻, 新潮社(1983年東京白川書院復原版).
吉田裕 1995,『日本人の戦争観――戦後史のなかの変容』岩波書店.
李恩民 2005,『「日中平和友好条約」交渉の政治過程』御茶の水書房.
陸学芸 2006,「対外強硬姿勢の国内政治」(新華社2006年10月5日, 清水2011), 国分良成編 2011.
陸定一 1947,「戦後の国際情勢における若干の基本問題についての説明」日本国際問題研究所中国部会編 1963(第1巻).
劉徳有 2002,『時は流れて――日中関係秘史50年』上下(王雅丹訳)藤原書店.
林暁光 2004,「中国共産党の対日政策の変容」王敏編著 2004.
渡辺昭夫 1992,『アジア・太平洋の国際関係と日本』東京大学出版会.
渡辺昭夫編 1985,『戦後日本の対外政策――国際関係の変容と日本の役割』有斐閣.
渡辺昭夫 1997,『現代日本の国際政策――ポスト冷戦の国際秩序を求めて』有斐閣.
渡辺昭夫編著 2005,『アジア太平洋連帯構想』NTT出版.
渡辺孟次 1979,「鄧小平インタビュー」『70年代』4月号.

IV 中国語文献(著作, 論文. 著者, 日本語の五十音順)

于光遠 1998,『我親歴的那次歴史転折』中央編訳出版社.
于兆力 1958,「新生力量一定戦勝腐朽的力量」『紅旗』第6期.

閻学通 1995,「冷戦後中国的対外安全戦略」『現代国際関係』第 8 期.
閻学通 1996,『中国国家利益分析』天津人民出版社.
閻学通ほか 1997,「主題書評：閻学通『中国国家利益分析』」『中国社会科学季刊』(香港) 第 20 期, 秋季号.
閻学通 2004,「教学与研究論壇──中国和平崛起的国際環境和国際戦略」『教学与研究』第 4 期.
閻学通 2009,「中国在朝鮮問題上的両難境地」『中国与世界観察』第 2 期.
閻学通 2014,「崛起 困境与中国外交新特徴」共識ネット 12 月 10 日.
閻学通 2016,（インタビュー）「回復王道, 重塑中国内政外交」中国選挙与治理ネット 2 月 15 日.
閻学通・兪曉秋・陶堅 1993,「90 年代中国的国家利益」『人民論壇』第 5 期.
閻学通ほか 2000,（座談会）「国家利益改変了麼？」『環球時報』9 月 22 日.
閻学通ほか 2004,""大国崛起与中国的選択"筆談」『中国社会科学』第 5 期.
鄢一龍・王紹光・胡鞍鋼 2017,「中国中央政府決策模式──以五年計画編制為例」愛思想ネット 10 月 11 日（原載は『清華大学学報(哲学社会科学版)』2013 年 3 期）.
袁成毅 1998,「1972 年中国政府正式放棄対日索賠的経過」『党史研究資料』第 3 期.
王偉 2008,「第 4 次中日輿論調査報告」『日本学刊』第 6 期.
王逸舟 2011,『創造性介入──中国外交新取向』北京大学出版社.
王逸舟 2014b,「中国外交──新形勢下的幾個現実問題」『南方周末』5 月 22 日.
王永欽 1997,「打破堅氷的歳月──中美関係解凍紀実」『党史縦横』第 7 期.
王希亮 2001,「論日本戦争責任問題長期擱置的歴史原因」『日本学刊』第 5 期.
王巧栄 2002,「論 20 世紀 90 年代中国的伙伴関係外交」当代中国研究所 HP.
王緝思 1993,「国際関係理論与中国外交研究」『中国社会科学季刊』(香港)第 1 巻, 3 月.
王緝思 2016,『大国戦略──国際戦略探求与思考』中国出版集団.
王小東 2000,「当代中国民族主義論」『戦略与管理』第 5 期.
王小東 2005,「走在中国主流思想的前面──回顧与展望当代中国民族主義」『中国与世界観察』第 1 期.
王占陽 2014,「認為日走軍国道路是誤判, 去了日本都清楚」『環球時報』10 月 27 日.
岡田晃 1992,「周総理在万隆会議」『周恩来与日本朋友』中央文献出版社.
郭偉偉 2011,『当代中国外交研究』北京理工大学出版社.
郭明 1992,『中越関係演変 40 年』広西人民出版社.
何方 1988,「重視和加強国際問題研究正確認識我們所処的時代」『世界知識』第 3 期.
何方 1992,「為什麼説国際形勢対我有利」『理論動態』1026 号.
何方 1993,「冷戦後亜太地区的大国関係」『理論動態』1090 号, 7 月 10 日.
何方 1997,「我們能同日本友好下去？──写在中日邦交正常化 25 周年之際」『環球時報』5 月 11 日.
何方 2012,「時代問題判断有誤就会危害全局──一本国際問題討論文集的前言」『炎黄春秋』第 11 期.

何方 2013a,『争議下的国際問題観察』中国社会科学出版社.
何方 2013b,「中国在朝鮮戦争問題上的教訓」『炎黄春秋』第 9 期.
『環球時報』2005,「中俄戦略対話啥都談」10 月 21 日.
『環球時報』社評 2016, 社評「中国的軍費和戦略核力量還不够」12 月 14 日.
宦郷 1984,「関于国際外交格局和戦略格局」『世界経済導報』7 月 9 日.
宦郷 1988,「関于建立国際関係学的幾個問題」『宦郷文集』下, 世界知識出版社.
宦郷 1994,『宦郷文集』上下, 世界知識出版社.
牛軍 2000,「論 60 年代末中国対美政策転変的歴史背景」『当代中国史研究』第 1 期.
宮希魁 2011「評地方政府的公司化傾向」『炎黄春秋』第 4 期.
宮力 2002,「従中美緩和到実行"一条線"的戦略」『中共中央党校学報』第 2 期.
姜克実 2017,「我如何看中日之間的歴史和解」愛思想ネット 1 月 1 日(中国選挙与治理ネット 2018 年 1 月 1 日).
曲星 1989,「試論 1954 年日内瓦会議上的周恩来外交」『研究周恩来——外交思想与実践』世界知識出版社.
金熙徳 2000,『日本政府開発援助』社会科学文献出版社.
金熙徳 2002,『中日関係——復交 30 周年的思考』世界知識出版社.
金熙徳 2005,「走出大国力量小国心態的誤区——兼論中日関係的困境与出路」『中国与世界観察』第 1 期.
江程浩 2004,「中国的反思(中印戦争, 中越戦争, 援助)」『中国報道周刊』1 月 3 日.
谷牧 2008,『谷牧回憶録』中央文献出版社.
呉学文 2002,『風雨陰晴——我所経歴的中日関係』世界知識出版社.
呉暁林 2009,「"小組政治"研究——内涵・効能与研究展望」『求実』第 3 期.
呉建民 2014,『外交案例II』中国人民大学出版社.
呉建民 2016,「狭隘的民族主義害人害己」財経ネット 4 月 19 日.
斉徳学・郭志剛 2007,「抗美援朝戦争研究述評」『当代中国史研究』第 6 期.
沙明 1995,「東海演習引発中共高層暗闘」『90 年代』10 月号.
斉鵬飛主編 2010,『中国共産党与当代中国外交 1949-2009』中共党史出版社.
施華 1979,「鄧小平談話中越戦争」『70 年代』第 4 号.
師哲 1991,『在歴史巨人身辺——師哲回憶録』中央文献出版社.
時殷弘 2003,「中日接近与"外交革命"」『戦略与管理』第 2 期.
謝益顕主編, 曲星・熊志勇副主編 2010,『中国当代外交史 1949-2009』中国青年出版社.
謝益顕 1989,「80 年代中国対外政策的重大調整及其意味」『求是』第 1 期.
ジャック, マーティン(馬丁・雅克)2011,「中国将如何改変我們的思維方式——以国家為例」愛思想ネット 9 月 17 日.
周遠征 2005,「逾 2000 万全球華人簽名反日"入常"背後的中日関係命題」『中国経営報』4 月 3 日.
《周恩来軍事活動記事》編写組編 2000,『周恩来軍事活動紀事(1918-1975)』上下, 中央文献出版社.

周暁加 2017,「朝鮮核問題与中国学者的観点」『和平与発展』第 3 期(本文第 1 章では復旦大学国際関係与公共事務学院との共著).
周均倫主編 1999,『聶栄臻年譜』上下, 人民出版社.
周軍 1992,「試論党中央決策我軍由解放戦争向抗美援朝戦争的戦略転変」『党史研究資料』第 4 期(総 177 期).
周冬霖 2005,『日本対華無償援助実録』社会科学文献出版社
周文琪ほか編 1993,『特殊而複雑的課題──共産国際, 蘇聯和中国共産党関係編年史』湖北人民出版社.
朱玉 2005,「李先念与 1978 年的国務院務虚会議」『中共党史研究』第 1 期.
朱国芬 2005,「試論従"韜光養晦"到"和平崛起"的外交戦略」『江蘇教育学院学報(社会科学)』2005 年第 6 期.
朱鋒 2005,「六方会談──朝核背後的若干問題」『和平与発展』第 2 期.
徐暁天など 2000,『新中国与蘇聯的高層往来』上下, 吉林人民出版社.
『聶栄臻回顧録』1984, 上下, 解放軍出版社.
蕭勁光 1989,『蕭勁光回憶録』続, 解放軍出版社.
蕭功秦 2004,「中国当代民族主義"憤青"調査 愛国還是誤国?」『国際先駆導報』11 月 9 日.
蕭佳霊 2008,「当代中国外交研究"中国化"──問題与思考」『国際観察』第 2 期.
蕭冬連 2004,「1978-1984 年中国経済体制改革思路的演進」『当代中国史研究』第 5 期.
蕭冬連 2007,「中国対外開放的決策過程」『中共党史研究』第 2 期.
蕭方 2013,「俄羅斯"駆逐華商事件"調査」鳳凰週刊編『中国利益──中国与利益相関国家的風雲故事』中国発展出版社.
蔣立峰 1995,「由"不戦決議"談日本対侵略戦争的認識問題」『日本学刊』第 5 期.
鍾之成 2006,『為了世界更美好, 江沢民出訪紀実』世界知識出版社.
任丙強 2005,「網上的"憤青"」『民主与科学』第 59 期, 1 月.
秦亜青 2005,「国際関係理論的核心問題与中国学派的生成」『中国社会科学』第 3 期.
秦亜青 2006,「国際関係理論中国学派生成的可能和必然」『世界経済与政治』第 3 期.
秦亜青 2008,「中国国際関係理論研究的進歩与問題」『世界経済与政治』第 11 期.
鄒錫明 1998,『中共中央機構沿革実録 1921.7-1997.9』中国檔案出版社.
青石 1997,「1950 年解放台湾計画搁浅的幕後」『百年潮』1 月号.
薛謀洪・裴堅章主編 1987,『当代中国外交』中国社会科学出版社.
薛力 2015,「一帯一路迫中国外交決策改革」FT 中文網, 3 月 9 日.
薛力 2017,「中国外交面臨的隠憂与風険」FT 中文網, 1 月 19 日.
銭其琛 1996,「深入学習鄧小平外交思想, 進一歩作好新時期的外交工作」王泰平編『鄧小平外交思想研究論文集』世界知識出版社.
銭其琛 2003,『外交十記』世界知識出版社.
銭俊瑞 1983,「第三世界与国際経済新秩序」『世界経済』第 10 期.
蘇格 2000,「中国外交的"伙伴関係"框架」『中国外交』第 6 期.

蘇樹龍 2009,「朝鮮問題需要新思惟新政策」『中国与世界観察』第 2 期.
曹普 2001,「谷牧与 1978-1988 年的中国対外開放」『百年潮』第 11 期.
叢日雲 2012,「当代中国激進民族主義興起的原因」『領導者』第 10 号.
叢日雲 2017,「中国愛国主義教育的最大欠陥是什麼？」Blog sona.com.cn（アクセス 2017 年 12 月 25 日）
孫茹 2013,「奥巴馬政府対朝"戦略忍耐"与朝核問題」『現代国際関係』第 1 期.
戴超武 2001,「中国核武器的発展与中蘇関係的破裂 1954-1962」1, 2『当代中国史研究』第 3, 5 期.
戴秉国 2010,「堅持和平発展道路」中国外交部 HP 12 月 6 日.
戴秉国 2016,『戦略対話──戴秉国回憶録』人民出版社.
中共中央文献研究室編 1992a,『建国以来毛沢東文稿』第 6 冊, 中央文献出版社.
中共中央文献研究室編 1992b,『建国以来毛沢東文稿』第 7 冊, 中央文献出版社.
中共中央文献研究室編 1997a,『周恩来年譜』上中下, 中央文献出版社.
中共中央文献研究室編 1997b,『周恩来年譜 1949-1976』下, 中央文献出版社.
中共中央文献研究室編 1998,『周恩来伝』上中下, 中央文献出版社.
中共中央文献研究室編（鄧小平）2004,『鄧小平年譜 1975-1997』上下, 中央文献出版社.
中共中央文献編輯委員会編（鄧小平）1993,『鄧小平文選』第 3 巻, 人民出版社.
中共中央文献編輯委員会編（鄧小平）1975-1982,『鄧小平文選』人民出版社.
中共中央文献研究室（毛沢東）1989,『建国以来毛沢東文稿』第 3 冊, 中央文献出版社.
中共中央文献研究室・中央档案館編 2008,『建国以来周恩来文稿』第 1-3 冊, 中央文献出版社.
中国外交部外交史研究室編 1993,『周恩来外交活動大事記』世界知識出版社.
中国外交部・中共中央文献研究室編 1994,『毛沢東外交文選』中央文献出版社.
中国外交部・中共中央文献研究室編 1990,『周恩来外交文選』中央文献出版社.
中美印象 2018,「美国対華接触終結？」中評社 3 月 11 日.
張希 1993,「中国人民志願軍入鮮前夕突然暫停的経過」『党史研究資料』第 1 期.
張驥 2013,「中国外交決策的基本過程」共識ネット 3 月 18 日.
長弓 2009,『中国不折騰』九州出版社.
張睿壮 2003,「従"対日新思惟"看中国的国民性和外交哲学」『世界経済与政治』第 12 期.
張光 1996,『日本対外援助政策研究』南開大学日本研究中心編, 天津人民出版社.
趙光鋭 1996,「日本正在"回帰"亜州」『日本学刊』第 1 期.
張香山 1997,「通往中日邦交正常化之路」『日本学刊』第 5 期.
張小明 1997,「冷戦時期新中国的四次対外戦略決択」『当代中国史研究』第 5 期.
張清敏 2001,「対衆多不同国家的一個相同政策──浅析対発展中国家的政策」『当代中国史研究』第 1 期.
張沱生 2013,「朝鮮問題与中国的政策」『国際安全研究』第 5 期.
張文木 2009,『中国海権』海軍出版社.
張文木 2015,「西太平洋矛盾分析与中国的選択」『当代世界与社会主義』第 1 期.

趙華勝 2008,『中国的中亜外交』時事出版社.
趙学功 2008,「卡特政府的対華政策与中美関係正常化」『中国外交』第2号.
趙曉春 2006,「浅析有関 "韜光養晦" 戦略的争論」『国際関係学院学報』第5期.
趙穂生 2018,「美対華政策演変及中国関係前瞻」愛思想ネット1月11日.
沈志華 2000,「抗美援朝戦争中的蘇聯空軍」『中共党史研究』第2期.
沈志華 2008, (雷夫インタビュー)「中蘇関係史——誤読与真相」『中国外交』第6期.
沈志華 2009,「従西柏坡到莫斯科——毛沢東宣布向蘇聯 "一辺倒" ——関于中蘇同盟建立之背景和基礎的討論(之二)」『中共党史研究』第4期.
沈志華 2013,『毛沢東,斯大林与朝鮮戦争』広東人民出版社.
沈志華・李丹慧 2000,「中美和解与中国対越外交(1971-1973)」『美国研究』第1期.
沈丁立 2017,「中美印象——朝鮮核試験将帯来和平」中美印象サイト9月10日.
陳一諮 1990,『中国10年改革与89民運』聯経出版実業公司(台北).
陳大白 2000,「民族主義的中国道路——評王小東対中国民族主義的言説」『戦略与管理』第3期.
陳東林・荊茹玉 2008,「三中全会前後中央設立経済特区決策的形成」『北京党史』第3期.
陳玲 2015,「中国高層領導小組運作機制及其演変」共識ネット9月15日.
鄭啓栄編 2008,『改革開放以来的中国外交1978-2008』世界知識出版社.
鄭永年 2017,「我対中国的智庫很悲観」中国選挙与治理ネット1月30日.
鄭必堅 2004,「中国和平崛起新道路和亜州的未来」南方ネット4月5日(Zheng Bijian, "China's 'Peaceful Rise' to Great-Power Status", *Foreign Affairs*, Sept./Oct., 2005).
丁咚 2016a,「中国的民族主義与国際衝突」中国選挙与治理ネット5月11日.
丁咚 2016b,「中国是否在東亜做老大?」新浪微博ネット8月11日.
鄧聿文 2013,「如何打破利益集団対改革的阻碍」中国改革ネット4月15日.
鄧聿文 2017,「対中国外交的9個反思」中国選挙与治理ネット7月5日(FT中文網7月3日).
鄧小平 1979,「鄧小平在中越辺境作戦情況報告会上的講話」3月16日(中国選挙与治理・鉄血網2015年2月22日).
鄧礼峰 2002,「援越抗美述略」『当代中国史研究』1月号.
陶文釗 2016,「美国対華政策大弁論」『現代国際関係』第1号.
桐声 2004,「当代日本政治中的民族保守主義」『日本学刊』第3期.
馬立誠 2002,「対日関係新思惟——中日民間之憂」『戦略与管理』第6期.
馬立誠 2013,「仇恨没有未来」『経済観察報』2月5日.
裴堅章主編 1989,『研究周恩来 外交思想与実践』世界知識出版社.
裴黙農 2002,『周恩来与新中国外交』中共中央党校出版社.
梅然 2000,「該不該有国際政治理論的中国学派? 兼評美国的国際政治理論」『国際政治研究』第1期.
樊吉社 2014「朝鮮問題与中米戦略共識」『美国研究』第2期.

傅高義(エズラ・ヴォーゲル)2018,「中美関係――回顧与展望」香港『21世紀』4月号,総166期.
馮昭奎2000,「関于中日関係的戦略思考」『世界経済与政治』第11期.
馮特君・宋新寧1992,『国際政治概論』中国人民出版社.
方海1976,「批判洋奴哲学」『紅旗』第4期.
鳳凰周刊編2013,『中国利益 中国与利益相関国家的風雲故事』中国発展出版社.
龐中英1998,「半個世紀的中国外交」『国際経済評論』第5・6期.
龐中英2004a,「探索中国与亜洲関係的新模式」新加波『聯合早報』1月2日.
龐中英2004b,『中国与亜洲――観察・研究・評論』上海社会科学院出版社.
龐中英2005,「論中日関係中的美国因素」『国際経済評論』第5・6期.
ボルコゴーノフ1993,「対此応該惧怕嗎?」『党史研究資料』1995年12月(原載イスクラ(ロシア語)1993年第26期).
門洪華2013,『中国外交大布局』浙江人民出版社.
門洪華・鍾飛騰2009,「中国海外利益研究的歴程,現状与前瞻」『外交評論』第5期.
兪可平1999,「研究全球化的中国的視角」『戦略与管理』第3期.
兪新天2003,「中国応転変対発展中国家的戦略」『戦略与管理』第3期.
熊向暉1992,「打開中美関係的前奏」『中共党史資料』第42期.
熊向暉2007,『我的情報与外交生涯 増訂新版』中共党史出版社.
楊奎松1999,『毛沢東与莫斯科的恩恩怨怨』江西人民出版社.
楊奎松2001,「新中国従援越抗法到争取印度支那和平的政策演変」『中国社会科学』第1期.
葉自成2000,「中国実行大国外交戦略勢在必行――関于中国外交戦略的幾点思考」『世界経済与政治』第1期.
葉自成2002,「関于韜光養晦和有所作為――再談中国和大国外交心態」『太平洋学報』第1期.
葉自成2004,「中国外交需超越韜光養晦」『国際先駆導報』1月1日.
楊成2007,「制度累積与中俄関係的中長期前景」『中国外交』第12期.
楊帆2009,「利益手段与社会主義民主法治」『雲南財経大学学報』第3期.
楊帆ほか2010,『利益集団』鄭州大学出版社.
姚洋2010,「中国応該放棄韜光養晦培育大国心態」『中国与世界観察』(清華大学)第1期.
楽山編2004,『潜流 対狭隘民族主義的批判与反思』華東師範大学出版社.
羅冰1994,「中共軍方攻外交部」『争鳴』7月号.
羅冰1995a,「中共調整美台戦略」『争鳴』6月号.
羅冰1995b,「半百将軍向江沢民施圧」『争鳴』8月号.
羅平漢2000,『中国対日政策与中日邦交正常化』時事出版社.
李覚・雷栄天・李毅・李鷹翔主編,1987,『当代中国的核工業』中国社会科学出版社.
李閣南1994,「日本従脱亜到帰亜」『日本学刊』第3期.
李欣2012,「中国外交3級決策框架――利益集団的視角」『湖北大学学報(社会科学版)』

第 6 期.
李靖宇ほか 1997,「中俄両国新型関係発展的主題是戦略協作」『世界経済与政治』第 7 期.
李正華 2007,『中国改革開放的醞醸与起歩』方志出版社.
李正堂 1999,『中国人関注的話題:戦争索賠』新華出版社.
李沢厚 1987,「啓蒙与救亡的双重変奏」『中国現代思想史論』.
李丹慧 2000,「中蘇在援越抗美問題上的衝突与矛盾(1965-72)」上下『当代中国史研究』第 4・5 期.
李丹慧主編 2000,『中国与印度支那戦争』天地図書,香港.
李文 2014,「国安委設立——従富到強歴史性転変的重要標志」1 月 28 日愛思想ネット.
李宝俊・徐正源 2006,「冷戦後中国負責任大国身份的建構」『教学与研究』第 1 期.
劉亜洲 2016,「這次軍委軍改会議告訴我們什麼?」中国選挙与治理ネット 2 月 28 日.
劉建平 2011,「20 世紀 90 年代以来中国国際政治思潮的後植民地状況分析」『開放時代』第 3 期.
劉健平 2010,『戦後中日関係—"不正常"歴史的過程与結構』社会科学文献出版社.
劉建平 2014,「東亜的"脱戦後"与中日交流的転型」『日本学刊』第 3 期.
劉国新 2004,「新中国抗美援朝研究若干問題弁析」『江西社会科学』第 10 期.
劉国柱 2018,「美国国家安全戦略的連続性与多変性」愛思想ネット 5 月 7 日.
凌青 2005,「連合国改革与日本加入常任理事国」『日本学刊』第 3 期.
劉暁 1986,『出使蘇聯 8 年』中共党史出版社.
劉仲藜 2009,(口述)「1994 年財税制体制改革回顧」『百年潮』第 4 期.
梁雲祥 2016「中国対朝鮮"戦略緩衝区"的矛盾与困境」『鳳凰国際智庫網』6 月 18 日.
林暁光 2003,『日本政府開発援助与中日関係』世界知識出版社.
林暁光 2013,「中日邦交正常化 40 年的思考」共識ネット 4 月 30 日.
林治波 2005,「当代中国需要民族主義——兼論中日関係」『中国与世界観察』(清華大学)第 1 期.
林代昭 1992,『戦後中日関係史』北京大学出版会.
列多夫斯基(A. M. Ledovskii)2001,『斯大林与中国』新華出版社.
「毛沢東接見越南党政代表団談話記録」1963 年 6 月 4 日,Wilson Center, *Bulletin*, No. 16, 2007/2008.
「B 同志関于越中関係的報告」(関于黎笋談越中関係的報告)2005,華東師範大学冷戦中国網 6 月 28 日(英文版 Wilson Center, *Bulletin*, No. 12/13, 2001).

V 英語文献リスト(著者,アルファベット順)

Accinelli, Robert 2007, "In Pursuit of a Modus Vivendi: The Taiwan Issue and Sino-American Rapprochement, 1969-1972", in W. C. Kirby et al. eds., *Normalization of U.S.-China Relations*, Harvard University Press.

Acharya, Amitav 2014, "Global International Relations and Regional Worlds—A New Agenda for International Studies, *International Studies Quarterly*, Vol. 58, No. 4.

Acharya, Amitav and Barry Busan eds., 2010, *Non-Western International Relations Theory—Perspectives on and beyond Asia*, Routledge.

Barnet, A. Doak 1985, *The Making of Foreign Policy in China, Structure and Process*, Westview Press(『現代中国の外交』(伊豆見元・田中明彦訳)教育社, 1986 年).

Bi, J. 2002, "The Role of the Military in the PRC Taiwan Policymaking: A Case Study of the Taiwan Strait Crisis on 1995-1996," *Journal of Contemporary China*, Vol. 11 No. 32.

Brzezinski, Zbigniew K. 1976, *The Soviet Bloc—Unity and Conflict*, Revised and Enlarged Edition, Harvard University Press.

Brzezinski, Zbigniew K. 1978, DDRS, Memorandom Conversation-Meeting with Vice Premier Teng Hsiao P'ing, May 25, 1978, Declassified Documents Reference System (DDRS).

Campbell, Kurt M. and Ely Ratner 2018, "The China Reckoning: How Beijing Defied American Expectations," *Foreign Affairs*, Vol. 97, No. 2, Mar.-Apr.

Chen, Jian 2001, *Mao's China and the Cold War*, University of North Carolina Press.

Chen, Y. L. 2011, "New Interest group in Chinese Foreign Policy," in U. S.-China Economic and Security Review Commission ed. *China's Foreign Policy—Challenges and Players—Public Hearings*, Washington, D. C.

Cheng, Joseph Y. S. and Zhang Wankun 2002, "Patterns and Dynamics of China's International Strategic Behaviour," *Journal of Contemporary China*, Vol. 11 No. 31.

Christensen, Thomas J. 2006, "Windows and War—Trend Analysis and Beijing's Use of Force," in Alastair Iain Johnston and Robert S. Ross eds., *New Directions in the Study of China's Foreign Policy*, Stanford University Press.

Doyle, Michael 1986, *Empires*, Cornell University Press.

Duchatel M., O. Brauner and Zhou Hang 2014, *Protecting China's Overseas Interests— The Slow Shift away from Non-Interference*, SIPRI, Policy Paper, No. 41, Jun.

Feeney, William R. 1994, "China and the Multilateral Economic Institutions," in S. S. Kim ed., *China and the World*, 3rd ed., Westview Press.

Food, Rosemary 2007, "Prizes Won. Opportunities Lost; The U.S. Normalization of Relations with China, 1972-1979," in W. C. Kirby et al. eds., *Normalization of U.S.-China Relations*, Harvard University. Press.

Friedberg, A. et al. 2018, Foreign Affairs, Vol. 97, No. 4, Jul./Aug. 2018.

Friedberg, A. 2015, "The Debate over US China Strategy. "The Signs Were There,'" *Survival*, Vol. 57, No. 3, Jun-Jul.

Goncharenko, Sergei 1998, "Sino-Soviet Military Cooperation," in Westad ed. 1998.

Green, Marshall, John H. Holdridge, and William N. Stokes 1994, *War and Peace with*

China: First-hand Experiences in the Foreign Service of the United States, Diplomatic and Consular Officers, Retired, DACOR Press.

Harding, Harry 1984, "China's Changing Roles in the Contemporary World, in H. Harding ed., *China's Foreign Relations in the 1980s*, Yale University Press.

Harding, Harry 1992, *A Fragile Relationship—The United States and China since 1972*, Brookings Institution.

Harding, Harry 2015, "Has U.S. China Policy Failed?," *The Washington Quarterly*, Vol. 38, No. 3, fall.

Hachigian, Nina ed. 2014, *Debating China—The U.S.-China Relationship in Ten Conversations*, Oxford University Press.

Holdridge, John H. 1997, *Crossing the Divide—An Insider's Account of the Normalization of U.S.-China Relations*, Rowman and Littlefield Publishers.

Holsti, Ole R. 1989, "Model of International and Foreign Policy," *Diplomatic History*, Vol. 13, No. 1, Jan.

Hu, Weixing 2016, "Xi Jinping's Big Power Diplomacy and China's Central National Security Commission-CNSC," *Journal of Contemporary China*, Vol. 25, No. 98.

Jacobson, Harold and Michel Oksenberg 1990, *China's Participation in the IMF, the World Bank, and GATT—Toward a Global Economic Order*, University of Michigan.

Jin, Xu and Sun Xuefeng 2016, "The Tsinghua Approach and the Future Direction of Chinese International Relations Research," in Zhang and Chang eds. 2016.

Khrushchev, Nikita 1974, *Khrushchev Remembers: The Last Testament*, Little, Brown and Company, 1974(佐藤亮一訳『フルシチョフ最後の遺言』上、河出書房新社、1975年).

Kim, S. S. ed. 1994, *China and the World*, 3rd ed., Westview Press.

Kim, S. S. 1994, "China's International Organizational Behaviour," in Robinson and Shambaugh eds., 1994.

Kirby, William C., Robert S. Ross, Gong Li eds. 2005, *Normalization of U.S.-China Relations*, Harvard University Press.

Kissinger, Henry 1980, *White House Years*, Phoenix Press Paperback, 1979

1970年から72年の部分(『キッシンジャー秘録3 北京へ飛ぶ』(桃井眞監修)小学館、1980年、『キッシンジャー秘録4 モスクワへの道』同).

Kokubun, Ryosei and Wang Jisi 2004, *The Rise of China and a Changing East Asian Order*, Japan Center for International Exchange.

Kuo, Mercy 2001, *Contending with Contradictions: China's Policy toward Soviet Eastern Europe and the Origins of the Sino-Soviet Split, 1953–1960*, Lexington Books.

Lampton, David 2007, "The Faces of Chinese Power," *Foreign Affairs*, Vol. 76, No. 1, Jan./Feb.

Lewis, John Wilson and Xue Litai 1988, *China Builds the Bomb*, Stanford University

Press.

Li, Mingjiang 2016, "Central-Local Interactions in Foreign Affairs," in Joan S. Donaldson ed., *Assessing the Balance of Power in Central—Local Relations in China*, Routledge.

Lieberthal, Kenneth and Michel Oksenberg 1988, *Policy Making in China Leaders, Structures, and Processes*, Princeton University Press.

Lieberthal, Kenneth 2014 and Wang Jisi 2014, "An Overview of the U.S-China Relationship", in Nina Hachigian ed., *Debating China: The U.S.-China Relationship in Ten Conversations*, Oxford University Press.

Lu Ning 1997, *The Dynamics of Foreign-policy Decisionmaking in China*, Westview Press.

Matthews, Eugene A. 2003, "Japan's New Nationalism," *Foreign Affairs*, Vol. 82, No. 6, Nov./Dec.

McGreger, Richard 2008, "Chinese Diplomacy 'hijacked' by Companies," *Financial Times*, 16 Mar.

Miller, Alice 2006, "The CCP Central Committee's Leading Small Group," *China Leadership Monitor*, No. 26.

Nathan, Andrew 1990, *China's Crisis*, Columbia University Press.

Nathan, Andrew J. and Robert S. Ross 1997, *The Great Wall and the Empty Fortress—China's Search for Security*, W. W. Norton and Company.

Nixon, Richard M. 1978, *Nixon's Memoirs*, Warner Books, 1978
1970年から72年の部分(松尾文夫・斎田一路訳『ニクソン回顧録1 栄光の日々』小学館, 1978年).

Noesseldt, Nele 2015, "Revisiting the Debate on Constructing a Theory of International Relations with Chinese Characteristics," *The China Quarterly*, No. 222, Jun.

Memorandum on China for the President-Policy Review Memorandum PRM 24-part 1 (1977年6月初, ブレジンスキー, オクセンバーグ, ホルブルックなどの対中政策文書).

Oksenberg, M. 1982, "A Decade of Sino American Relations," *Foreign Affairs*, Vol. 61, No. 1, Fall.

Oksenberg, M. 1990, "The Process of Engagement with IMF and IBRD," Jacobson and Oksenberg, 1990.

Pleshakov, Constantine 1998, "Nikita Khrushchev and Sino-Soviet Relations," in Westad ed. 1998.

Qiang Zhai 2000, *China and the Vietnam Wars, 1950–1975*, University of North Carolina Press.

Saunder, Phillip C. and A. Scobell 2015, *PLA Influence on China's National Security Policymaking*, Stanford University Press.

Scobell, Andrew 2003, *China's Use of Military Force: Beyond the Great Wall and the*

Long March, Cambridge University Press.
Sutter, Robert 2006, *United States-China Relations*, Scarecrow Press.
Swaine, Michael D. 2001, "Chinese Decision-Making Regarding Taiwan, 1979-2000," in Lampton ed. 2001.
Swaine, Michael D. 2011, "China's Assertive Behavior Part 1", "Core Interest", *China Leadership Monitor*, Hoover Institution, Stanford University Press, No. 34.
Tyler, Patric 1999a, "(Ab)normalization of US-China Relations," *Foreign Affairs*, Vol. 78, No. 5 Sep./Oct.
Tyler, Patric 1999b, *The Great Wall: Six Presidents and China—An Investigative History*, A Century Foundation Book, Public Affairs.
Vogel, Ezra F., Yuan Ming and Tanaka Akihiko eds. 2003, *The Golden Age of the US-China-Japan Triangle, 1972-1989*, Harvard University Press.
US-China Economic Security Review Commission 2011, *China's Foreign Policy: Challenges and Players, April 13*, Commission Ed., Washington.
Wang Jiangli and Barry Buzan 2016, "The English and Chinese Schools of International Relations, Comparisons and Lessons," in Zhang and Chang eds. 2016.
Wang Jisi 2018, "Did America Get China Wrong?—The Engagement Debate The View From China," *Foreign Affairs*, Vol. 97, No. 4, Jul./Aug.
Wolff, David 2000, *New Russian and Chinese Evidence on the Sino-Soviet Alliance and Split, 1948-1959*, CWIHP, *Working Paper*, No. 30, Aug.
Wuthnow, Joel 2017, "China's New 'Black Box': Problems and Prospects for the Central National Security Commission," *The China Quarterly*, No. 232, Dec.
Yan Xuetong 2011, "How Assertive Should a Great Power", *The New York Times*, Mar 31.
Yoshida, Shigeru 1951, "Japan and the Crisis in Asia," *Foreign Affairs*, Vol. 29, No. 2, Jan.
Zhang Shu Guang 2001, *Economic Cold War—America's Embargo against China and the Sino-Soviet Alliance, 1949-1963*, Woodrow Wilson Center Press.
Zhang Xiaoming 2005, "China's 1979 War with Vietnam: A Reassessment," *The China Quarterly*, No. 184, Dec.
Zhang, Yongjin and Hun Joon Kim 2016, "Conclusion, The Chinese School of IR as an Intellectual Project—A Critical Assessment,", in Zhang and Chang eds. 2016.
Zhao, Suisheng 1998, "A State-Led Nationalism: The Patriotic Education Campaign in Post-Tiananmen China", *Communist and Post-Communist Studies*, Vol. 31, No. 3.
Zoellick, Robert B. 2006, (Hearing of Zoellick) "U.S.-China Relations," Committee on International Relations, U. S. House of Representatives, May 10.
Zubok, Vladislav and Constantine Pleshakov 1997, *Inside the Kremlin's Cold War—From Stalin to Khrushchev*, Harvard University Press.

現代中国政治・外交略年表(1949-2018年)

年月日	事項
1949年10月 1日	中華人民共和国成立
10月 3日	ソ連,中国を承認
12月 7日	国府,台北に遷都を決定
1950年 1月 5日	トルーマン大統領,台湾不介入を声明
2月14日	中ソ友好同盟相互援助条約調印(モスクワ)
3月27日	中ソ両国,新疆の石油・有色金属開発の合弁会社の協定調印
4月 1日	中国,インドと外交関係樹立
6月	中共7期3中全会,土地改革推進,財政経済の統一決定
6月25日	朝鮮戦争勃発(53年7月まで)
9月15日	国連軍仁川上陸,反撃開始
10月	反革命鎮圧運動始まる
10月19日	中国人民志願軍,朝鮮戦争に参戦
11月30日	トルーマン,朝鮮戦争での原爆使用につき言及
1951年 2月 1日	国連総会,中国を侵略者とする決議採択
4月11日	マッカーサー,朝鮮戦争戦略でトルーマンと対立,解任
5月18日	国連総会,中国・北朝鮮への戦略物資禁輸決議採択
5月23日	「チベットの平和解放協約」調印
9月4-8日	サンフランシスコ講和会議,平和条約・日米安保条約締結
12月 1日	「三反運動」始まる
1952年 1月	「五反運動」始まる
4月28日	日本,台湾と日華平和条約締結
1953年 3月	全人代・地方人代選挙法公布,第1回の選挙始まる
3月 5日	スターリン死去,後継マレンコフ
6月15日	毛沢東,社会主義への即時移行を提起
7月27日	朝鮮休戦協定に署名(国連軍・北朝鮮軍・中国志願軍)
1954年 2月	中共7期4中全会,過渡期の総路線決議
4-7月	ジュネーブ会議(朝鮮問題,インドシナ問題)
6月19日	省・直轄市・自治区制度の発足
6月28日	中国・インド,平和共存五原則をうたった共同声明
9月14日	米政府,金門防衛の台湾軍に全面的補給支援を指示
9月15日	全人代1期1回会議,憲法など採択,社会主義中国スタート
9月29日	フルシチョフ訪中,共同宣言,新疆協定を廃止,対日正常化提案
12月 2日	国府と米国,米華相互防衛条約調印
1954年9月—55年2月	第一次台湾海峡危機
1955年 3月	中共全国代表会議,1次五カ年計画採択,高崗・饒漱石(じょうそうせき)を除名
4月	バンドン会議,平和共存十原則採択
7月31日	毛沢東,急進的農業集団化を提起,10月の中共7期6中全会で農業集団化決議
8月 1日	第1回米中大使級会談(ジュネーブ)
1956年 2月	ソ共20回党大会,スターリン批判
4月25日	毛沢東,「十大関係論」講話

現代中国政治・外交略年表　291

年月日	事項
5月2日	毛沢東，百家争鳴・百花斉放を提起
9月	中共8回党大会，劉少奇が政治報告
6-10月	東欧で反ソ連・反社会主義暴動
12月18日	国連総会，日本の加盟を承認
1957年 6月8日	『人民日報』(毛沢東)社説で反右派闘争始まる
9月	中共8期3中全会，反右派・整風を指示
10月15日	中ソ国防新技術協定(原爆サンプルと技術の提供)調印
11月17日	毛沢東，モスクワ会議で「東風は西風を圧す」演説
1958年 5月2日	長崎国旗事件
5月5日	中共8回党大会2回会議．大躍進，社会主義建設の総路線など提起
7月31日	フルシチョフら訪中．共同艦隊などを提案，中国は拒否
8月	中共中央政治局会議(北戴河)，人民公社組織・鉄鋼増産運動を決定
9月4日	ダレス国務長官，台湾海峡問題で必要あれば米軍が出動と警告(第二次台湾海峡危機)
9月7日	フルシチョフ，中国への攻撃はソ連への攻撃とみなすと，と米国に警告
10月23日	ダレス・蔣介石共同声明で大陸反攻を否定
1959年 3月10日	チベット反乱，31日ダライ・ラマ，インドへ亡命
6月20日	ソ連，対中国防新技術協定実施を中止
8月	中共8期8中全会，「彭徳懐反党グループ」決議
9月17日	彭が国防相罷免，林彪後継
9月25日	アイゼンハワー，フルシチョフ両首脳，キャンプデービッド会談
1960年 1月19日	日米新安全保障条約調印(ワシントン)
4月16日	『紅旗』「レーニン主義万歳」でソ連批判
11月3日	「農業12条」で自留地・副業を許容
1961年 1月	中共8期9中全会，経済調整政策を策定
5月	劉少奇，「三自一包」政策提起
7月10日	金日成訪中
11日	中朝友好協力相互援助条約調印
9月	第1回非同盟諸国首脳会議(ベオグラード)
1962年 1-2月	中共中央拡大工作会議(7千人大会)で毛沢東・劉少奇ら大躍進について自己批判
4月16日	新疆イリ地区で，住民6万人がソ連領に逃亡事件発生
9月	中共8期10中全会，毛沢東，社会主義での継続革命を提起
10月22日	ケネディ大統領，ソ連のミサイル基地建設に抗議してキューバを海上封鎖(キューバ危機)
1963年 6月	ソ連批判の9評論文開始，中ソ論争が全面化
7月5日	鄧小平を団長とする代表団，モスクワでソ連共産党と最後の意見交換，決裂
7月25日	米英ソ3国，部分的核実験停止条約PTBTに仮調印
9月	「農村での社会主義教育運動」スタート
1964年 1月27日	中仏外交関係樹立
4月18日	廖承志・松村謙三とのLT貿易連絡事務所設置で合意
8月2日	トンキン湾事件

年月日	事項
10月15日	フルシチョフの解任発表,後任コスイギン
10月16日	中国,第1回原爆実験
1965年 1月 7日	インドネシア,国連脱退を通告,1月28日,中国・インドネシア共同声明
2月 7日	米軍,北爆開始
4月12日	中共中央「戦争準備工作強化の指示」
6月22日	日韓基本条約・協定・議定書など調印
9月30日	インドネシア,ウントン大佐の9.30事件
11月10日	姚文元,「海瑞免官を評す」発表
1966年 5月	中共中央政治局会議,彭真・羅瑞卿など罷免
5月16日	「5.16通達」で文化大革命スタート
8月	中共8期11中全会,文革16条を決定
1967年 1月	張春橋・王洪文ら,上海で奪権
1月23日	中共中央など,解放軍の文革介入を指示
6月 5日	第三次中東戦争勃発
8月	ASEAN結成,共同宣言発表
11月15日	佐藤・ジョンソン共同声明,沖縄返還に合意
1968年 7月27日	労働者毛沢東思想宣伝隊が紅衛兵を鎮圧
8月20日	ソ連軍などプラハ侵入(チェコ事件)
10月	中共8期12中全会,劉少奇を解任・除名
11月12日	ブレジネフ,ポーランド党大会で制限主権論を提唱
1969年 3月 2日	珍宝島で中ソが軍事衝突(15日も)
4月	中共9回党大会,林彪が「唯一の後継者」に
8月13日	中ソ両軍,新疆の裕民県で衝突
9月 3日	ホー・チミン北ベトナム大統領死去
1970年 4月 5日	周恩来,北朝鮮訪問,復活した日本軍国主義との闘争を約束
8月	中共9期2中全会,国家主席をめぐって紛糾
12月	文革で壊れた各地の党組織が復旧開始
12月18日	毛沢東,ニクソンの訪中を歓迎すると表明
1971年 3月22日	林彪グループ,「571工程紀要」作成
7月	キッシンジャー補佐官,極秘訪中
9月13日	林彪,モンゴル上空で墜死(林彪事件)
10月25日	中国,国連代表権取得,台湾追放
12月30日	中国外交部,尖閣諸島は中国固有の領土と声明
1972年 2月	ニクソン米大統領訪中,上海コミュニケ発表
3月13日	中英大使級会談で外交関係樹立,共同声明
7月29日	周恩来が竹入公明党委員長に日中共同声明中国側案を通知
9月	田中首相訪中,日中国交正常化
12月26日	交流協会(日本)と亜東関係協会(台湾)の在外事務所設置で日台が合意
1973年 3月	鄧小平,副総理に復帰
5月	中国,米国の連絡事務所開設(ブルース,黄鎮)
8月	中共10回党大会,林彪・陳伯達などを除名
10月 6日	第四次中東戦争始まる

年月日	事項
1974年 1月 1日	『人民日報』など批林批孔運動呼びかけ
1月19-20日	中国軍、南シナ海で南ベトナム軍と交戦
4月 9日	鄧小平、国連で「三つの世界論」提起
8月 8日	ニクソン大統領辞任、後任はフォード
11月10日	「李一哲の大字報」民主と法制を主張
1975年 1月	中共10期2中全会、鄧小平を党副主席に
1月	全人代4期1回会議「四つの近代化」提起
5月 8日	中国、ECと正式関係を樹立
8月	毛沢東、水滸伝批判に借り周・鄧批判を示唆
1976年 2月23日	第1回ASEAN首脳会議、東南アジア友好協力条約調印
4月	1月に死去した周恩来を追悼するデモ(四五運動)
4月	華国鋒第一副主席・総理へ、鄧小平解任
7月	南北ベトナム統一
9月 9日	毛沢東死去
10月	江青ら「四人組」逮捕、華国鋒が主席就任
1977年 1月	チェコで自由化求める「憲章77」発表
7月	中共10期3中全会、鄧小平の復帰、「四人組」罷免、除名を決定
11月	安徽省の農村で農業の生産請負制を導入
1978年 2月	全人代5期1回会議、経済「洋躍進」採択
5月11日	「真理基準論争」始まる
8月12日	日中平和友好条約調印
10月22-29日	鄧小平訪日、条約批准のため
11-12月	中共中央工作会議、思想解放・近代化政策への転換決定
12月	中共11期3中全会、「四つの近代化」決定
1979年 1月 1日	全人代常務委、「台湾同胞に告げる書」発表
1月 1日	中米国交樹立
1月17日	非合法の中国人権同盟が「中国人権宣言19条」発表
2月17日	中越戦争(3月16日まで)
3月29日	民主化を主張した魏京生、逮捕
3月30日	鄧小平、「四つの基本原則」強調
4月26日	在台米軍の撤退完了
6月	全人代5期2回会議、選挙法、刑法採択
10月17日	中ソ関係改善交渉開始(モスクワ)
12月 5日	大平首相訪中、7日援助3原則
12月24日	ソ連軍、アフガニスタンに侵攻
1980年 2月	中共11期5中全会、胡耀邦総書記就任
4月10日	中ソ同盟条約、30年期限がきて失効
5月16日	中共中央・国務院、深圳などに経済特区設置を決定
8月18日	政治局会議で鄧小平、指導制度改革提起
8月30日	華国鋒に代わって趙紫陽が総理就任
9月14日	各省党委書記会議、農業請負制を容認
12月	中共中央工作会議が経済調整決定、プラント契約解除へ

年月日	事項
1981 年 1 月	特別法廷で林彪「四人組」主犯 10 人に判決
6 月	中共 11 期 6 中全会，文革全面否定の決議，華国鋒主席を解任，胡耀邦後継
9 月 30 日	葉剣英，台湾統一の九項目提案
1982 年 3 月 24 日	ブレジネフ，対中関係改善を提案（タシケント）
7 月 26 日	中国外交部，日本の教科書問題で検定の誤りを正すよう要求
8 月 17 日	米中両国，台湾向け武器売却をめぐって共同コミュニケ
9 月	中共 12 回党大会．四倍増計画，独立自主外交を決定．中央顧問委員会設置
11-12 月	全人代 5 期 5 回会議．憲法大幅改正，人代組織法改正
1983 年 10 月	「精神汚染一掃」キャンペーン始まる
1984 年 1 月	中共中央 1 号文書，土地請負 15 年以上に
3 月 23 日	中曽根首相訪中，日中友好 21 世紀委員会が発足
10 月	中共 12 期 3 中全会．「経済体制改革についての決定」採択
12 月	サッチャー首相訪中，香港返還の中英声明に調印（97 年 6 月 30 日返還）
1985 年 5-6 月	党中央軍事委員会拡大会議，兵員 100 万人削減と軍区の統合決定
1986 年 4-7 月	社会科学院・中央党校などで政治体制改革座談会
7 月 11 日	中国，GATT 加盟を申請
7 月 28 日	ゴルバチョフ，対中関係改善を提起
9 月 28 日	台湾で民主進歩党結成
12 月	合肥・上海・北京などで学生民主化デモ
1987 年 1 月 16 日	政治局会議で胡耀邦総書記辞任，代行に趙紫陽
4 月 13 日	中国・ポルトガル，マカオ返還の共同声明（99 年 12 月 20 日返還）
9 月 21 日	ダライ・ラマ，米国下院で五項目の和平提案
9 月 27 日	チベット・ラサで独立要求デモ（89 年 3 月まで）
10-11 月	中共 13 回党大会．趙紫陽，政治体制改革案と社会主義初級段階論を提起
1988 年 1 月 13 日	蒋経国台湾総統死去，李登輝が後継
1 月 22 日	趙紫陽，沿海開発戦略を提起
3-4 月	全人代 7 期 1 回会議で憲法改正，土地使用権転売・私営経済など許容
6 月	村民委員会組織法試行開始，村レベルの直接選挙へ
1989 年 3 月 5 日	ラサで衝突．3 月 7 日戒厳令（90 年 5 月まで）
4 月 15 日	胡耀邦総書記死去．追悼運動各地に波及
4 月 26 日	『人民日報』社説で学生デモを「動乱」と規定，民主化運動拡大
5 月 15 日	ゴルバチョフ訪中，中ソ関係が正常化
5 月 20 日	北京に戒厳令．学生ら鄧小平・李鵬退陣を要求
6 月 4 日	戒厳部隊が天安門広場周辺を鎮圧，死者 300 人（公表．天安門事件）
6 月 5 日	ブッシュ大統領，中国の民主化鎮圧に抗議．対中武器輸出停止を発表
6 月 23-24 日	中共 13 期 4 中全会が趙紫陽解任，江沢民後継
11 月 6-9 日	中共 13 期 5 中全会．鄧小平中央軍委主席退任，江沢民後継
11 月 9 日	ベルリンの壁崩壊
12 月 2-3 日	米ソ首脳会談（マルタ），冷戦の終結
12 月 9-10 日	スコウクロフト特使訪中，鄧小平との会談で中米関係回復合意
1990 年 2 月 7 日	ソ共新綱領，一党独裁を放棄
3 月 9-12 日	中共 13 期 6 中全会，「党と人民の関係強化の決議」採択

年月日	事項
3月11日	リトアニア共和国，ソ連からの離脱宣言
1991年 3月	全人代7期4回会議，国民経済10年計画，新5カ年計画を採択
5月1日	台湾，国共内戦終結を宣言
5月	江沢民訪ソ，中ソ東部国境協定に調印
8月19日	ソ連保守派がクーデター，3日で失敗
11月1日	欧米の人権圧力に抗して第一次人権白書を発表
12月26日	ソ連邦解体，ロシア連邦とCISへ
1992年 1-2月	鄧小平，武昌・深圳・広州などで改革開放の継続を指示(南巡談話)
2月25日	領海および接続水域法採択，公布(尖閣を明記)
8月24日	中韓国交樹立
10月12-18日	中共14回党大会，江沢民「社会主義市場経済論」を提起，中央顧問委員会廃止
10月23日	天皇・皇后中国訪問(28日まで)
1993年 2月22日	国家安全法採択
3月	全人代8期1回会議，江沢民国家主席就任
4月	初の中台民間トップ会談(シンガポール)，実務交流促進
6月	四川省楽山市仁寿県で負担金に抗議した農民の暴動
11月	江沢民訪米，APEC非公式首脳会談出席
11月	中共中央14期3中全会，「社会主義市場経済についての決定」
1994年 1月	新税制＝分税制を導入
5月26日	クリントン大統領，対中最恵国待遇MFNの条件付き延長を決定
8月23日	中共中央「愛国主義教育実施綱要」を発出
9月	中ロ西部国境協定調印
1995年 1月	江沢民，対台湾「八項目提案」
6月	李登輝総統訪米，中国は駐米大使を召還
8月15日	村山富市首相，戦後50周年記念談話を閣議決定，発表
9月	中共14期5中全会で江沢民が「十二大関係論」
1996年 3月	台湾初の総統公選で中国がミサイル演習，米が空母2隻派遣(第三次台湾海峡危機)
3月23日	台湾初の総統公選，国民党主席・現職の李登輝が54％の得票で圧勝
9月10日	国連総会，包括的核実験禁止条約CTBT採択，中国政府24日署名
10月	中共14期6中全会，「社会主義精神文明についての決議」採択
1997年 2月	鄧小平死去
3月	全人代8期5回会議，国防法採択
7月	香港，中国に返還，解放軍の香港駐屯部隊4800人進駐
9月	中共15回党大会，「鄧小平理論」を党是に．「依法治国」方針確定
10月	江沢民訪米，中米建設的戦略パートナーシップで合意
10月	国際人権A規約に調印，98年10月同B規約調印
1998年 2月	中共15期2中全会，国務院機構改革
3月	全人代9期1回会議，江沢民・李鵬・朱鎔基体制成立
6月	「中国民主党」結成，すぐ弾圧
6-7月	クリントン訪中，台湾問題で「三つのノー」発言
8月	長江流域で大洪水

年月日	事項
10月	第2回中台民間トップ会談(上海)
10月7-8日	金大中韓国大統領訪日，日韓共同宣言で日本は謝罪，韓国は感謝
11月25-30日	江沢民訪日，歴史問題で不協和音
1999年 4月 6日	朱鎔基首相訪米，WTO問題協議
4月25日	気功集団法輪功，北京中南海周辺で抗議の座り込み
5月 7日	NATO軍，在ユーゴ中国大使館を「誤爆」
7月 9日	李登輝総統，「中台は特殊な国と国との関係」と発言
7月	気功集団法輪功に解散命令
11月	中国のWTO加盟に関して中米合意
12月	マカオ，中国に返還
2000年 2月21日	中国，白書「一つの中国の原則と台湾問題」発表
3月	農民課徴金を税に統合する税費改革開始
3月	全人代9期3回会議，西部大開発計画策定
5月24日	米国下院，中国への最恵国待遇の恒久化法案を可決
10月10-12日	中国・アフリカ協力フォーラム閣僚会議，北京で開催，45カ国が参加
2001年 3月	全人代9期4回会議，10年間GDP倍増計画
6月	上海協力機構(SCO)成立
7月	中共創立80周年記念大会で江沢民，「三つの代表論」提起
9月11日	米国，同時多発テロ事件
12月	中国のWTO加盟発効
2002年 1月 1日	台湾が「中国台北」としてWTOに加盟
2月	ブッシュ米大統領訪中
11月	中国，ASEANとの経済協力枠組み協定調印
11月	中共16回党大会，胡錦濤党総書記就任．「三つの代表論」で私営企業主入党承認．党規約改正
12月	馬立誠『人民日報』評論員，『戦略と管理』誌に「対日関係新思考」を発表
2003年 3月	全人代10期1回会議，国務院機構改革，江沢民が国家軍事委員会主席留任．胡錦濤・温家宝体制スタート
8月27日	北京で朝鮮半島六者協議開催，非核化・北朝鮮の体制保証を議論
2004年 3月	全人代10期2回会議で憲法改正(人権の保障，私有財産権の不可侵など)
4月16日	世界ウイグル会議設立(ミュンヘン)
9月	中共16期4中全会，中央軍事委主席が江沢民から胡錦濤へ
10月14日	プーチン大統領訪中，東部国境補充協定調印で国境問題確定
2005年 3月	このころ，農村からの集団陳情が北京に殺到，新陳情条例で対応
3月 5日	全人代10期3回会議で反国家分裂法を採択
3月16日	陳水扁総統，反国家分裂法を論評，「三つの主張」を提起，3月26日100万人デモ
3月17日	町村外相，対中円借款新規供与を2008年度で終了と言明
4月	成都・北京・上海・広州などで大規模反日デモ，4月19日デモが全国に波及
4月26-29日	連戦・国民党主席訪中，胡錦濤と共同声明(1992年コンセンサス堅持を確認)
2006年 1月	中国青年報「氷点週刊」の袁偉時論文が批判され，発行禁止処分
3月	全人代10期4回会議，新五カ年計画採択

年月日	事項
3月	国務院経済体制改革研究会の会議で市場化，政治改革をめぐって激論（新西山会議派）
10月	中共16期6中全会，和諧社会構築を提起
10月8-9日	安倍首相，日本の首相として5年ぶりに訪中
11月1日	中国・アフリカ協力フォーラム・北京サミット開催，30カ国以上の首脳が参加
2007年2月8日	北朝鮮をめぐる六者協議で，非核化初期段階を決めた合意文書採択
3月	物権法，全人代10期5回会議で採択
4月11日	温家宝首相訪日，戦略的互恵関係確認，国会で演説（謝罪を受け入れなど）
10月	中共17回党大会，和諧社会，科学的発展観がキーワード
2008年1月	中国製冷凍ギョーザ中毒事件
3月	ラサでチベット人と漢族の大規模な衝突
5月6-10日	胡錦濤訪日．「戦略的互恵関係の包括的推進に関する日中共同声明」
5月12日	四川省汶川県でM 8.0の大地震，死者6万8900人
6月18日	日中，東シナ海のガス田共同開発で合意，EEZの境界線は継続協議
8月	第29回夏季オリンピック，北京で開催
11月3日	海峡両岸の「三通」（空運・海運・郵便）の協議成立
11月9日	国務院常務会議，世界金融危機対策で4兆元の内需拡大策など決定
12月	劉暁波ら，「08憲章」を発表，署名運動
2009年7月9日	ウルムチでウイグル人と漢族の衝突（ウルムチ79事件）
9月	中共17期4中全会，党組織強化についての決定採択
2010年2月	劉暁波，懲役11年，政治的権利剥奪2年確定
5-10月	上海万国博覧会開催
6月29日	両岸経済協力枠組み協議を締結
9月	尖閣諸島周辺で中国漁船と日本の巡視船が衝突
10月	中共17期5中全会，新五カ年計画の規画を採択．習近平，中央軍事委副主席に
10月	劉暁波にノーベル平和賞
2011年3月	リビアの騒乱を受けて，国有企業中国人労働者など3万6000人を解放軍を派遣して強制撤収
7月	広州の週刊紙『南風窓』，袁世凱評価などで論文が批判され，編集長停職
8月	大連市民，環境汚染企業の市からの移転を求めて大規模なデモ，市当局，即時操業停止と撤去を表明
9-12月	広州の烏坎村で土地の無断売却に抗議する農民のデモ
11-12月	重慶モデル（党書記薄熙来），広東モデル（党書記汪洋）をめぐる党内抗争激化（2012年3月薄熙来解任）
2012年4月16日	石原都知事，尖閣諸島を東京都が購入する方針を表明
5月	南シナ海スカボロー礁をめぐる中国・フィリピン対立激化
7月	ベトナム，南シナ海の領有権で中国に抗議する市民デモ
8月中旬	尖閣問題をめぐって中国各地で反日デモ．交流行事も中止．9月11日日本が国有化
11月	中共18回党大会，習近平を総書記に選出
2013年1-12月	全土でPM 2.5汚染深刻化
5月	国家海洋局研究所，中国海洋発展報告（2013年版）

年月日	事項
9月17日	習近平, カザフスタンでシルクロード経済ベルト(一帯一路構想)提唱
10月	天安門広場で自爆事件5人死亡, テロ行為と断定
10月24日	習近平, 周辺外交工作座談会で講演
11月	中国, 東シナ海上空に防空識別圏設定
2014年 2月	日中戦争時の強制連行めぐり中国人が初の日本企業提訴(三菱マテリアルなど)
5月	南シナ海石油掘削で中国船とベトナム艦船衝突. ASEANが「ネピドー宣言」採択
9月	米国シカゴ大学など, 孔子学院との提携解消発表
9-12月	香港で行政長官の選挙をめぐり反中国デモ(雨傘革命)
2015年 2月10日	フィリピン, 南シナ海ミスチーフ礁での中国の埋め立て工事に抗議
3月24日	習近平, 対米「四つのノー」
7月 1日	新国家安全法採択, 施行
7月 7日	南シナ海めぐりハーグ裁判所でのフィリピンの口頭弁論開始, 中国は欠席
9月19日	新華社, 安保関連法は「日本の戦後の平和主義を破棄した」と論評
11月 7日	中台初の首脳会談(シンガポール)
12月25日	アジアインフラ投資銀行AIIB発足(日本は参加見送り)
2016年 6月 1日	日中戦争中の強制連行につき三菱マテリアルと中国側被害者団体の和解成立
7月12日	南シナ海めぐる仲裁裁判所, 中国の主張には法的根拠ないと裁定, 中国拒否
2017年 5月14日	北京で一帯一路国際会議. 中国財政部, AIIB, ADBと覚書
7月13日	08憲章で服役中の劉暁波, 北京で病死
7月29日	北朝鮮, 大陸間弾道ミサイル発射, 中国が制裁強化
2018年 3月25-28日	金正恩委員長非公式訪中
4月27日	韓国・北朝鮮, 初の首脳会談(文在寅・金正恩)
6月12日	米・北朝鮮, 初の首脳会談(トランプ・金正恩)
9月17日	トランプ政権, 対中関税追加制裁(2000億ドル)
10月25-26日	安倍首相公式訪中(7年ぶり)

あとがき

　2018年は私にとって中国外交一色の年だった．ともかく，十数年来の課題である中国外交についてのテキストを今年こそなんとかしなければ，と決意したのが1月2日．その日からまず詳細な目次を作り始め，考え，文献や資料を読み，考え，それを解剖して組み立て，それを壊しては作り直し，なんとか書き続けて，1日も休むことなく，300日余りがたった．こうして，年も押し詰まったいま，難産の末にようやくこの辛いプロセスも終わりを迎えている．苦しい300日だったが，その間，支えて下さった岩波書店編集部の小田野耕明さん，藤田紀子さん，原稿の瑕疵や誤り，不足，思い込みによるミスなどを徹底的に見つけて下さった校正担当の増井潤一郎さんに，まずは心からの御礼を申し上げたい．

　本書は，巻末に文献リストを収録し，その冒頭で25冊の日本語・中国語・英語の文献に簡単な解題を書いて，これから研究に入る方への道筋をつけようと考えた．リストをご覧になればお分かりになるように，本書は東西の多くの先行研究，先人たち，仲間たち，後輩たちの研究成果に助けられている．それらの人々にも心からの御礼を申し上げたい．

　「中国外交」の解明は私にとっての長い宿題だった．中国の政治については1993年に『現代中国政治』(名古屋大学出版会)の第1版を仕上げて柱を一本建てた．1998年には，中国の民族問題について，新疆，トルキスタン，チベット，モンゴルなどを対象にして『周縁からの中国——民族問題と国家』(東京大学出版会)にまとめ，二本目の柱を建てた．ところが，三本目の柱である中国外交がなかなか思うようにはかどらず，いまになってようやく曲がりなりにも，中国外交にトータルに挑戦した本書を書き終えることができた．三本の柱が立ってともかく本当にほっとしている．

　21世紀に入って，中国はグローバルに動く，全世界に外交課題をもつ大国になった．しかも，ライバルであり，パートナーでもある米国ではトランプ政権という巨大な不確定要素が出てきた．EUも自身の体内に多くの問題を抱え，

かつてほど未来を先取りしているわけではない．未来は混沌とし，研究者の仕事は無限に増え，無限にむずかしくなっている．

　二つのことをお断りしておきたい．一つは，中国外交で解明すべきなのは第一に中国自身，第二が米国，そして第三が日本自体だと考えている．だが，三国の関係の将来を見通すことは大変にむずかしい．本書は，どちらかというと，とくに中米関係について楽観的な展望に立っている．あるいは，中国と米国という巨大国を合理的アクターとして見すぎているかも知れない．つくづく思うのは，いまほど将来を読むのがむずかしい時はない，ということである．

　もう一つお断りしなければならないのは，本書が，足りない部分，欠けた部分をいっぱい抱えたものとなってしまったことである．たった1人で，あの悠久で，巨大な中華の国の対外行動を分析するなど無謀にすぎた，と書き終えて，心から反省している．中国外交に関わる残されたたくさんの問題はすべて，日・中・欧米・アジアなどの若い世代の研究者に託したいと思う．本書が小さな一つの出発になれば何より嬉しい．本書にあるだろうたくさんの誤りや誤解，不足については，読者諸氏のご叱正とご批判を待ちたい．

　　　2018年晩秋

　　　　　　　　　　　　　　　　　　　　　　　　毛里和子

人名索引

あ 行

アイゼンハワー, D.　236
青山瑠妙　41,88,95
アカエフ, A.　193
麻生太郎　161,162
アドラーマン, J.　99
アナン, コフィ　139
安倍晋三　45,46,56,149,151-155,162
アミン, サミール　31
アリソン, G.　257
アルヒポフ, V.　177
池田行彦　146
韋国清　104
石原慎太郎　144
イシャーエフ, V.　196
井上馨　142
井上正也　126
ヴァンス, C.　240
ヴィシンスキー, A.　214,217
ウェスタッド, O.　173
ヴォーゲル, E.　208,249
ヴォロシーロフ, K.　179
ウッドコック, L.　241
宇都宮徳馬　133
ウ・ヌー　21
衛藤晟一　153
エリツィン, B.　44,170,171,192
鄢一龍　64,65
閻学通　37,39-41,47,48,50,54,92,99,
　　147,189,256,264
袁庚　86
王逸舟　41,88
王稼祥　20,130
王冠中　251
王毅　78
王岐山　76,251
王光亜　76

王巧栄　45,46
王滬寧　76
王緝思　7,8,10,40,49,74,256
王紹光　64
王小東　135,137
王尽卿　188
汪洋　251
大来佐武郎　83
大平正芳　30,83,120,125
大山郁夫　22
岡田充　247
岡部達味　244
オクセンバーグ, M.　3,84,85,240,241
小沢一郎　120,134
オバマ, B.　212,250-254
小渕恵三　153
温家宝　49,69,76,155-158,160,161

か 行

ガイトナー, T.　251
カウンダ, K.　31
カガノビッチ, L.　179
郭偉偉　79
郭明　233
華国鋒　67,82,86
華春瑩　53
カーター, J.　110,223,240-242
カダフィ, M.　54
何方　24,25,35,129,163,188,220
ガルトゥング, J.　153
宦郷　32,33,35
韓正　76
上林山栄吉　131
北岡伸一　162
キッシンジャー, H.　29,30,106,223,224,
　　228,231,239
姫鵬飛　230

キム，S.　17
金一　101,216
金日成　51,99-101,216,218,220,233
金正日　51
金正恩　51
木村一三　83
キャンベル，K.　255
久間章生　161
姜克実　43,44
喬冠華　228,231
曲星　41,100-102,108,109,217,220,222,238
許志嘉　65,66,68
許世友　108,109
金徳湘　41
グエン・チビン　106
グエン・ドクト　103
グラチョフ，P.　170,191
クリステンセン，T.　102,111,117,256
クリントン，B.　3,114,208,212,245,250
クリントン，H.　251,253
ケリー，J.　251
胡鞍鋼　64
小泉純一郎　135,140,141,151,155,160,161
高崗　20,64
孔子　264
孔泉　140
江沢民　19,36,44,49,61,69,79,114,136,171,187,190-192,194,195,202
江程浩　112
高村正彦　158
河本敏夫　83
胡錦濤　19,41,48,53,76,79,89,136,144,157,158,161,209,246,250-252
胡正躍　158
胡耀邦　34,66,67,80,156,170,185,187
呉学文　22,130
呉祖康　139
谷牧　81-83,86,87
ゴルバチョフ，M.　35,38,170,187,190
ゴンチャレンコ，S.　174

さ 行

蔡英文　245,253
ザゴリア，D.S.　171
佐々江賢一郎　158
シアヌーク，N.　233
時殷弘　23,50
謝益顕　186
ジャオ・ソエション(趙穂生)　42
ジャン・シュウグァン(張曙光)　174
周恩来　21-23,26-28,64,81,104-107,121,124-126,128,130-132,143,163,177,178,218,221,226,228,229,232,234,237,240
周暁加　50
習近平　8,9,19,51,55,76,80,118,152,160,189,197,201,209,212,213,251-254
習仲勲　67,86,87
朱建栄　116,222
ジューコフ，G.　179
朱成虎　41
朱鋒　50,89,256
朱鎔基　69,197
荀子　264
聶栄臻　69,175-177
蒋介石　128,134,229,237,238,240
蒋経国　244
蕭佳霊　262
蕭勁光　220
章百家　41
徐焔　101
徐向前　112
秦亜青　259-262
任建新　69
ジョーンズ，R.　260
任丙強　137
スウェイン，M.　114,256
スコーベル，A.　111,118
スターリン，I.　19-21,35,99,101,104,172,179,183,214,216,217,220,221
ストロング，A.L.　26
薛力　77,78
ゼーリック，R.　47
銭其琛　37,47,69,113,186,194

銭俊瑞　31
叢日雲　43
宋任窮　176,177
宋新寧　6,32
宋濤　51
蘇格　46
蘇樹龍　50
孫子　264

た 行

戴超武　174,176
戴秉国　52,251
高碕達之助　27
高島益郎　123,125,163
竹入義勝　124,132
田中角栄　23,121,123,124,126,134
ダライ・ラマ　vii
ダレス，J.　236,237
段雲　85
チェルノムイルジン，V.　191
チェン，K. C.　103
遅浩田　161,191
張愛萍　177
趙安博　133
張業遂　251
張勁夫　82
張香山　23,130,131
張志軍　251
趙紫陽　34,61,62,66,67,71,78,186,187
張小明　15
張沱生　50
張徳江　74,152
張聞天　130,221
張万年　113
張勇進　264
張歴歴　60,63,64
陳一諮　67
陳雲　67,69,82
陳毅　69,131,220,225
陳賡　177
陳俊生　69
陳水扁　52,240,245-247

沈国放　193
沈志華　20,64,100
沈丁立　50
鄭必堅　48
ティラーソン，R.　212,254
田曽佩　188
鄧聿文　v,vi,viii,93
唐家璇　136
鄧小平　14,17,21,31,32,34,36,38,62,66,
　　　　67,79-82,84,87,103,108-110,112,114,
　　　　146,187,234,241
童増　23,135,139
陶文釗　256
鄧力群　36,187
杜潤生　220
トランプ，D.　51,160,209,212,249,250,
　　　　253,254,256
トルーマン，H.　235

な・は行

ナイ，J.　245
中川昭一　153
中曽根康弘　156
ナザルバエフ，N.　193
ナズドラチェンコ，Y.　196
ニクソン，R.　4,29,30,39,63,106,172,
　　　　223,224,228,231,233,234,238,239,248
西倉一喜　92
丹羽宇一郎　145
ネイサン，A.　15
ネルー，J.　21
野田佳彦　144
梅然　261
馬英九　245
馬暁天　251
朴憲永　217
薄一波　67
薄煕来　145
橋本博　133
服部龍二　127
ハーディング，H.　3
鳩山一郎　22,130,131

鳩山由紀夫　145
パトルシェフ，N. P.　202,203
バーネット，A. D.　61,62,71,78
馬立誠　23
日向方斉　83
ピルズベリー，M.　4,249
ファン・バンドン　26,104-106
フィゲイレド，J.　34
馮特君　6,32
福田康夫　89,157,158,161
ブザン，B.　260,263,264
藤山愛一郎　83
武大偉　159
プーチン，V.　191,201
ブッシュ，G. Jr.　209,212,250,251,254
フリードバーグ，A.　255
プリマコフ，E.　197
ブリンケン，T.　251
ブルガーニン，N.　177,179
フルシチョフ，N.　21,27,169,174-176,
　　178-180,182,237
ブレジネフ，L.　28,33,63,170,183
ブレシャコフ，C.　174
ブレジンスキー，Z.　240
ヘイグ，A.　224,228
ペルブーヒン，M.　177
法眼晋作　124
彭真　69,131,132
龐中英　8,16,17,50,160
彭徳懐　64,100,102,176,177,180,218,238
房峰輝　254
ボー・グエンザップ　105
ホー・チミン　26,103-105
歩平　162
ホワン，フィリップ　2

ま・や 行

前原誠司　146
マクナマラ，R.　84
マッカーサー，D.　291
マッカーシー，J.　219
マティス，J.　254

マルクス，K.　184
マレンコフ，G.　179
マン，J.　229,234,248
マンコール，M.　99
ミコヤン，A.　19,173
ミヤシャイマー，J.　256
ムニューシン，S.　254
村田省蔵　22,130
村山富市　134
孟子　264
毛沢東　23,26,27,30,79,99-102,104,105,
　　126,128,131,132,169,172,175,177,180,
　　182,183,214,216,217,220,240
モーゲンソー，H.　40
森喜朗　153
モロトフ，V.　179
門洪華　17
ヤーコブソン，L.　61-63
山影進　154
姚依林　67
楊奎松　103,105
楊潔篪　76,78,251,254
楊尚昆　86,87
楊伯江　160
楊帆　93
葉剣英　67,82,86,228
葉自成　37,46,47
吉田茂　130

ら・わ 行

雷任民　131
羅援　148
羅貴波　104
ラーセン，R.　255
ラフモノフ，E.　193
ランプトン，D.　2,3,248,256
李強　81,82,177
李欣　95
陸学芸　93
陸定一　26,69
李克強　74,76,152
李先念　67,82,86,222

李肇星	161,162	凌青	140
李登輝	112-115,212,240,245	李嵐清	188
リバソール,K.	74,256	林暁光	163
李鵬	69,170,187,190	林治波	137
劉亜洲	151	林彪	29,100
劉延東	251	ルー・ニン(魯寧)	79
劉鶴	213,250	レーガン,R.	33,208,243
劉華清	114	レ・ズアン	105-107,222
劉建平	128	レーニン,V.	184,190
劉少奇	19,20,104,131,172,173,178,221	ロシチン,N.	214
劉仲藜	39	ロジャーズ,W.	230,231,239
劉徳有	132	ロス,R.	15
梁雲祥	50	ロード,W.	230,231
廖承志	133	渡辺孟次	108,110

事項索引

あ 行

IMF　81,84,85
愛国主義教育運動　42,136
愛国主義教育実施綱要　42
愛国無罪　42,135
アイデアリズム　6
アジアインフラ投資銀行(AIIB)　56
アジア欧州会合(ASEM)　55
アジア共産党情報局　20
アジア協力対話(ACD)　55
アジア太平洋経済協力会議(APEC)　55
アジア通貨危機　46
ASEAN　9,200
ASEAN地域フォーラム　188
新しい安全保障観　193,199
『新しい国へ』(安倍晋三)　152
新しい歴史教科書をつくる会　153
アフガニスタン　33,140,185,241
アフリカへの資源外交　49
アメリカ帝国主義　26,227
アルバニア決議案　228
安全部　72
安保法制　151,154
安保理拡大のための「4カ国提案」　140
怒れる青年たち　134,137
イスラム原理主義　198,199
一江山島　237
一条線戦略　16,18,28,30,168,170,210
一国社会主義論　183
一帯一路構想　viii, 8, 9, 49, 55, 56, 169, 197, 201
一中一台　29,228,233,239,244
五つのノー(陳水扁)　246
イトーヨーカ堂　136
インド　192,200
インドシナ革命　107,221
「インドシナ連邦」計画　108

インドとの国境紛争　98
インドネシア　55
ウィルソンセンター　105,173
ウォーターゲート事件　234
ウズベキスタン　198,200
ウズベクネフチガス(UNC)　198
ウラジオストク　196
ウラジオストク演説(ゴルバチョフ)　170
ウルトラ民族主義　129,137,138
英国学派　260,261,263
英国大使館焼き討ち　225
LT貿易　27
円借款　84
『欧州研究』　259
鴨緑江　100,102,115,218
沖縄県　142,143,147
沖縄返還協定　145

か 行

海外経済協力基金　83
海外利益　53
改革開放　8,9,18,36,170,183,190,262
海軍司令部　143
戒厳令　61,244
外交学院　77
『外交評論』　259
外交部　55,68,69,72,74,75,77,78,89,92,95,113,114,133,193
外交部の機構　77
外事　60
華夷思想　5
外資導入　80,81
階層秩序　262
海南省　88,95
解放軍　35,75,94
『解放軍報』　113
海洋権益保護工作　77

308

海洋戦略　　87,88,209
カイロ宣言　　143,147,148
華僑弁公室　　72,74
格局　　7,32
核工業建設公司　　90,91
核実験停止　　179
『学習時報』　　vi
核心的利益　　6,41,52,53,147
核不拡散条約　　49
核兵器　　151,176,177,181
革命外交　　237
過激なナショナリズム　　43,44
カザフスタン　　55,190,198
GATT　　84
華東師範大学　　173
『環球時報』　　41,141,151
韓国　　95
韓国軍　　101
広東省経済特区条例　　86
広東省党委員会　　86
関与（エンゲージ）　　209,254
機械工業部　　90
北朝鮮の核開発　　49,50
北朝鮮への援助　　101
キッシンジャー秘密訪中　　29,30,223
『キッシンジャー秘録』　　231
9.11事件　　199,200,209,249
918愛国網　　139
仇日厭韓外交　　vi
キューバ危機　　257
教科書問題　　136
強軍路線　　15
強国強軍　　163
強制外交　　108,115
強勢外交　　87
極権主義イデオロギー　　43
キルギス　　190,198
近代主権国家システム　　5
金門・馬祖島　　98,112,238
グアム・ドクトリン（ニクソン）　　29,63
グループ・オブ・ワン　　34,46
軍産地複合体　　95
中ソ同盟　　179

日米軍事同盟　　141,145
経済援助相互会議（COMECON）　　108, 178,183
経済同友会　　56,151
経済同友会中国委員会　　155
経済特区　　38,67,80,81,85
経済パートナーシップ協議（経済ハイレベル対話）　　156,159,160,166
経団連　　56
系統　　7,32
原子爆弾　　176
建設的パートナーシップ　　171
『現代国際関係』　　259
現代国際関係研究院　　78
原爆の自力開発　　179
憲法9条改正　　120,153
権力過渡論　　261
言論NPOアンケート　　150
公安部　　74
『紅旗』　　26,169
航空工業第二集団公司　　91
広州軍区　　143
構成主義　　260,263
向ソ一辺倒　　16,18-21,168
江沢民対台湾八項目提案　　114,115,216
抗日戦争記念館　　42
合弁企業法　　86
公明党訪中団　　124
五カ年計画　　64,65
胡錦濤6条　　216
国際関係学　　259,263,264
『国際観察』　　259
国際経済技術企業集団　　63
国際経済機関（KIEO）　　80,84
国際主義　　182-185
国際政治経済学　　264
国際反覇権統一戦線　　110
国際連合軍司令部　　215
国防科学技術委員会　　176
国防次官級協議　　252
国防相定期協議メカニズム　　203
国防費　　15,113,151
国防部　　72,74,176

事項索引　　309

国防法　115
谷牧報告書　82
国民国家　40,184
国民党政権　128,220,236
国民党独裁　244
国民の外交に関する世論調査(内閣府)
　139
国務委員　78
国務院常務会議　62,71
国務院発展研究センター　213
国務院国家発展と改革委員会　55,70,95,
　213
国務院理論討論会　82,83
国務省　77
国有企業　60,87,89,90,94,95,147
国有企業労働者などの海外からの撤収　54
国有資産監督管理委員会(SASAC)　70,
　88,95
国連アジア極東経済委員会(ECAFE)
　142
国連安全保障理事会常任理事国　24,135,
　138
国連軍　100,218
50人エコノミスト　88,213
国家安全部　72,74
国家安全法　152
国家安全保障会議(NSC)　73,75,152,
　232,240
国家外国投資管理委員会　85
国家開発銀行　63
国家海洋委員会　73
国家主義(エタティスム)　182,183
国家測量製図局　143
国家電網公司　90
国家独占資本　93
国家利益　36,39,41,89,147,175,182
国交正常化促進・貿易促進に関する日中共同
　声明　132

さ 行

在越華人　108
最恵国待遇　3,248

財政部　71
佐藤栄作・ニクソン会談　124
三大障害(中ソ)　170
山東省　95
三不政策(中国)　81
サンフランシスコ条約　124,133,143,145,
　148,235
CIA　88
ジブチ　92
下関条約　89,145
社会科学院近代史研究所　162
社会主義共同体　181,185
社会主義国際関係　179,182,184
社会主義大家庭論　181
社会帝国主義　28,31,169,172,181,227
社会ファシズム　28
社会民主主義　190
蛇口工業区　86
上海協力機構(SCO)　vii,9,55,188,189,
　199,205
上海協力機構合同軍事演習　205
上海浦東地区　38
11期3中全会　80,109
周恩来・キッシンジャー会談　29,227-229
周恩来・スターリン会談　100,218
周恩来・ニクソン会談　230
修正主義　169
従属論　17,18,31
十大関係論　176
12回党大会　34,66,80,170,185
17回党大会　48
18回党大会　213
19回党大会　151,213,250
周辺国家　8
周辺事態法　141
自由民主党の一党優位体制　120
珠海経済特区　85
儒家文化　262
ジュネーブ会談　21,26,104-106,130,222,
　236
春暁(白樺)　89
准戦略関係　208
准同盟　17,33,46

『聶栄臻回顧録』　175
『聶栄臻年譜』　176
商務部　54,55,72,74,95
シルクロード基金　56
新華社　103,130,133,155
新型大国関係　212
新規新聞発行禁止解除　244
新機能主義　17
新疆　20,78,211,219
新疆地区住民脱走事件　181
新現実主義　17
人権　211
新国際政治秩序　186
新思考外交(ソ連)　170,190
新自由制度主義　261
深圳　67,85,86,136
新南群島　235
新聞弁公室　72,74
『人民日報』　22,28,34,127,137,141,187,192-194,201,236
「人民民主独裁論」　20,172
新浪網(SINA)　140
スターリン批判　178,182
ストックホルム国際平和研究所(SIPRI)　55,62,63,91
西欧5カ国視察団(1978年)　81
清華大学アプローチ　212,264
西沙諸島　98,117,235
勢力均衡論　33
世界革命　184,221
世界銀行　81,84,85,213,252
『世界経済与政治』　259
責任ある大国　17,38,46,47,49,208
石油資本　88,147
責任あるステークホルダー　47
積極的平和主義　152
尖閣諸島　53,121,136,141-143,145,161
尖閣諸島の国有化　v,122,143
尖閣諸島領有についての決議(琉球立法院)　142
尖閣諸島領有の声明(台湾外交部)　142
陝甘寧辺区(特区)　86
1956-67年科学技術発展長期計画要綱(12カ年計画)　176
全国海洋発展企画綱要(国務院)　88
全国政治協商会議　88
戦後70周年記念談話(2015年)　152
戦後レジームからの脱却　154
全人代法制工作委員会　92
先制戦争(積極防御)戦略　117,118,175
戦争と革命の時代　9,34
船舶工業公司　90,91
全面的戦略協力パートナーシップ　189,193,195,202
戦略協力パートナーシップ　44,46,194
戦略的互恵関係　45,46,156
戦略的互恵関係の包括的推進に関する日中共同声明　158
戦略文化　118
総参謀部　72
総参謀部弁公庁　143
造反外交　27,226
捜狐(SOHU)　140
ソ越相互援助条約　108
ソ連共産党　179,190
ソ連空軍　100-102,218
ソ連の対中核技術供与　174,178-180
ソ連覇権主義　186
ソ連崩壊　19,168,183,186-188,198
ソ連モデル　183

た　行

第一インター宣言　184
退役軍人　114
対外開放政策　66,80
対外軍事行動　65,115
対外経済貿易合作部　68,133
対北朝鮮禁輸　49
対口部　10
大国慢心傾向　264
第三次日中民間貿易協定　131
第三世界　7,31,92
大陳島　237
第七艦隊　26,113,236,238
第二次大戦勝利70周年中ロ共同声明

189, 202
第二世界　31
「対日新思考」論　23
「対日政策活動についての方針と計画」(1955年)　130
対日二分論　22, 24, 25, 120, 128, 129, 134, 163, 220
対日賠償方針　23
対日民間賠償請求運動　139
第二中間地帯　27, 28
対米交渉「八項目方針」　226
太平洋経済協力会議(PECC)　35
太平洋戦争　24
大躍進運動　18, 169, 237
第四世界　32
大陸反攻　235, 236
大ロシア主義　190
台湾　79, 143, 145, 147, 240
台湾化　240
台湾海峡危機　98, 118, 121, 174, 236, 238
　第一次――　117, 236
　第二次――　117, 237, 238
　第三次――　65, 74, 98, 112, 113
台湾解放　101, 221, 235, 237, 238
台湾割譲　142
台湾関係法　241, 242
台湾人アイデンティティ　235, 244, 246
台湾総統公選　113, 245
台湾駐留米軍　228, 231, 232
台湾同胞に告げる書　112, 244
台湾独立　48, 113, 195, 228, 234, 238, 239, 246
台湾の対大陸貿易　245
台湾の民主化　244
『台湾白書』　246
台湾問題　123, 180, 186, 210, 211, 220, 225, 227, 231, 233, 236, 239, 248
台湾問題弁公室　113
台湾問題領導小組　114
竹入メモ　124
タジキスタン　190, 198
断片化された権威主義　63
チェコ事件　169, 181, 185, 224

チェチェン　195
知的所有権　211
チベット　vii, 21, 78, 79, 211, 219
チベット地方とインドとの間の通商交通に関する中印協定　21
チベット亡命政府　viii
地方政府の「公司化」　94
中印国境紛争　10, 98, 117
中越援助協定　222
中越戦争(ベトナム制裁戦争)　11, 62, 65-67, 98, 102, 104, 105, 107, 109, 117, 118, 233
中越戦争についての党・政・軍幹部会議　109
中越辺境作戦状況報告会　110
中央アジア地域経済協力(CAREC)　56
中央アジア　168, 170, 171, 188, 190, 192, 198, 201
中央外事工作領導小組　10, 41, 62, 68-72, 74-79, 95
中央外事弁公室　72
中央海洋権益工作領導小組　73
中央教育工作領導委員会　70
中央軍事委員会　35, 95, 100, 109, 114
中央軍事委員会弁公庁　104
中央軍事委員会法制局　92, 143
中央工作会議　61, 67, 86, 108
中央国家安全委員会(CNSC)　73-75, 78, 152
中央財経領導小組　10, 70
中央財経領導小組弁公室　213
中央書記処　61, 79
中央政策研究室　78
中央政治局　61, 69, 95, 100, 108, 231
中央政治局常務委員会　61, 78, 79, 95, 114
中央政法工作小組(委員会)　10
中央宣伝部　72, 74
中央対外連絡部　69, 72, 74, 130, 133
中央党校　163
中華セントリック　116
中華帝国　184
中華民国　112, 125, 146
中華例外主義　264

中韓国交樹立　49,94
中間地帯　26-28,31
中国・アフリカ協力フォーラム　49,55
中国・アフリカ発展基金有限公司　49
中国海洋石油集団(CNOOC)　63,88-90
中国学派　259-264
中国海監総隊　159
中国・北ベトナム両党会談　105
中国脅威論　39,47,192
中国国際問題研究院　77
中国社会科学院日本研究所　138
中国人の対日感情　139
中国人民志願軍　98,99,215,218
中国人民大学　20
中国石油化工集団公司(CINOPEC)　54,63,89,90,197
中国石油天然ガス集団公司(CNPC)　63,90,197
中国中化集団(CNOKEM)　90
「中国 2030 年」　88,213
中国の国連議席回復　84,228,232,234,239
中国の世界貿易機関(WTO)加盟　18,35,47,84
中国の対越援助　103,107,222
『中国の平和的発展白書』　52,147
中国封じ込め　16,22,141,171,209,227,235,254
中国兵器工業総公司　90,91
中国兵器装備集団公司　90,91
中国・湾岸アラブ諸国協力戦略対話　55
中ソ共同艦隊　174,175,181
中ソ国防新技術協定　174-176,181
中ソ国境紛争(珍宝島事件)　11, 29, 98,106,117,169,181,224
中ソ対立　18,175,181-183
中ソ同盟　169,171,173-175,179
中ソ分業　20
中ソ友好同盟相互援助条約　20,172,194
中ソ両党会談　169
中ソ和解　170,187
中台航空便定期開通　216
中台旅行解禁　216
中朝友好協力相互援助条約　215

中日友好協会　133
中米外交安保対話　212,253
中米関係の制度化　247,249,252
中米共同コミュニケ草案文書　229
中米共同コミュニケ　241
中米交渉　64,106,107,230
中米国交樹立　85,109,208,210,223,240,242,248
中米最恵国待遇問題交渉　66
中米社会と人文対話　253
中米上海コミュニケ　33,34,231,233,241
中米人文交流高層(ハイレベル)協議　251,252
中米戦略安全対話　203,250-252
中米戦略経済対話　212,250-252
中米大使級会談　237
中米台湾武器共同コミュニケ　216,243
中米包括経済対話　212,253
中米法執行・サイバー安全対話　212,253
中米貿易協定　85
中米連絡事務所　30,234
中米和解　223,238
駐ユーゴ中国大使館誤爆事件　74
中口共同軍事演習　189,205
中口国境管理制度についての協定　191
中口国境地区軍事領域での信頼醸成協定(上海協定)　191,198,202
中口国境地区軍事力の相互削減協定(モスクワ協定)　192,194,198,202
中口国境兵力削減・信頼醸成措置の原則についての協定　170,187
中口西部国境協定　191,202
中口善隣友好協力条約　189,194
中口東部国境補充協定　191,202
中口東部地区国境画定協定(東部国境協定)　170,187,190,202
中口東北アジア安全協議　203
『釣魚島白書』　122,146-148
釣魚島保衛連合会　135,139
釣魚島領有についての中国外交部声明　142
朝貢体制　5,262
朝鮮人民軍　215,218,235

事項索引　313

朝鮮戦争　2,10,11,26,64,65,98-100,105,
　　115,169,174,209,210,213-215,220,221,
　　233,235,248
朝鮮戦争化　116,222
朝鮮戦争のコスト　101,218
朝鮮半島核問題　51,156
朝鮮問題六者協議　49,158,248
ディエンビエンフーの戦い　104
天安門事件　35,36,38,62,118,138,147,
　　186,208,250
天皇制　229
東欧圏の瓦解　183
道義主義　128
東京(極東)裁判　153
党グループ　10
韜光養晦戦略　17,18,36,37,47,250
党＝国家体制　183
鄧小平時代　6,10,18,19,32,34
鄧小平台湾解決6条　216
鄧小平の戦争　111
東南アジア　188,201
東南アジア諸国連合(ASEAN)　9,200
東南アジア条約機構(SEATO)　174,236
東風は西風を圧する　7,26
東方のキューバ　110
東北辺防軍　100
独立国家共同体(CIS)　171
独立自主外交　16,18,33,34,66,170,185
トンキン湾　222

な 行

内閣府　138
内政不干渉　54,186
長崎国旗事件　132
72年体制　121,122,127,128
「南京大虐殺」記念館　42
南巡談話　14,36,38,42,87,112,259
南北朝鮮首脳会談　51,216
南北ベトナムの統一　104
ニクソン・フォーミュラ　233,240,241
「ニクソンの北京訪問についての中共中央の
　　通達」　172,227

ニクソン訪中　30,106,208-210,223,233,
　　234,238,248
二国論(李登輝)　216,245
26回国連総会(1971年)　228
二条線　16,18
日米安全保障協議委員会(SCC)　140
日米安保条約　124,126,140,141,161,229
日米防衛協力のための指針　140
日華平和条約(日華条約)　123-125,134,
　　143,234,235
日貨ボイコット　135
日清戦争　122,142,147
日中安保対話　165
日中海空連絡メカニズム　162
日中外相会談(2006年)　162
日中外相会談(2007年)　161
日中共同声明　158
日中共同宣言　158
日中経済協会　83
日中経済対話　155
日中高級事務レベル海洋協議　162,166
日中国交正常化　22,30,122-124,131,132,
　　143,157,223,230
日中総合政策対話　155,159,160,165
日本の国連安保理常任理事国入り反対署名運
　　動　138
日中平和友好条約　83,108,158
日中四項目の合意(2014年)　148
日中歴史認識問題　162,211
日本会議　153,154
日本国際貿易促進協会　130
日本国際問題研究所　162
日本の再軍備　131,230
日本の軍国主義　22,24,129-131,133,224
日本の対中ODA　80,84,141
日中ハイレベル政治対話　164,165
ネオ・ナショナリズム　153
ネット民族主義　95,136
農家生産請負制　81

は 行

排外主義　43

賠償請求の放棄　124, 125, 132, 134
ハイラル　196
パキスタン　27, 200
覇権　210, 261
8カ国連合軍　248
八老会議　61
パートナーシップ　44, 45
バヌアツ　92
ハネムーンの15年　120, 134
ハーバード学派　212
ハバロフスク州　196
ハルビン　196
反右派闘争　18, 26
ハンガリー　178
反国家分裂法　216, 236, 246
反テロ・センター　199
バンドン会議　21
反日デモ（2005年）　24, 42, 135, 138, 155, 159
反日暴動（2012年）　144
反乱鎮定動員時期臨時条項　245
東アジア地域主義　262
東シナ海　53, 135, 151
東シナ海ガス田の日中共同開発　89, 157-159, 161, 165
「東シナ海における日中間の協力について」　158
非公式の帝国　2, 253
一つの中国　vii, 238, 239, 253
百度百科　55, 72
ビルマ　27
『フィナンシャル・タイムズ』　145
武器輸出　68, 90, 91, 189, 241
富国と強軍　151
不正義の戦争　99
二つの市場論　35
二つの中国　29, 228, 233, 238, 244
ブータン　140
普通の国（小沢一郎）　134
復交三原則　124, 125
「不同盟」政策　185, 189
プラグマティズム　6
プラハの春　28

フランスとの国交樹立　27
BRICS開発銀行　56
ブルッキングス研究所　255
ブレジネフ・ドクトリン　29, 169
ブレジンスキー・鄧小平会談　240
文化大革命　18, 27, 118, 181, 185
文書政治　61
分税制改革　39
米華（台）相互防衛条約　174, 229, 231, 232, 236, 238, 241
米軍のレバノン派兵　26
米国の台湾への武器売却　33, 240, 242, 244
米国第一　250, 253
米中経済安全委員会の中国レポート　94
米中ソ大三角関係　32, 171
米朝首脳会談　216
平和共存五原則　7, 8, 21, 22, 34, 185, 195
平和共存十原則　21
平和共存路線　21, 169, 178, 221
平和的崛起　38, 47, 48
平和的転覆　35, 36, 190
平和堂　144
平和と発展の時代　8, 34
ベトナム援助増強方針　107
ベトナム支援領導小組　222
ベトナム社会主義共和国外務省編『中国白書』　105, 107, 232
ベトナム戦争　116, 117, 210, 222
ベトナム党政代表団　106
「ベトナムに自衛反撃し，辺境を防衛する戦闘についての通達」　102
「ベトナムに対する自衛反撃問題についての報告」　109
ベトナムのカンボジア侵攻　109
ベトナムの抗仏戦争　98
ベトナム労働党　222
ベラルーシ　188
ペレストロイカ　170, 183, 186, 190
辺境防衛部隊　103, 193
防衛局長級協議（日中）　159
防衛次官協議（日中）　159, 161
防衛部門海上連絡メカニズム（日中）　162
澎湖諸島　145, 147, 235, 237

事項索引　315

宝山製鉄所　63,120
北緯38度線　99
北爆　222
ポスト鄧小平時代　10,18,19,42,113,116
ポツダム宣言　148
ポピュリズム　144,253
ポーランド　178
香港回収　62
香港招商局　86
香港マカオ経済貿易視察団(1978年)　81, 85
香港マカオ弁公室　72,74
香港問題　66,211

ま 行

マルクス主義　17,259,260
マルクス・レーニン主義　182-184,263
マレンコフ, カガノビッチ, モロトフら反党集団に関する決議　179
満州里　177,196
ミコヤン訪中　19
三つの世界論　vii,5,27,28,31,32
三つのノー(クリントン)　208, 212, 216, 250
南シナ海　viii,53,88,95
南シナ海海洋権益強化と擁護に関する宣言　88
南ベトナム解放民族戦線　106
民主進歩党(民進党)　240,244
民主党政権　145
村山首相談話(1995年)　134,152
網易(NETEASE)　140
毛沢東・金日成会談　101,217
毛沢東時代　2,5-7,9,16,19,61
毛沢東・スターリン会談　173
「毛沢東・スノー会談紀要」　226
毛沢東・ニクソン会談　230,231
毛沢東・フルシチョフ会談　173
モスクワ会談(ソ連共産党と中国共産党の)　28
モルディブ　140
モンゴル　20,27,183,192

や 行

靖国神社参拝　135,140,141,149,155,161
ヤルタ協定　172
輸出加工区　86
輸出入銀行　63
ユーラシア　201
葉剣英台湾についての9条　216
洋奴思想　81
洋躍進　86
四つの近代化　81,103,110
四つの小龍　245
四つのノー(習近平)　195,212,250
四人組　81,232,234
四倍増計画　33

ら・わ 行

ランド研究所　4
リアリズム　6
利益集団　60,87-89,92-94
リビア　53
琉球　142,148
領海法　92,143,146
林彪事件　227
林彪報告(9回党大会)　29
ルーマニア・ユーゴスラビア視察団　81
冷戦　14,19,26,30,36,128,141,168,171, 172,208,237
歴史共同研究委員会　162
歴史修正主義者　128
「レーニン主義万歳」『紅旗』　169
ロシア　170,184,188,190-192
ロシア沿海地方　196
ロシア極東管区司令部　196
ロシア極東地域　195
ロシア上下両院公聴会　195
ロシア石油会社(RP)　197
ロシアへの中国人流入　195,196
ロシア連邦議会　44,194
ロスネフチ　197
和諧世界　48,49
ワルシャワ条約機構(WATO)　28,178

毛里和子

お茶の水女子大学文教育学部卒業．現在，早稲田大学名誉教授(政治学博士)．専攻は現代中国論．文化功労者．
著書に『現代中国政治 第3版』(名古屋大学出版会)，『周縁からの中国──民族問題と国家』(東京大学出版会)，『現代中国政治を読む』(山川出版社)，『日中関係 戦後から新時代へ』『日中漂流──グローバル・パワーはどこへ向かうか』(以上，岩波新書)など，訳書に『ニクソン訪中機密会談録 増補決定版』(共訳，名古屋大学出版会)，『周恩来・キッシンジャー機密会談録』(共監訳，岩波書店)などがある．

現代中国外交
2018年12月13日　第1刷発行

著　者　毛里和子（もうりかずこ）
発行者　岡本　厚
発行所　株式会社　岩波書店
　　　　〒101-8002　東京都千代田区一ツ橋 2-5-5
　　　　電話案内 03-5210-4000
　　　　http://www.iwanami.co.jp/
印刷・三陽社　カバー・半七印刷　製本・松岳社

Ⓒ Kazuko Mori 2018
ISBN 978-4-00-061305-7　　Printed in Japan

叢書 中国的問題群
グローバル中国への道程 外交150年　　川島 真／毛里和子　　四六判 226頁／本体 2400円

中国政治からみた日中関係　　国分良成　　岩波現代全書／本体 2400円

日米中トライアングル
　—三カ国協調への道—　　王 緝思／G. カーティス 編／国分良成　　A5判 318頁／本体 4700円

現代経済の展望
米中経済と世界変動　　大森拓磨　　四六判 268頁／本体 2500円

外交証言録
日中平和友好条約交渉と鄧小平来日　　田島高志 著／高原明生・井上正也 編集協力　　A5判 224頁／本体 4300円

岩波テキストブックス
日本外交史講義 新版　　井上寿一　　A5判 286頁／本体 2700円

―― 岩波書店刊 ――
定価は表示価格に消費税が加算されます
2018年12月現在